シリーズ 古代史をひらくⅡ

摂関政治

吉村武彦
吉川真司
川尻秋生
［編］

シリーズ 古代史をひらくⅡ

摂関政治

古代の終焉か、中世の開幕か

岩波書店

刊行にあたって

もう一度、歴史を知ること、古代史を知ることの「面白さ」を皆さんに伝えたい。シリーズ「古代史をひらくⅡ」は、私たち編集委員の熱い思いから始まりました。

本シリーズの第Ⅰ期では、「前方後円墳」「古代の都」「古代寺院」「渡来系移住民」「文字とことば」「国風文化」の六冊を刊行し、幸いにも古代史に関心を持つ読者に温かく迎えられました。専門の研究者が日々追い求めている「本物の歴史」に触れてみたいという思いがあったからでしょう。

先にあげた六つのほかにも、古代史には重要なテーマ＝問題群がたくさんあります。それぞれの分野で研究が進み、新しい歴史像が見えてきています。「やさしく、深く、面白く」歴史を語るという、第Ⅰ期以来の目標をふたたび掲げて、このたび第Ⅱ期として「古代人の一生」「天変地異と病」「古代荘園」「古代王権」「列島の東西・南北」「摂関政治」の六冊を企画しました。

各冊では、まず「温故知新」のスピリットで古代の事柄を知ることをめざすとともに、これまでの古代史の枠内に閉じこもることなく、現代へと「ひらく」ことを心がけています。ジェンダーの問題や災害・環境の問題は、まさに現代の課題でもあります。荘園のあり方や地域どうしのつながりについては、新しい事実がさまざまに見えてきています。王権や摂関政治といった古くからあるテーマについても、研究の進展により、これまでとは異なる視角からわかってきたことがあります。

いずれのテーマにおいても、ますます精緻化する最近の研究を、図版や脚注も活用してなるべくわかりやすく説明し、考えるための道筋をお伝えしています。今回も、考古学・文学・歴史地理学・古気候学・建築史学・朝鮮史など、隣接分野との緊密な連携をはかり、それぞれの最前線で活躍している執筆陣の参加を得ることができました。また、各テーマの核心となる論点や今後の研究方向などを話しあう「座談会」を収録しています。

「学際」「国際」「歴史の流れ」という広がりを意識しながら、私たち研究者が日々味わっている、歴史を知る「面白さ」をお伝えしたい。この列島にかつて生きた人々が歩んできた道を読者の皆さんと共有するとともに、古代史から未来への眼差しを「ひらく」ことをめざします。

二〇二三年一〇月

編集委員
吉村武彦・吉川真司・川尻秋生

目次

＊　引用文・引用挿図の出典や本文記述の典拠などを示す際には、［吉川、二〇二四］のように略記し、その文献名・出版社・出版年などは各章末の文献一覧に示した。

〈摂関政治〉を考える

吉川真司

摂関政治と時代区分論

日本において古代はいつ終わったのか。――この問いは、中世がいつ始まったか、と言いかえてもよい。「古代」「中世」は、人類の歴史を大局的にとらえた場合、その第一段階・第二段階を表わす語である。歴史学は古くより時代区分を重んじ、今日では「古代／中世／近世／近代」という四分法が一般化している。(1) 区分の基準や各時代の意義づけは研究者によってさまざまだが、時代区分論は、歴史を段階的・発展的に把握するための方法にほかならない。それは日本史でも同じである。古代の終焉を見きわめることは、日本史全体の流れ、そして列島の古代史の特質を知る上で不可欠の作業なのである。

「シリーズ　古代史をひらく」の最終巻のテーマを〈摂関政治〉としたのは、こうした課題意識によるものである。摂関政治と聞けば、藤原道長《ふじわらのみちなが》の「望月《もちづき》の歌」のイ

(1) 四分法以前には、ルネサンス期に古代／中世／近代の三分法が生まれ、理想的文化を創造した古代、それを新たに復興する近代、その間にある暗黒の中世、という歴史意識を表現した。その近代が長く続き、産業革命などで新しい段階に入ると、近世と近代が区別されるようになる。こうして生まれた四分法が日本では主流であるが、各時代の特徴については、宮崎市定の〈求心・統一傾向の古代、分裂傾向の中世、再統一の近世、産業革命後の近代（最近世）〉という説明がわかりやすい［宮崎、一九七七］。

メージが強いが、それは古代の到達点だったのか、はたまた中世の出発点だったのか。

　日本の古代は、前半が前方後円墳体制の時代、後半が律令体制の時代であった[吉川、二〇二二]。律令体制では中国的な専制君主政が行なわれたが、それが最終段階にさしかかるころ、藤原北家《ほっけ》は天皇との結びつきを強め、摂政《せっしょう》や関白《かんぱく》(内覧《ないらん》)[2]という職能・地位を獲得し、政治を主導・壟断《ろうだん》するようになった。これが摂関政治である。やや詳しく述べれば、九世紀後半の藤原良房《よしふさ》・基経《もとつね》の時期に、天皇を輔弼《ほひつ》する名目で、摂政・関白の職能が確立した。一〇世紀前葉・中葉は天皇親政が続くが、朱雀《すざく》朝～村上《むらかみ》朝初期(九三〇―九四九)に藤原忠平《ただひら》が摂政・関白となっており、村上朝までを「前期摂関政治」と見るのが妥当であろう[3][吉川、一九九五]。康保《こうほう》四年(九六七)に村上が没すると「摂関常置」が始まり、摂政・関白(内覧)は律令太政官《だじょうかん》政治の枠を脱して、圧倒的な権力を備えていく。この動きは藤原兼家《かねいえ》政権(九八六―九九〇)から加速し、一〇世紀末～一一世紀中葉の藤原道長・頼通《よりみち》の時期に最盛期を迎えた。これが「後期摂関政治」である。彼らの栄華と専権をとらえ、後期摂関政治やその時期だけを「摂関政治」「摂関期(摂関時代)」と呼ぶことも多い。

　摂関政治は後三条《ごさんじょう》天皇の即位(一〇六八)とともに凋落し、白河《しらかわ》上皇が始めた院政《いんせい》にとってかわられた。白河・鳥羽《とば》院政期は荘園制が生まれ、貴族社会の家格が定ま

(2) 摂政は、天皇が幼年などで政治能力を欠く場合、その意志決定を代行する職能・地位、関白は、天皇の意志決定に介入・補佐する(関《あずか》り白《もう》す)職能・地位である。内覧は、関白に准ずる職能・地位と考えてよい。

(3) 藤原忠平政権期を「摂関体制の成立期」とする学説もある[橋本、一九七六]。本書、大津透「古代政治としての摂関政治」を参照。

(4) 造営などに関わる臨時の経費を、一国内の公田《こうでん》と荘園とを問わず、平均(一律)に徴収する課役。租税を免除された荘園が増えたため、受領は一国平均の賦課を朝廷に申請した。長元《ちょうげん》四年(一〇三一)を初見とし、

っていくなど、中世成立期・確立期の様相が色濃い。では、その直前に位置する摂関政治（後期摂関政治）の時期はどうなのだろう。公民制と官僚制を基軸とする律令体制はすでに解体・形骸化している。多数の荘園が立てられ（一国平均役《いっこくへいきんやく》(4)や荘園整理(5)はその対応策）、貴族社会の階層も固まりつつある。この時期は、古代と中世のどちらに引きつけて理解するべきなのであろうか。摂関政治（後期摂関政治）は古代的政治なのか、中世的政治なのか。むしろ積極的に「過渡期」「移行期」を措定するのもよい。分厚い研究史をふまえつつ、新たな知見をつみあげ、摂関政治・摂関時代の歴史的位置を確定することが必要である。それは日本の古代、さらには日本史総体をより深く認識することにつながるだろう。

摂関政治という言葉

藤原氏の繁栄と専権は、古くは『栄花《えいが》物語』『大鏡《おおかがみ》』に叙述され、慈円《じえん》『愚《ぐ》管《かん》抄《しょう》』、北畠親房《きたばたけちかふさ》『神皇正統記《じんのうしょうとうき》』、新井《あらい》白石《はくせき》『読史余論《とくしよろん》』などもそれぞれに独自の時代相を論じた(6)。しかし、「摂関政治」という言葉は、明治時代後半になって生まれたものらしい。

明治二三年（一八九〇）、『稿本国史眼《こうほんこくしがん》』が発刊された（**図1**）。文科大学教授重野《しげの》安《やす》繹《つぐ》・久米《くめ》邦武《くにたけ》・星野恒《ほしのひさし》が編纂した日本通史である。この書は神代から明治憲法発布

徐々に拡大していく。

（5）一定の基準を満たした荘園のみを認め、その他は停止する（公田として課税する）政策。延喜《えんぎ》の荘園整理令（九〇二）以来、間歇的に荘園整理令が出されたが、寛徳《かんとく》の荘園整理令（一〇四五）が荘園停止の新たな原則を定めた。

（6）『読史余論』は朝廷政治が「九変」、武家政治が「五変」したと論じ、前者のうち「一変」を良房の摂政、「二変」を基経の関白、「三変」を冷泉～後冷泉朝の外戚専権、「四変」を後三条・白河朝の親政、「五変」を白河上皇～後白河《ごしらかわ》上皇の院政とする。この認識は、近代史学の時期区分にも影響を与えた。

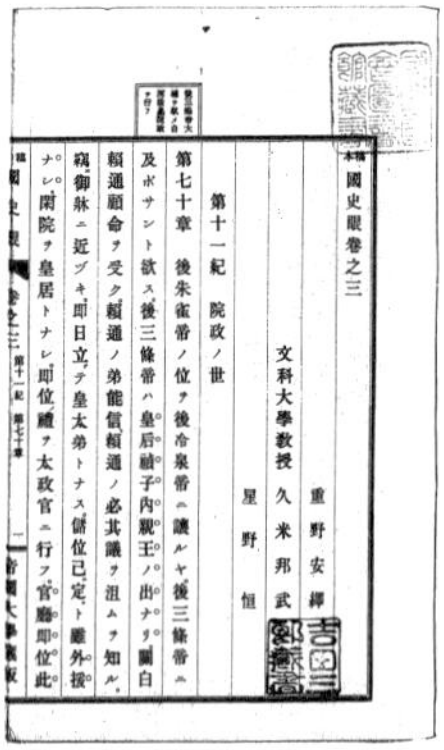
稿本國史眼卷之三
重野安繹
文科大學教授 久米邦武
星野恒
第十一紀 院政ノ世
第七十章 後朱雀帝ノ位ヲ後冷泉帝ニ讓ルヤ後三條帝ニ及ボサント欲ス後三條帝ハ皇后禎子内親王ノ出ナリ關白頼通顧命ヲ受ク頼通ノ弟能信頼通ノ必其議ヲ沮ムヲ知ル竊御躰ニ近ヅキ即日立テ皇太弟トナス儲位已定ト雖外援ナシ閑院ヲ皇居トナシ即位禮ヲ太政官ニ行フ官廳即位此

図1　『稿本国史眼』巻三の冒頭頁［重野ほか，1890］（国立国会図書館デジタルコレクション）

までを二一の「紀」に時期区分し、平氏政権以前の平安時代は、第八紀「平安奠都《へいあんてんと》」（光仁《こうにん》～仁明《にんみょう》朝）、第九紀「藤原氏摂関」（文徳《もんとく》～村上朝）、第一〇紀「藤原氏擅権《せんけん》」（冷《れい》泉《ぜい》～後冷泉《ごれいぜい》朝）、第一一紀「院政ノ世」（後三条～近衛《このえ》朝）と分ける。つまり、第九紀が前期摂関政治、第一〇紀が後期摂関政治、第一一紀が院政の時代となり、現在の時期区分とほとんど同じである。しかし『稿本国史眼』は、「院政」とは記しても「摂関政治」の語を用いなかった。摂政・関白創始期と藤原氏専権期に段階差を設けたこと、「政治」という語が定着しきっていなかったこと［鈴木、一九八二］、などが要因であろうか。一方、「院政」の語は頼山陽《らいさんよう》『日本外史《にほんがいし》』（一八三六年ころ刊行）で使われ、(7)同書が広く読まれたためか、明治初年には一般的な言葉になっていた。「摂関政治から院政へ」という紋切型のフレーズは、よく考えてみれば「政治」と「政」が釣り合わない奇妙なものだが、近代歴史学の草創期には存在しなかったのである。

「摂関政治」の語は『稿本国史眼』の刊行後、ほどなくして登場した。(8)西師意《にしもろもと》(9)『経国大策百年之安危《けいこくたいさくひゃくねんのあんき》』上巻（一八九三）が「摂関政治と院宣《いんぜん》政治(10)」を論じたのが早い

（7）『日本外史』は源平両氏から徳川氏に至る武家の歴史。巻一に「平宗〔平氏〕を延《ひ》いて以て相門〔藤原氏〕に抗するは、院政・廟論、相ひ伝承する所」（原漢文、読み下しは岩波文庫による）との表現があり、院政が廟論（朝廷の議論）と対にされている。明治初年の『日本外史』諸註釈は、この「院政」を「法皇・上皇ノ政令」などと説明した。なお、頼山陽は『日本楽府《にほんがふ》』でも、白河上皇が「政を院中に聴」いたことを指して「院政ここに始まる」（原漢文）と表現していた。以上は国立国会図書館「次世代デジタルライブラリー」で「院政」を検索して得た知見である。

（8）以下の記述は、国

ようで、高橋光正『新撰日本歴史』(一八九八)、藤岡作太郎・石田鼎一『新編日本史教科書』(一八九九)などがこれに続く。歴史及地理講習会編『日本歴史辞典』(一九〇二)も「摂関政治」を立項したが、言葉としてはなかなか普及しなかった。しかし、大正に入るころから、有力な日本史研究者が次々に学術用語として使い始める[三浦、一九一六/津田、一九一六/黒板勝美、一九一八など]。上田万年《かずとし》・松井簡治《かんじ》『大日本国語辞典』(一九一七)に立項されたのも、「摂関政治」の一般化を示すものであろう。そして一九二〇年代以降、概説書や教科書(11)はふつうに「摂関政治」を「院政」と並べて書くようになった。

「摂関政治」はこうして学術用語になっていった。早い時期からそれは、前期と後期の段階差を認めつつ、藤原良房(文徳～清和《せいわ》朝)から藤原頼通(後一条～後冷泉朝)に至る藤原氏主導の政治をまとめて表わす言葉であった。言葉は認識の枠組みにほかならない。摂関政治という学術用語の功罪については、今後もよく検討されるべきであろう。

政所政治

明治の歴史学は、摂関政治という言葉を生み出しただけでなく、藤原氏の栄華と専権に新たな意義づけを行なった。

立国会図書館「次世代デジタルライブラリー」で「摂関政治」を検索した結果による。暫定的な知見であるから、今後の補訂が望まれる。

(9) 一八六二—一九三六。教育・翻訳・ジャーナリズムなどで活動。

(10) 上皇の政治を「院宣政治」と呼ぶことは、明治期にはさほど珍しくなかった。『神皇正統記』が、白河上皇が「院にて政をきかせ給」い、「此御時より院宣・庁御下文をおもくせられ」たと述べ、『読史余論』がそのまま引用したことが要因であろうか。

(11) 一九二五年の高等学校(旧制)歴史教授要目には「摂関政治　院政」

図2　黒板勝美(画像提供＝大村市)

先述の『稿本国史眼』は、第一〇紀には摂関家政所《まんどころ》[12]が充実して、御教書[13]で政令を出したが、のちの幕府の政所はこれを踏襲し、御教書を乱用したと論じた。また、摂関家政所には中下級貴族が伺候し、それゆえ公私の政が混淆したとしている。第一一紀の院政については、院庁《いんのちょう》が発達し、院宣で天下に命令したので「蔵人所[14]ノ政ハ院中ニ移」ったと評価した。つまり、院政は天皇政治に代わるもので、院宣を発したのに対し、摂関政治と幕府政治はともに政所を中心とし、御教書を命令手段としたと述べたのである。王家(天皇・上皇)の政治と摂関家・将軍家の政治を峻別する思考がうかがわれ、王政を壟断するものとして、摂関政治は武家政治の先蹤《せんしょう》に位置づけられたのであろう。

黒板勝美《くろいたかつみ》[15](**図2**)『国史の研究』は、一九〇八年の初版では「摂関政治」の語を使わず、「藤氏隆興期」(前期摂関政治期)→「藤氏擅権期」(後期摂関政治期)→「院庁政治期」(院政期)と、『稿本国史眼』の時期区分をほぼ受けついだ。そして藤氏擅権期に関しては、

大抵の政事は摂政関白より出ることとなり、その下文《くだしぶみ》及び御教書は宣旨に代る

を教える規定があった。中学校の教授要目では、一八九八年・一九〇二年・一九一一年には「院政」が見えるだけであるが、一九三一年になると要目乙に「摂関政治　院政」が記され(要目甲には「摂関政治」なし)、一九三七年の要目にも受け継がれた。

(12) 摂関家の家政機関。貴族の家政機関は律令に規定され、公的官司《かんし》の一種である。官司や寺院の事務組織を指して「政所」と称することは奈良時代からあった。

(13) 上級貴族の命令を伝達する書札様(手紙の様式)の文書。唐制に親王・公主の命令を伝える「教」があり、それに由来する呼称とされる。

ような勢であった。ここに於てその政所は実に太政官に代って政を行う次第で、何か大事件のあるとき陣儀(16)などいうことがあったのである。そして朝廷は恒例臨時の儀を行う式場にあらざれば、全く詩歌管弦の遊宴場と見ると差支ない有様となった。

と述べた。この時期からは「或意味に於て政所政治時代というべきもので、公私混淆の政治である」と論じ、源頼朝の幕府も「全くこの政所政治に外ならぬ」とする。また、院庁政治（院政）も「藤原氏政所政治の一変形」だと喝破したのである。このように黒板は、「政所政治」「院庁政治」という新たな術語を示し、〈摂関政治→院政→幕府政治〉の連続性を強調した。正しい政治は天皇親政で、摂関政治以下は逸脱した形態であるという考え方が、その根底に存在した［北山、一九七〇］。「摂関政治」の語を使い始めた『国史の研究　各説の部』（一九一八）でも黒板の論調は変わらず、やがて政所政治論は広く受け入れられていく。摂関期の朝廷の政務は、形式化が特筆大書され、儀式作法ばかりを重んずる、真摯さを欠くものとの評価が定まった［吉村、一九三二］。

古代か中世か

黒板勝美の政所政治論は、摂関政治を（院政とともに）大化改新から続く「律令制

「みぎょうしょ」とも「みきょうじょ」とも読む。

(14) 天皇の秘書機関。弘仁《こうにん》元年（八一〇）に蔵人《くろうどの》頭《とう》を任命したことに始まり、天皇の家政・経済を預かる組織に成長した。「蔵人所ノ政」と言うのは、太政官の機能が蔵人所に吸収されたという理解によるが、蔵人所の過大評価である。

(15) 一八七四—一九四六。日本史学者、東京帝国大学教授。日本古文書学を確立させ、『新訂増補国史大系』を校訂・刊行し、文化財保存を推進するなど、多方面で学界をリードした。主著は『国史の研究』。

(16) ここでは陣定《じんのさだめ》のこ

度時代」(一九〇八年版)・「公家時代」(一九一八年版)に含める一方、政治形態としては中世武家政治の先蹤と位置づけるものであった。時期区分という観点からすれば、古代政治なのか、中世政治なのか、いささか不分明と言わざるを得ない。

戦後になっても、政所政治論は通説であり続けた。それを前提としながら新しい摂関政治研究が発表され、時期区分についても独自の見識が示された。

まず竹内理三《りぞう》(17)は、朝廷政治が略式化・矮小化し、摂関家政所が国政の中心となったことを確認しつつ、摂関政治の権力的根源を、(1)「古代天皇制の性格から生じるミウチ(18)的な権威」、(2)「摂政関白たるの地位」と議政官組織、の両者に求めた。また経済的基盤は、職分田《しきぶんでん》・位田《いでん》・封戸《ふこ》などの「律令的な諸経済源」だったと論じ、荘園に対しては抑制的立場をとったとした[竹内、一九五二]。このように竹内の摂関政治論は、律令政治からの連続面を重視するものであった。古代に引きつけた理解と評するべきであろう。

林屋辰三郎(19)は、冷泉朝以降を「後期摂関政治」と呼び、その基盤は(1)寄進地系荘園、(2)受領《ずりょう》任免権による公領支配とした。そして「古代律令制はここに荘園制との融合の上に、新しく変形した」と述べ、もはや「天皇制的な律令制」ではないから、「その政務は摂関家の政所に於いてもっぱら行われる」と説明したのである[林屋、一九五四]。林屋は、受領層(20)の成長という観点から摂関政治と院政の連続面を認め、

と。紫宸殿《ししんでん》東北廊にある左近衛府《さこのえふ》の陣(詰所)で開かれた議政官会議。左近陣は議政官の控室となり、さまざまな政務処理がなされた。

(17) 一九〇七—九七。日本古代・中世史学者、東京大学・早稲田大学教授。寺院史・荘園史・政治史について実証的研究を行ない、『平安遺文』『鎌倉遺文』などの史料集を刊行して学界を裨益した。主著は『律令制と貴族政権』。

(18) ミウチは一般に親類のことを言うが、古代史では天皇の親族・姻族、特に外戚(外祖父・外舅《がいきゅう》)の権力・役割を論じる際によく用いられる。

(19) 一九一四—九八。

また荘園の集中という面から「摂関政治は、たしかに中世の最も早い端緒的な政治的表現」と評価した。そして「中世封建社会の完成」を鎌倉幕府の成立に求めたのである〔林屋、一九四九〕。戦後、マルクス主義歴史学の隆盛により、発展段階論(21)との関わりで時代区分論が注目されるようになるが、林屋は摂関政治を中世の出発点として明確に位置づけたことになる。

古代か中世かという点で、竹内と林屋の摂関政治論は指向性を異にするが、その理由の一つは分析視角にあった。竹内は幅広い制度史研究により、また林屋は受領層を軸とする社会史研究により、それぞれの学説を練り上げた。制度史と社会史は相反するものではなく、両者の総合こそが望まれるのだが、その後の摂関政治研究でも、古代指向の律令政治連続論は制度史、中世指向の院政連続論は社会史を重んずる傾向が続いていく。

六〇年代の転換——政所政治の否定

『国史の研究』刊行から半世紀が経った一九五〇年代末以降、政所政治論を批判する論説が続々と発表された〔貫、一九五七／土田、一九六二／山中、一九六二／北山、一九六二など〕。このうち土田直鎮《なおしげ》(22)の専論を紹介しておこう。

土田は、摂関家の政所は国政の中心ではない、その発給文書は少なく荘園関係の

日本史学者、立命館大学・京都大学教授。研究分野は幅広く、古代〜近世の文化史・社会史・政治史にわたる。主著は『古代国家の解体』『中世芸能史の研究』。

(20) 受領は一〇世紀後葉以降、地方行政を専断した国司長官。林屋は受領となる「特殊な階級」を受領層と呼び、摂関政治や院政の社会的基盤と評価した。この概念を認めない研究者もいるが〔橋本、一九六八〕、後期摂関政治期に中下級貴族の階層が定まり、実務官人・受領・家司・女房として国政や家政に活躍したことは明白である。

(21) 生産様式を基準とした時代区分論。〈原始共産制→古代奴隷制→中

ものばかりだ、古記録《こきろく》（貴族などの日記）では家司《けいし》（政所職員）の影は薄いと述べ、政所政治論を「単なる思い付きから生れた架空のもの」と一蹴する。国政は朝廷で行なわれ、いかに儀式的・先例墨守的でも「朝廷以外に別に政策を立案し、施行する機関があったかのように想像するのは錯覚」とこきおろした。また時期による違いはあれ、天皇の意見は尊重され、母后《ぼこう》(23)や大殿《おおとの》(24)の発言力も大きく、摂関は決して万事を専断する者ではなかったと論じた。

土田は、摂関政治を綿密に描いた『王朝の貴族』〔土田、一九六五〕でも同じことを主張した。ただ、この書物にはいくつか留意すべき点がある。第一に、古記録至上主義、その裏返しとしての仮名文学の軽視である。女性には政務のことはわからない、仮名文学は「三面記事」に過ぎず、歴史研究は古記録を第一にすべきだ、と土田は訓戒する。第二に、儀式が政治だという主張である。太政官の政務もひとつの儀式として形式と手続きが重視されたが、それこそが当時の国政なのであり、別の場所（摂関家政所）で政策を立てたわけではない、と注意する。第三に、摂関政治がだらしなく、拙劣なものだったとの指摘である。女真《じょしん》海賊事件（刀伊《とい》の入寇《にゅうこう》(25)）の処理過程を叙述した土田は、太政官政務の形式は重んじられたものの、先例主義で命令内容に新味はなく、命令の履行を確かめる意志もなく、朝廷外の世界には無関心であった、とこれを約言する。

世農奴制→近代資本制〉という発展を想定する。戦後の日本史学では、各時代にどの生産様式を認めるかという議論が盛んであった。

(22) 一九二四—九三。日本古代史学者、東京大学教授・国立歴史民俗博物館館長。『大日本史料』編纂や正倉院文書調査に従事し、古代の政治や史料に関する堅実な研究を行なった。主著は『奈良平安時代史研究』。

(23) 正式の皇妃（中宮《ちゅうぐう》、皇后《こうごう》、皇太后《こうたいごう》、太皇太后《たいこうたいごう》）のうち、現天皇の母親である人物。天皇の「後見」（注32参照）を行ない、天皇の意志形成や儀礼執行に多大な役割を果たした。

ここでは第二点・第三点が重要である（第一点は後述）。土田は政所政治論を否定し、国政は朝廷（太政官）で行なわれたと主張する。言わば、太政官政治論である。しかし、儀式・形式に堕していたなら、摂関政治には何の意味があり、歴史的にどのように位置づけるべきなのだろうか。土田は別の文章で次のように述べている［土田、一九七〇］。

　摂関政治と称するものは、律令政治が動脈硬化をきたし、その実質が失われて行く過程において、ごく自然に発生し、成長して来た一変形である（中略）。摂関政治というその名前から、独立の政治形態が無くてはならないと感ずるならば、その名称をやめて、むしろ古風な藤氏擅権時代とか、摂関家全盛期とか名づけるだけで満足すべきであろう。

つまり政所政治否定論は、摂関政治が律令政治から連続しつつ、その堕落・形骸化した形態だとする、古代指向の学説だったのである。それは土田以外の論者も同様と見てよい。その果てに、土田は摂関政治という語の破棄さえ示してみせる。しかし、政所政治否定論がすぐさま通説化したのに対し、学術用語「摂関政治」が消え去ることはなかった。その後も古代史研究者による実証的研究は着実に進展し、摂関政治・摂関時代史を考える上での共通基盤が築かれていくことになる［目崎、一九九五／黒板伸夫、一九八〇・一九九五／山本、二〇〇三／米田、二〇〇六］。

（24）ここで言う大殿は、摂関を退任した人物のこと。藤原道長は摂関の地位を長男頼通に譲って退いたが、その後も後一条天皇の外祖父として、頼通をさしおいて政務・儀礼に携わることがあった［海上、二〇一八］。

（25）寛仁《かんにん》三年（一〇一九）、マンチュリアの勢力である女真族の船団が、対馬・壱岐・九州北部を襲撃し、略奪を行なった事件。刀伊とは朝鮮語で夷狄《いてき》のこと。

六〇年代の展開——中世史からの二つの学説

一九六〇年代は、政所政治否定論を始めとして、摂関政治・摂関時代史に関する重要な仕事がなされた時期である。専著としては、土田直鎮の『王朝の貴族』と双璧をなす、村井康彦の『平安貴族の世界』〔村井、一九六八〕を挙げねばならない。貴族社会・受領・財政・都市平安京といった社会経済面の知見をふんだんに盛り込み、藤原道長の専横を改めて強調するなど、その幅広く柔軟な叙述はいまも価値を失っていない。

中世史研究者たちが新しい学説を提唱したことは、さらに大きな意味をもった。第一に、黒田俊雄(26)の権門《けんもん》体制論である〔黒田、一九六三・一九六七〕。黒田は、公家・武家・寺家の諸権門(門閥勢力)が中世国家の機能を分掌したととらえ、荘園制を基礎とする、相互補完的・非集権的な国家体制を「権門体制」と規定した。それぞれに家産制支配を行なう諸権門が、公然・隠然と圧力をかける(ときには暴力的な形態をとる)ことで国政は方向づけられ、体制全体の調整がはかられたが、これを権門政治と呼ぶ。そして黒田は、後期摂関政治は「律令体制の枠内での最大限の権門政治の展開の段階」、院政こそが「完全な意味での権門政治の最初の形態」だと考え、院政の成立が中世権門体制の成立を意味すると論じた。この評価には議論の余

(26) 一九二六—九三。日本中世史学者、大阪大学教授。日本中世国家を「権門体制」として把握し、また中世仏教の構造と方向性を「顕密《けんみつ》体制」論で説明して、巨大な影響力をもった。主著は『日本中世の国家と宗教』。

地があるが、いずれにせよ、権門体制の構成要素となる上級貴族の家産制支配は、後期摂関政治の時期にはかなり発達し、権門の力関係で国政は動いていた。そうした観点から摂関政治と院政の連続性をとらえ、中世に引きつけて摂関期の政治を考える道を、権門体制論は指し示したのである。

第二に、戸田芳実[27]の王朝国家論〔戸田、一九六八〕と坂本賞三[28]の王朝国家体制論〔坂本、一九七二〕である。戸田は、九世紀末の反国家闘争・政治的危機への対応として、律令体制から「王朝国家」へ体制改革がなされたとし、これを封建領主階級をはぐくむ「初期封建国家」と位置づけた。坂本は、土地制度史から王朝国家論を受けつぎ（**図3**）、一〇世紀初頭からを「前期王朝国家」、一一世紀四〇年代からを「後期王朝国家」とした。この区分は地方支配制度の変化を論拠とする。坂本によれば、前期王朝国家の時代、太政官は受領に地方支配を一任し、申請があれば審議を行なった。やがてこの支配が行きづまり、後期王朝国家の制度体系へ転換がなされたという。ところが、摂関政治の前期・後期と

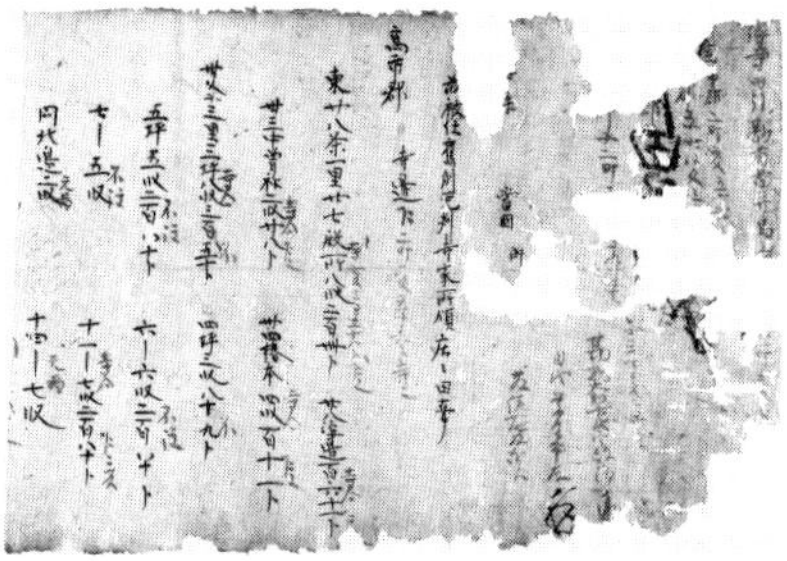

図3 弘福寺牒，摂関期土地制度の基本史料（京都大学総合博物館所蔵，京都大学貴重資料デジタルアーカイブ）

(27) 一九二九―九一。日本中世史学者、神戸大学教授。マルクス主義の立場から日本封建社会の成立史を研究し、また生活史・交通史・武士論などに独創的な業績をのこした。主著は『日本領主制成立史の研究』。

(28) 一九二六―二〇〇二。平安時代史研究者、広島大学教授。その国制史の構想と実証は、一九七〇―八〇年代に大きな影響を与えた。主著は『日本王朝国家体制論』。

「王朝国家体制」の前期・後期は、時期的に大きくずれている。(29) これでは国家体制と政治形態が連動しなかったことになるが、坂本は古代政治連続論をふまえ、「摂関政治を国家の支配体制の一段階として想定する独自の意味」に疑問を呈した。つまり、摂関政治という理解は有効でないというのである。私見によれば、むしろ「王朝国家体制」なる理解のほうが疑問なのだが、この重要な提言をめぐる議論は一九九〇年代まで深まらなかった［佐藤、二〇〇一］。とは言え、坂本門下生による「王朝国家」諸制度の検討は、その後の平安時代史研究の基礎となる［坂本編、一九八七など］。また、戸田の「初期中世社会」研究が、摂関期・院政期の社会をリアルに描き出したことも特筆しておきたい［戸田、一九九一］。

九〇年代の刷新――古代史からの二つの学説

一九九〇年代に入るころから、古代史の若手研究者が、摂関政治・摂関時代史の研究を刷新していった。

まず、大津透の「後期律令国家」論である［大津、一九九三］。大津は綿密な制度史分析により、国家財政が一〇世紀後半に再編されたことを解明した。「在地首長《ざいちしゅちょう》制」(30) に立脚する調庸《ちょうよう》制が機能不全に陥ったため、受領による人民支配と新たな財政システムが構築される。太政官(31)（議政官）は合議による受領統制制度を整備し、道長

(29) 具体的に言えば、摂関政治の前期は嘉祥《かしょう》三年（八五〇）―康保四年（九六七）、後期は同年（九六七）―治暦《じりゃく》四年（一〇六八）、「王朝国家体制」の前期は一〇世紀初頭～一一世紀四〇年代、後期は一一世紀四〇年代以降となり、大きくずれている。これは後期摂関政治を藤原忠平政権期（九三〇―九四九）からと考えても同様である。

(30) 石母田正《いしもだしょう》が、日本古代社会理解のために提唱した概念。ごく簡単に言えば、各地の地域社会を「在地首長」が総括し、それを基盤として古代国家が存立したとする学説で、七〇年代から古代史学界を席巻した。とは言え、研究者によって「在地首長制」の意味内容は

政権期にはこれが奏功して、財政の安定と文化の繁栄がもたらされたという。そして、一〇世紀後半に「貴族官僚である受領国司」を通じた全国支配が実現したと考え、これを「後期律令国家あるいは律令国家の第二段階」と評価したのである。その前提に〈「在地首長」が権力をもつ畿外には、律令体制の実質的支配は及んでいなかった〉という独特の考え方がある点に注意は必要だが、これを克服した「後期律令国家」は古代史の新しい段階だということになる。こうして大津は、後期摂関政治を律令政治からの連続面において理解し、太政官の合議＝陣定《じんのさだめ》により「摂関期の国家は支えられていた」とも述べた［大津、一九九六］。

大津はその後も論考・書籍を精力的に発表し［大津、二〇〇一／同編、二〇一六など］、財政論もさらに展開され［神戸、二〇二二］、「後期律令国家」論は強い影響力をもつようになる。土田直鎮説を受けつぐ古代指向の摂関政治論であるが、国制と政治形態を整合させ、太政官政務の国家的役割を論じた点が大きな前進であった。

これにやや遅れ、中世への連続性を重視する摂関政治・摂関時代史研究が開花した。厚顔なことではあるが、まず吉川の摂関政治論＝「初期権門体制」論［吉川、一九九五］を紹介しておきたい。この説によれば、摂関政治は一〇世紀後葉の冷泉朝以降、つまり後期摂関政治において中世的転成をとげた。律令太政官政治はすでに形骸化しており、摂関は「後見[32]」を強化して天皇との直接的結合を果たし、権力を

さまざまであるし、石母田説を採らない研究者ももちろん存在する。

(31) 太政官は複雑な官司で、大臣・大中納言《なごん》・参議《さんぎ》からなる議政官がその中枢にあって国家意志決定に参与し、その下に諸司・諸国との連絡にあたる弁官《べんかん》局と、議政官の秘書官であり天皇との連絡官である少納言局（外記《げき》局）が置かれていた（一八頁、**図4**参照）。

(32) 「うしろみ」と読み、世話をする意。摂関期の後見では、日常的・直接的な奉仕が重視され、母后や摂関は内裏《だいり》で同居する（一時的な居住・宿侍を含む）ことによって天皇の後見を強化した。なお、臣下による国政補佐を「公方《おおやけかた》の御後見」と

ふるった。それは貴族社会が構造化し、諸権門を核とする上下・水平方向のネットワークが強化されたことに即応した政治形態で、中世権門政治の出発点と考えられる、と述べた。また佐藤泰弘は、受領支配が一〇世紀末に確立したことを実証し、王朝国家体制論を破砕する一方、貴族社会から地域社会にいたる政治・社会関係の中世的転回を論じた〔佐藤、二〇〇一〕。受領制研究は寺内浩〔寺内、二〇〇四a〕が、貴族社会研究は告井幸男〔告井、二〇〇五〕がそれぞれに深め、両者による明快な総説も発表されて〔寺内、二〇〇四b／告井、二〇二一〕、後期摂関政治期を中世の出発点とする見解は説得力を増した。

中世指向のこれらの研究は、制度史を基礎におきつつ、林屋辰三郎以来の学史をもつ社会史分析にも踏みこみ、後期摂関政治の実態を明らかにした。「後期律令国家」論と全く異なった学説と言えよう。「初期権門体制」と評価するかどうか(33)はさておき、受領・荘園・社会関係などの論点を総合し、体系的理解を組み立てたところに利点があった。

後期摂関政治が古代的政治か、中世的政治かをめぐっては、議論は今も帰一していない。しかし、摂政・関白の成立〔坂上、二〇〇三／吉川、二〇一五〕、母后の権力〔服藤、二〇〇五／東海林、二〇一八〕、儀礼と政務〔末松、二〇一〇／佐々木、二〇一八〕、宗教と王権〔上島、二〇一〇／斎木、二〇二四〕などの分析が進み、摂関政治研究は着

呼んだこと、父院は内裏から離れたため天皇の「後見」ができなかったこと、などは注意を要する。

(33) この用語を使うのは、今のところ吉川のみである。佐藤は「受領の時代」と言うにとどめたが、告井は「初期」を冠さない「権門体制」と積極的に評価する。

実に発展している。また、新しい研究段階に即した時代史が書かれ[佐々木、二〇一一/古瀬、二〇一一/坂上、二〇一五]、新進の研究者による総括・展望もなされた[有富・佐藤編、二〇二三]。古代か、中世か、移行期かという議論に拘泥しすぎない、新しい時代像が生まれつつあることを感じるが、それでも時代区分論の重要性は見失わないでおきたいと思う。

これからの課題

研究史を長々とたどり、たくさんの「〇〇論」を取り上げたのは、摂関政治研究の現在を理解するために不可欠だったからである。議論の当事者ゆえ、記述にバランスを欠く点があったことは否めないが、研究史をふまえて、これからの課題をいくつか挙げておきたい。

第一に、摂関政治の歴史全体を把握することである。とりわけ問題になるのは村上朝と藤原頼通政権である。一〇世紀中葉の村上朝は、明治の『稿本国史眼』以来、前期摂関政治の終末期とされてきた。それは律令体制終焉の時期でもある[吉川、二〇二二]。ところが橋本義彦は、朱雀朝~村上朝初期の藤原忠平政権期を「摂関体制の成立期」と見なした[橋本、一九七六]。この考え方には無理があると思われるが[吉川、一九九五]、大津透は財政制度の分析によって、改めて村上朝を画期とし

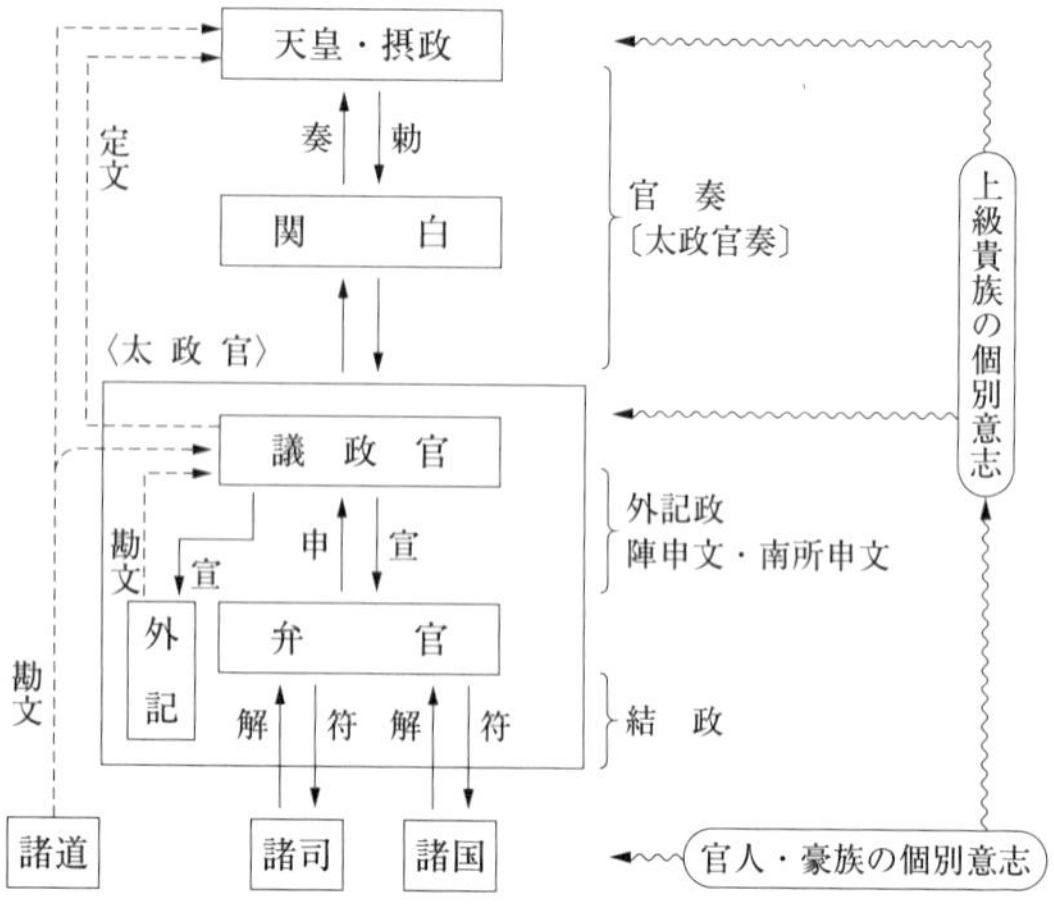

図4　律令太政官政治(前期摂関政治期)[吉川, 2002]

ている[大津編、二〇一六]。問題は国家体制が変化した時期・要因にも及ぶので、さらに綿密な議論が必要であろう。一方、後期摂関政治の後半にあたる頼通政権期については、研究がまだ手薄である。道長政権期に比べて古記録が少ないためだろうが[34]、摂関政治全体を理解する上ではここが陥穽となる。これまで藤原道長に注目しすぎ、道長政権から後期摂関政治の全体を論じる傾向はなかっただろうか。角田文衛《つのだぶんえい》は、頼通政権期の後期にあたる後冷泉朝(一〇四五―六八)を高く評価し、「藤原文化の完成期」「午後の陽に照り耀く世界」と述べた[角田、一九七五]。その当否を含めて、頼通政権期の政治・社会・文化の総合的検討は大きな課題である。

第二に、後期摂関政治期の太政官政務をどう評価するかである。律令体制は一〇

(34) 藤原道長政権期の古記録は、道長本人の『御堂関白記《みどうかんぱくき》』、藤原実資《さねすけ》『小右記《しょうゆうき》』、源経頼《つねより》『左経記《さけいき》』、藤原行成『権記《ごんき》』などが伝わり、対照しながら読み解けるのに対して、頼通政権期には初期こそ『小右記』『左経記』が続くものの、その後は藤原資房《すけふさ》『春記《しゅんき》』や『平記《へいき》』(平範国《のりくに》・行信《ゆきのぶ》・定家《さだいえ》らの日記)がいくらか残る程度で、最末期になって源俊房《としふさ》『水左記《すいさき》』と源経信《つねのぶ》『帥記《そちき》』が少し使えるようになる。源師房《もろふさ》『土右記《どゆうき》』がまとまって遺存していれば、と惜しまれてならない。

(35) 律令太政官政務は、太政官の休日(六日・一二日・一八日・二四日・晦日)を除いて毎日、議政官が一堂に会して開催

世紀中葉までに解体したため、公民制・官僚制を維持するために日々開催された律令太政官政務(**図4**)は、その多くが無用のものとなり、形骸化した[35]。しかし恒例・臨時の行事を執行し、受領関係の通常案件や、外交・軍事・警察などの緊急案件を処理する必要はある。そこで普段は議政官が分担してさばき、年に何度かは議政官の会議が開かれた。では、こうした後期摂関時代の太政官政務は、律令太政官政務と同質のものと言えるのか。また、合議制にはどこまで国政上の実質があったのだろうか。この点は現在も評価が分かれるところである。私見によれば、摂政・関白(内覧)は一〇世紀後葉に太政官機構を離れ、天皇に密着して国家意志決定を領導するようになる。それは通常の行政事案にとどまらず、次期天皇やキサキの決定、議政官の任免など、太政官政務とは別次元の政治案件に及んでいた。家産制支配を行なう権門間の利害調整も、公的・私的な場でなされ、これも重要な政治であった[36]。とすれば、後期摂関政治で太政官政務が行なわれたのは当然のこととして、現時点で問題とすべきはその内実と特質、そして限界を見定めることなのである。

第三に、古記録至上主義からの脱却である。摂関期以来、数多くの古記録が作成され、後世に伝えられた。記事は正確で、史料としての価値が高い。土田直鎮の古記録至上主義の言説はすでに紹介した。また九〇年代以降の研究の多くが、古記録・儀式書に立脚してきたのも事実である。しかし、歴史史料はそれだけではない。

された。天皇への上奏《じょうそう》も、少納言の尋常奏は日々なされる決まりだったし、原則として筆頭公卿《くぎょう》がある官奏《かんそう》もかなりの頻度で行なわれた。中文《もうしぶみ》(議政官の政務決裁)は九三〇年代になっても月一〇回以上行なわれていたが、一〇世紀末に月三回程度、一一世紀前葉に年一〇回程度まで激減した。官奏も一〇世紀前葉には中文と同じくらい開催されていたのが、やはり一一世紀前葉には年一〇回以下に落ちる。しかも一一世紀前葉、つまり後期摂関政治期の中文・官奏は、ほとんどが受領交替に関わる形式的手続きであった。

(36) 私見によれば、陣定での議政官の発言が、本人の権益や体面の維持、

とりわけ女性によって綴られた仮名の王朝文学は、摂関期の社会史を考える上での一級史料であって、「三面記事」などという評価は不適切である。また、貴顕の女房は取り次ぎという重要な役割を担い、国政・家政をめぐる機務に関与した。(37) 繰り返しになるが、太政官政務だけが当時の政治なのではない。キサキも女院も女房も政治世界のただ中にあり、それが王朝文学に反映されているのである。『今昔物語《こんじゃく》集』『古事談《こじだん》』などの説話集ももっと活用したいし、古記録・古文書から多様な社会関係を読み取ることもできる。摂関政治・摂関時代史の研究を豊かにするために、さまざまな史料をどう用いるかが問われている。

第四に、摂関政治の世界史的位置づけである。そもそも時代区分論は、世界史的観点から歴史をとらえる方法であり、摂関政治をめぐる古代指向・中世指向の学説対立も、時代区分論に収斂するものと言えよう。これとは別の視角として、一〇〜一一世紀におけるユーラシア東方の変動のなかで摂関政治をどうとらえるか、という問題が残っている。中国の〈唐《とう》→五代十国《ごだいじっこく》→宋《そう》〉、朝鮮の〈新羅《しらぎ》→後三国→高麗《こうらい》〉といった諸王朝の一斉交替の時代に、また遼《りょう》(契丹《きったん》)の勃興から渤海《ぼっかい》の討滅(38)、宋との平和条約(澶淵《せんえん》の盟(39))、そして西夏《せいか》(40)の成立に至る歴史の外側で、日本王朝はゆるやかに体制変革をとげ、後期摂関政治が始まった。正式の外交関係は回復せず、海商《かいしょう》と僧侶の往来だけが認められ、文物と情報が流入した。権力の非集中性、政務の形式化、

あるいは関係者の優遇のためであることは珍しくなく、その場合、公的政務で権門間の利害調整が行なわれたことになる。陣定以外の場で、権門間の連絡・交渉が日常的になされたことは言うまでもない。陣定について、本書では大津透「古代政治としての摂関政治」が国政的見地から、告井幸男「中世政治としての摂関政治」が利害調整機関として評価している。

(37) 女房には、天皇に奉仕する「上の女房」、キサキに仕える「宮の女房」、貴族諸家の「家の女房」などがあったが、職務内容は基本的に同じと言ってよい。

(38) 遼は騎馬遊牧民の王朝。九〇七年に耶律阿《やりつあ》

地方行政の利権化などが、かかる閉鎖的で「平和」な時代状況の所産だとすれば、それは古代から中世への移行にいかなる役割を果たしたのだろうか。角田文衛は、摂関期の権力闘争が暗殺やクーデターではなく、「入内《じゅだい》→皇子誕生→擁立」という悠長な方式を採ったこと、内裏《だいり》が無防備であったことを論じ、世界史的に見て「類い稀な平和な時代」だと述べた〔角田、一九六六〕。この評価は妥当か、「平和」にどう亀裂が入っていくのか。あげて今後の課題とせねばなるまい。

本書の構成

最後に、本書の構成を紹介しておきたい。本論部分は長い論考が五編、短い論考〈個別テーマをひらく〉が二編あり、研究課題に即した重要テーマが論じられる。

まず、摂関政治が古代的か、中世的かという問題について、大津透「古代政治としての摂関政治」と告井幸男「中世政治としての摂関政治」が、全く異なる視角から論を展開している。大津論文では、政治過程に関する独自のトレースと、太政官政務の詳細な分析が読みどころである。告井論文では、社会関係をベースとする「権門政治」の実態が生々しく語られる。合議制（陣定）の評価が、二つの論文でこうも違うのかと驚かれるかもしれない。告井論文で触れられた王宮の空間構成については、〈個別テーマをひらく〉の岸泰子「内裏という政治空間」が、内侍所の問題

保機《ぼき》が王位につき、九二五年までにモンゴル高原～中央アジアを支配下におさめ、翌年には渤海を滅ぼした。そのころ中国は南北に分裂しており、遼は北中国の軍閥政権（五代諸王朝）とも抗争した。

(39) 一〇〇四年、遼と宋は戦争を終結させ、共存のために誓書を交換した。遼は燕雲《えんうん》十六州の支配を確保し、毎年多額の銀・絹を受け取ることになり、管理貿易についても約定された。宋は平和を買って政治を安定させ、経済・文化の発達を享受したのである。

(40) チベット系のタングート族の王朝。一一世紀に中国西北部、オルドス～河西地方で勢力を伸

を軸に、建築史の方法によるシャープな分析を行なっており、摂関期の王権を理解するためには必読である。

　摂関政治を特色づける身分・集団として、本書ではキサキと女房、受領、文人《ぶんじん》官僚の三者を取り上げた。まず、山本淳子「「后」たちと女房文学」が、藤原詮子《せんし》・定子《ていし》・彰子《しょうし》の政治的役割と意識、それと不可分と言える女房文学の政治性や機能を読み解く。小原嘉記「受領の支配と奉仕」は、受領制にもとづく地方支配と国家財政、さらに貴族社会における受領の生態を、柔軟かつ総合的に論じている。王朝文学と古記録の双方を活用したこの両論文により、摂関期の政治・社会のキーポイントが理解できるだろう。〈個別テーマをひらく〉の鈴木蒼「文人たちの生存戦略」では、古代の公的文学＝漢詩文の担い手であった文人官僚が、後期摂関政治の激流の中でどう生き残りをはかったか、そのさまざまな戦略が活写される。ここでも道長一門との関係が大きな意味をもったという。

　残る一編は、豊島悠果「高麗前期の統治体制の変容と対外関係」である。摂関政治と同じ時期、半島の高麗王朝がいかなる政治体制を築き、軍事・外交でどう行動したかが詳述されている。王権の確立、体制整備、血なまぐさい権力闘争、そして遼（契丹）との軍事対決――朝鮮海峡を隔てた地では、七世紀の倭国のような歴史が展開していた。「平和」で閉鎖的な摂関期の政治・社会をとらえ直す手がかりが、

ばし、一〇三八年に国号を大夏とした。その後も宋との対峙が長く続き、ユーラシア東方に〈宋―遼―西夏〉の三極構造が維持される。

ふんだんに提供されている。
本書の末尾には、執筆者・編者による座談会記録を収めた。執筆の背景や意図を語り、核心的な論点が議論されているので、まずは座談会からお読みいただくのもよいかもしれない。平安宮故地での長い座談会だったが、まだまだ話し足りなかった。考え方や方法は違っても、摂関政治を深く知りたいという思いは共通していた。七編の論考とあわせて、私たちの意図が伝わり、新しい摂関政治研究の起爆剤となることを願うものである。

引用・参考文献

有富純也・佐藤雄基編、二〇二三年『摂関・院政期研究を読みなおす』思文閣出版
上島　享、二〇一〇年『日本中世社会の形成と王権』名古屋大学出版会
海上貴彦、二〇一八年「大殿の政務参加」『古代文化』70―2
大津　透、一九九三年『律令国家支配構造の研究』岩波書店
大津　透、一九九六年「摂関期の陣定」『山梨大学教育学部研究報告』46
大津　透、二〇〇一年『日本の歴史06　道長と宮廷社会』講談社（のち講談社学術文庫、二〇〇九年）
大津透編、二〇一六年『摂関期の社会と国家』山川出版社
神戸航介、二〇二二年『日本古代財務行政の研究』吉川弘文館
北山茂夫、一九六二年「摂関政治」『岩波講座日本歴史　第4巻』岩波書店
北山茂夫、一九七〇年『王朝政治史論』岩波書店
黒板勝美、一九〇八年『国史の研究』文会堂書店

黒板勝美、一九一八年『国史の研究　各説の部』文会堂書店
黒板伸夫、一九八〇年『摂関時代史論集』吉川弘文館
黒板伸夫、一九九五年『平安王朝の宮廷社会』吉川弘文館
黒田俊雄、一九六三年「中世の国家と天皇」『岩波講座日本歴史　第6巻』岩波書店（のち同『日本中世の国家と宗教』岩波書店、一九七五年に収録）
黒田俊雄、一九六七年『体系・日本歴史2　荘園制社会』日本評論社
斎木涼子、二〇二四年『平安時代の宗教儀礼と天皇』塙書房
坂上康俊、二〇〇三年「初期の摂政・関白について」『日本律令制の展開』吉川弘文館
坂上康俊、二〇一五年『日本古代の歴史5　摂関政治と地方社会』吉川弘文館
坂本賞三、一九七二年『日本王朝国家体制論』東京大学出版会
坂本賞三編、一九八七年『王朝国家国政史の研究』吉川弘文館
佐々木恵介、二〇一一年『天皇の歴史03　天皇と摂政・関白』講談社（のち講談社学術文庫、二〇一八年）
佐々木恵介、二〇一八年『日本古代の官司と政務』吉川弘文館
佐藤泰弘、二〇〇一年『日本中世の黎明』京都大学学術出版会
重野安繹・久米邦武・星野　恒、一八九〇年『稿本国史眼』大成館
東海林亜矢子、二〇一八年『平安時代の后と王権』吉川弘文館
末松　剛、二〇一〇年『平安宮廷の儀礼文化』吉川弘文館
鈴木修次、一九八一年『文明のことば』文化評論出版
竹内理三、一九五二年「貴族政治とその背景」『新日本史大系　第2巻』朝倉書店（のち同『律令制と貴族政権　第Ⅱ部』御茶の水書房、一九五八年に収録）
告井幸男、二〇〇五年『摂関期貴族社会の研究』塙書房
告井幸男、二〇二一年「摂関期の儀式と法」『日本の歴史　古代・中世編』ミネルヴァ書房
津田左右吉、一九一六年『文学に現はれたる我が国民思想の研究　貴族文学の時代』洛陽堂

土田直鎮、一九六一年「摂関政治に関する二、三の疑問」『日本史の研究』33（のち同『奈良平安時代史研究』吉川弘文館、一九九二年に収録）
土田直鎮、一九六五年『日本の歴史5　王朝の貴族』中央公論社（のち中公文庫、一九七三年）
土田直鎮、一九七〇年「摂関政治の実体」『日本史のしおり』9、帝国書院（のち同『平安京への道しるべ』吉川弘文館、一九九四年に収録）
角田文衞、一九六六年「ある夜の紫式部」『紫式部とその時代』角川書店
角田文衞、一九七五年「後冷泉朝の問題」『古代文化』27―1（のち同『王朝史の軌跡』学燈社、一九八三年に収録）
寺内　浩、二〇〇四年a『受領制の研究』塙書房
寺内　浩、二〇〇四年b「貴族政権と地方支配」『日本史講座　第3巻』東京大学出版会
戸田芳実、一九六八年「中世成立期の国家と農民」『日本史研究』97（のち同『初期中世社会史の研究』〈次掲〉に収録）
戸田芳実、一九九一年『初期中世社会史の研究』東京大学出版会
貫　達人、一九五七年「摂関政治」『図説日本文化史大系　第5巻』小学館
橋本義彦、一九六八年「摂関政治論」『日本歴史』245（のち同『平安貴族社会の研究』吉川弘文館、一九七六年に収録）
橋本義彦、一九七六年「貴族政権の政治構造」『岩波講座日本歴史　第4巻』岩波書店（のち同『平安貴族』平凡社、一九八六年に収録）
林屋辰三郎、一九四九年「中世社会の成立と受領層」『立命館文学』68（のち同『古代国家の解体』東京大学出版会、一九五五年に収録）
林屋辰三郎、一九五四年「摂関政治の歴史的位置」『歴史教育』11（のち同『古代国家の解体』〈前掲〉に収録）
服藤早苗、二〇〇五年『平安王朝社会のジェンダー』校倉書房
古瀬奈津子、二〇一一年『シリーズ日本古代史⑥　摂関政治』岩波新書

三浦周行、一九一六年『歴史と人物』東亜堂書房(のち岩波文庫『新編歴史と人物』、一九九〇年)
宮崎市定、一九七七年『中国史　上』岩波書店
村井康彦、一九六八年『平安貴族の世界』徳間書店(のち徳間文庫、一九八六年)
目崎徳衛、一九九五年『貴族社会と古典文化』吉川弘文館
山中　裕、一九六一年「藤原道長をめぐる人々」『日本人物史大系　第1巻』朝倉書店
山本信吉、二〇〇三年『摂関政治史論考』吉川弘文館
吉川真司、一九九五年「天皇家と藤原氏」『岩波講座日本通史　第5巻』岩波書店(のち「摂関政治の転成」と改題して同『律令官僚制の研究』塙書房、一九九八年に収録)
吉川真司、二〇一五年「藤原良房・基経」『古代の人物4　平安の新京』清文堂
吉川真司、二〇二二年『律令体制史研究』岩波書店
吉村茂樹、一九三三年「平安時代の政治」『岩波講座日本歴史』岩波書店
米田雄介、二〇〇六年『摂関制の成立と展開』吉川弘文館

挿図引用文献

吉川真司、二〇〇二年「平安京」『日本の時代史5　平安京』吉川弘文館(一部改変)

古代政治としての摂関政治

大津　透

はじめに――摂関政治像の修正

かつて平安時代、とくに一〇世紀以降の摂関政治期については、律令国家――公地公民制、戸籍計帳による人民把握、天皇による専制国家――が崩壊、衰退し、ある意味で国家が存在しないかのようなイメージがあった。人民闘争を中心とすべきだとした戦後歴史学では、堕落した王朝貴族社会など研究に値しないという風潮さえあった。しかし現在では律令制の実態の研究も進み、律令制が展開していくという考え方もだされている。

簡単に研究史を振り返ると、戦後、土田直鎮《なおしげ》や橋本義彦などによって摂関期・院政期の実証的研究が進められ、『大日本古記録』(1)『大日本史料』(2)第二編など基本史料が刊行されたことも大きな意味があり、儀式書の読解もすすんだのである。土田直鎮は、「平安時代の政務というものは、儀式とかけ離れて政務という別のグループが存在するのではない」「先例を守り儀式作法を整えて事務を行なっていた」、それが当時の政治であると鋭く指摘していた［土田、一九七四］。

一九八〇年代以降、平安時代中期の政治制度などの研究が進展し、後述する陣《じんの》定《さだめ》・政《せい》などの解明が進み、その結論の当否は別として、広島大学の坂本賞三と門下

(1) 東京大学史料編纂所が各時代の重要な日記を校訂して最良のテキストを出版する。戦後開始され、『九暦《きゅうれき》』『貞信公記《ていしんこうき》』『御堂関白記《みどうかんぱくき》』『小右記《しょうゆうき》』などこの時代の研究の基礎を作った。

(2) 東京大学史料編纂所の中心的編纂事業であり、歴史上の重要事件を「綱文《こうぶん》」という概要をたて、関連史料を列挙する。第二編は一条天皇の即位に始まり、現在、後一条天皇治世の途中まで三二冊が刊行されている。

(3) 王朝国家は律令国家から中世国家へ移行する過渡的段階を示す概念で、当初は戸田芳実などにより初期封建国家とする説が唱えられたが、坂本賞三により土地制度を

生による「王朝国家論」(3)研究が積極的に進められた。かつて「倒れるところに土をもつかめ」といわれ私利私欲の象徴だった受領《ずりょう》が、官僚として政府への徴税を請け負い、ひきかえに部内支配が委任されたことを明らかにし、受領を国家的支配の要として位置づけたことが大きい。たしかに班田制《はんでんせい》は崩壊したが、受領は負名《ふみょう》体制(4)により民衆と土地の把握を行い、その上に中央政府と上級貴族が存立した。平安時代の「無国家」のようなイメージは大きく修正された。

またかつては「儀礼的」といえば無意味と考えられていたのだが、平安時代の儀礼研究が進展した。その背景には従来の階級支配を中心とする歴史観から、文化人類学などの成果をふまえ、個々の儀礼のもつ意味を読み取ろうとする、ある意味で国家観の変化もある。もちろん研究の進展の前提には古記録・儀式書の緻密な分析の進展がある。

1　摂関政治の流れ

摂政・関白のはじまり

摂政は藤原良房《ふじわらのよしふさ》にはじまり、関白は藤原基経《もとつね》にはじまり、摂関は九世紀にはじまる。太政大臣《だじょうだいじん》に「師範《しはん》一人、儀形四海《ぎけいしかい》」(5)という職掌が規定されるが、それは抽象的

中心として一〇世紀初めからを前期王朝国家、一一世紀四〇年代からを後期王朝国家とする説が唱えられ、その門下生により研究が深められた。

(4)　律令制の戸籍による人民支配にかわり、平安中期には国司は公田を名《みょう》に分割し、田堵《たと》に耕作を請け負わせ、こうした田堵負名は、経営を委任されるかわりに国衙《こくが》に租税を納入する義務を負った。こうした体制を負名体制という。

(5)　職員令《しきいんりょう》2太政官《だいじょうかん》条の職掌規定。天子の道徳の師であり、天下の民の規範であるの意。さらに「経邦論道、燮理《しょうり》陰《いん》陽《よう》」(政治の姿勢をただし、天地自然の運行を和らげる)とある。唐《とう》の三師・

であり、その具体的な職掌として摂政・関白が案出されたと、竹内理三が早く指摘しているが[竹内、一九五四]、おおむねそれが正しいだろう。

天安《てんあん》二年(八五八)僅か九歳の清和《せいわ》天皇が即位、良房[6]は外祖父として「実質の摂政」となり、やがて「正式の摂政」につくと教科書などに記されている。その前提として、承和《じょうわ》の変があった。承和九年(八四二)七月嵯峨《さが》上皇(仁明《にんみょう》天皇の父)が死去すると、その二日後、伴健岑《とものこわみね》・橘逸勢《たちばなのはやなり》が皇太子恒貞《つねさだ》(嵯峨の弟淳和《じゅんな》天皇の皇子)を奉じて東国で挙兵する謀反計画が発覚し、恒貞が廃され、八月冬嗣《ふゆつぐ》女、良房妹の順子《じゅんし》の産んだ道康《みちやす》親王(仁明天皇男)を立太子したのである。これにより皇位の安定的な直系継承が確立された。嘉祥《かしょう》三年(八五〇)に仁明天皇が死去し、道康が文徳《もんとく》天皇として即位する。その年三月にその子惟仁《これひと》親王(清和天皇)が誕生、母は藤原明子《めいし》(父良房・母源潔姫《みなもとのきよひめ》)である。一一月にはわずか一歳の惟仁が立太子されたのである。

天安元年(八五七)二月良房を太政大臣に任ずるが、これは幼い惟仁即位に備えた布石であろう。『日本三代実録《にほんさんだいじつろく》』には、清和即位に当たり、良房を摂政とする詔勅《しょうちょく》が見えないのだが、この時実質的に摂政となったと考えてよい。九歳の天皇、幼帝が可能となったのは、天皇制の大きな変質と言えるが、それを可能としたのが良房による幼主を輔佐する摂政であったことは間違いない。貞観《じょうがん》六年(八六四)元日、清和天皇が元服儀《げんぷくのぎ》(一五歳)を行う。ここに良房の摂政辞表が見えないのだが、摂政を

三公の規定と同じである。

(6) 八〇四―八七二。藤原冬嗣《ふゆつぐ》の次男で、藤原北家《ほっけ》の地位を確立した。嵯峨《さが》天皇に才能を愛され、仁明《にんみょう》即位により蔵人頭《くろうどのとう》、中納言《ちゅうなごん》に抜擢され、承和《じょうわ》の変で妹順子が産んだ道康《みちやす》の立太子《りったいし》に成功した。幼帝清和《せいわ》の即位により実質的に摂政として天皇大権《たいけん》を代行し、応天門《おうてんもん》の変の処理にあたり改めて摂政とされた。『続日本後紀《しょくにほんこうき》』『貞観格式《じょうがんきゃくしき》』の編纂を主宰した。

(7) 八一一―八六八。参議《さんぎ》伴国道《とものくにみち》の五男、もとは大伴氏。仁明天皇の知遇をえて出世し、八六四年には大納言に至る。大内裏《だいだいり》の内側、朝堂院《ちょうどういん》の正門である応天門が放火される事件がおきると、左大

辞して引退したと考えてよいらしい。貞観八年(八六六)八月に「太政大臣に勅《ちょく》して、天下《てんか》の政を摂行《せっこう》せしむ」との勅がだされ、この時はじめて「摂政」になったとの理解も可能だが、どうやら応天門《おうてんもん》の変が起きたために呼びもどされたらしい。この年閏《うるう》三月に応天門が炎上し、大納言伴善男《とものよしお》(7)と右大臣藤原良相《よしみ》(8)が謀《はか》って左大臣源《みなもとの》信《まこと》(9)の屋敷を兵に囲ませ、閉門させたという太政官《だいじょうかん》議政官トップの間での抗争であった。結局伴善男が放火したとわかり遠流《おんる》、良相も辞表をだした。良房は呼び出されて事件の解決にあたったのである[以上坂上、二〇〇一・二〇〇三]。応天門の変については、真相のわからないことが多いのだが、以上のように考えれば、良房自体は事件に係わっていなかったことになる(ふつうは藤原北家《ほっけ》による他氏排斥事件の一つとされている)。しかしこの後も天皇は恒例の儀式にしばしば出席し、自ら聴政《ちょうせい》したり基経を中納言に任じたりしていて、一方で良房も除目《じもく》を主宰していて、後の摂政とはかなり異なる状態だったといえる[坂本太郎、一九六四]。

貞観一八年(八七六)一一月清和天皇は陽成《ようぜい》へ譲位するにあたり、詔で右大臣基経(10)を摂政とする。「右大臣(中略)藤原朝臣《あそん》基経、幼主を保輔《ほほ》し、天子之政を摂《と》り行ふこと、忠仁公(良房)の故事の如《ごと》くせよ」「少主のいまだ万機《ばんき》を親しくせざるの間は、政を摂り事を行ふこと、近く忠仁公の朕《ちん》が身を保佐《たす》くるごとく、相扶《あいたす》け仕《つか》へ奉《まつ》るべし」と、良房が幼い自分を輔佐したように幼帝陽成を扶け奉仕せよと命じている。

臣源信の犯行だと密告したが、無実だとわかり、善男とその男中庸《なかつね》による陰謀とされ、伊豆に流罪となった。

(8) 八一三―八六七。藤原冬嗣の五男。清和朝前半には伴善男とともに太政官政治を領導した。応天門の変で伴善男の謀略に同調し源信の邸宅を兵で囲ませたが、良房の働きかけで無実だとされた。良相は連座は免れたものの、政治力は失った。

(9) 八一〇―八六九。嵯峨天皇皇子、八一四年に臣籍降下。承和の変直後に中納言、良房の太政大臣就任にともない左大臣に至る。応天門放火の嫌疑をかけられ、朝廷の兵に邸宅を囲まれる。無実とされたが、この事件

さらに元慶《がんぎょう》四年（八八〇）一二月清和上皇は崩御《ほうぎょ》にあたって「朕が食国《おすくに》を平らけく安らけく天照《あまて》らし治め聞こし食す故はこの大臣の力なり。しかるに帯びるところの官は摂政の職には相当たらず」（自分の統治は、基経の力に依るが、その右大臣の位は摂政にふさわしくない）として太政大臣に任命し、「但《ただ》し摂政の職は今もいよいよますますに勤め仕へ奉れ」と命じている。太政大臣と摂政との密接な関係をよく示している。

陽成天皇は素行が悪く廃位される。基経が中心となり、すでに成人の時康《ときやす》親王を擁立する（光孝《こうこう》天皇）。元慶八年（八八四）六月五日光孝天皇勅（宣命《せんみょう》）には、基経に対して「今日より官庁に坐《いま》して就《つ》きて、万政領《す》べ行ひ、入りては朕が躬《み》を輔《たす》け、出でては百官《ひゃっかん》を総《す》ぶべし。奏すべきの事、下《くだ》すべきの事、必ず先に諮稟《しひん》せよ。朕垂拱《すいきょう》して成るを仰がん」とあり、これがのちの関白のはじまりである。さらにこの勅では、本官（太政大臣）の任として勤めさせたかったが、明確に「その職」を規定できなかったと述べている。この数日前に左仗下《さじょう》（陣座《じんのざ》）に菅原道真《すがわらのみちざね》(11)以下八名の学者を召し、太政大臣に職掌有るかを議論させていたが、意見は分かれ結論は出なかったのである。関白の基礎に太政大臣があったことは明らかであるが、そこに関白の職掌を具体的に規定することが必要だった。

宇多から醍醐へ

後は出仕しなかったという。平素より伴善男と不仲だったらしい。

(10) 八三六―八九一。藤原長良《ながら》三男、叔父良房の養子となる。八七六年清和天皇が譲位に当たり、良房の例により新帝幼主の間、政を摂り行うように命じ、のちに太政大臣に任じられた。八八四年光孝《こうこう》天皇の即位に当たり、奏すべきことと下すべきことはまず基経に諮問《しもん》せよと命じ、関白の濫觴《らんしょう》となる。基経は学問を好み、『日本文徳《もんとく》天皇実録』編纂を主宰した。

(11) 八四五―九〇三。菅原是善《これよし》の三男。学才に恵まれ、式部少輔《しきぶのしょう》、文章《もんじょう》博士《はかせ》に昇る。宇多《うだ》天皇に重用され、寛平《かんぴょう》の治を支えた。醍醐《だいご》朝に右大臣に

仁和《にんな》三年（八八七）八月二六日公卿《くぎょう》が皇太子をたてることを上表《じょうひょう》し、八月二六日光孝不予《ふよ》（重病）となり、源定省《さだみ》(12)を親王に復した上で立太子し、宇多《うだ》天皇として践祚《せんそ》した（以下適宜、**図1**参照）。問題が残る皇位継承であった。一一月二一日の宇多天皇詔には「其《そ》れ万機巨細、百官惣己《そうき》、皆太政大臣に関《あずか》り白《もう》し、然《しか》る後《のち》に奏下すること、一に旧事の如し」とあり、ここに「関白」の名前が初めて見える。のちの仁和四年六月二日宣命には「自今以後、衆務を輔《たす》け行ひ、百官を統《す》べ賜《たま》へ、奏すべきの事、下すべきの事、先のごとく諮《はか》り稟《う》けよ。朕垂拱して成るを仰がんと宣《の》る」（ともに『政事要略《せいじようりゃく》』巻三〇）とあり、先の光孝の勅とあわせて、「関白」とは、太政官について百官を統べ、奏上と天皇から下されることを諮稟することと定まっている。なお漢文詔の「百官惣己」は、関白の唐名ともなるが、本来の意味は百官がそれぞれの職務を守ることで（出典は『論語』）、それぞれの任務を行うことが前提になっている。

なおこの直後「阿衡《あこう》の紛議《ふんぎ》」と呼ばれる基経と宇多との間の争いがおこった。基経は、「関白」と閏一一月の橘広相《ひろみ》(13)が作った勅答の「宜《よろ》しく阿衡の任を以て卿の任とせよ」という文章の「阿衡」との関係を問題とし、「阿衡」（中国の三公）には職掌はないとして、職務（官奏《かんそう》）をボイコットした。通説では、基経の抵抗は、宇多天皇の出鼻をくじくとともに、寵臣橘広相を失脚させるという政治的意味を持つものだったとするが、ここでは関白の職掌を明確に確定させたことが重要であろう。左大

まで昇ったが、天皇を廃立しようとしたとされ大宰権帥《だざいのごんのそち》に左遷され、二年後に大宰府で死去した。その後道真の怨霊とされる事件が続き、北野天満宮で神として祀《まつ》られた。

(12) 八六七―九三一。光孝天皇の第七皇子。光孝は急遽位に就くことになると、兄弟姉妹とともに臣籍降下させ、定省王は源定省と称した。しかし八八七年光孝が重篤に陥ると、皇族に復帰し、立太子し、その日に光孝が崩御したため、践祚して宇多天皇となる。

(13) 八三七―八九〇。紀伝道《きでんどう》を菅原是善に学んだ学者・公卿、父は峰範《みねのり》。陽成・光孝・宇多の三代の侍読《じとう》をつとめ、八八四年に参議《さんぎ》に昇り、宇多天

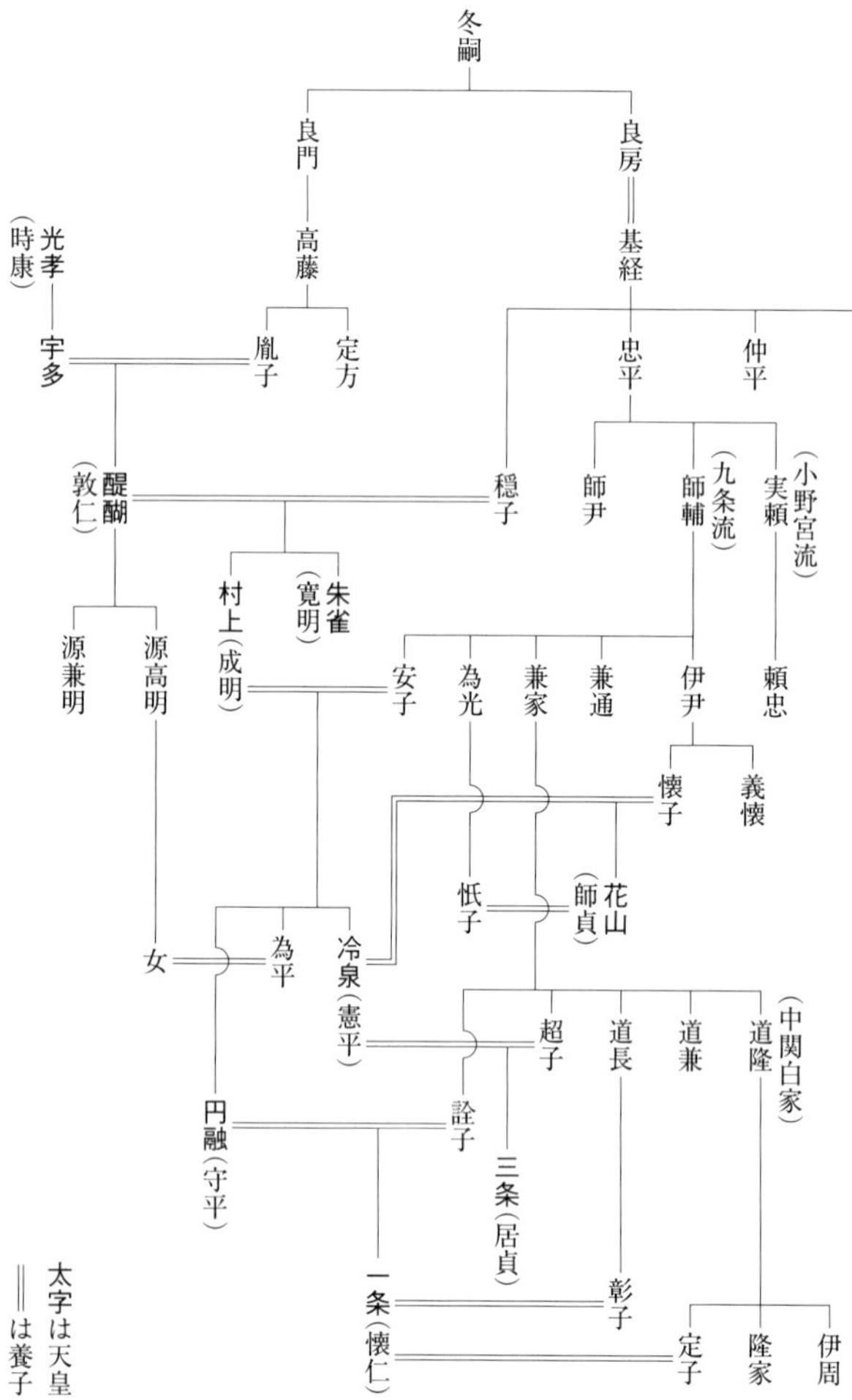

図1　天皇家・藤原氏の系図

臣源融《とおる》(14)の進言によって、前述した六月二日詔書（宣命）を出すことで決着し、関白の職掌は「衆務を輔け行ひ、百官を統べ賜へ、奏すべきの事、下すべきの事、先のごとく諮り稟けよ」とされ、のち藤原忠平《ただひら》の際にこの「仁和故事」が先例となる。

基経は、光孝朝において、筆頭公卿の太政大臣として内弁《ないべん》(15)をつとめたり御前《ごぜん》除目にも参加し、奏上・下達を関白するが、何に基づいているのか不分明だったのであろう［坂上、一九九三］。なおこの過程では、左大臣が詔書を出し直すように説得したり、天皇が広相と藤原佐世《すけよ》(16)などを召して詳しく尋ね、定めようとしたところ、「公卿皆病と称して退出す」と公卿の行動が大きな影響を与えたことも注目できる。

宇多天皇は、基経が寛平《かんぴょう》三年（八九一）に没すると、「寛平の治」と呼ばれる親政を行い、藤原保則《やすのり》(17)・菅原道真などの人材を登用した。しかし、寛平九年に三一歳で仏事に専念したいとして譲位、一三歳の敦仁《あつぎみ》親王（醍醐《だいご》天皇）が即位する。宇多は譲位の詔で、「春宮大夫藤原朝臣（時平《ときひら》）・権大夫菅原朝臣（道真）、少主未だ長ぜざるの間、一日万機の政、奏すべく請ふべきの事、宣すべく行ふべし、云々」（『日本紀略《にほんきりゃく》』寛平九年七月三日条）として、醍醐が「未長」であるので、右大臣源能有《よしあり》(18)が没したこともあり、時平と道真に奏請の権を委ね輔佐させようとした。しかし太政官庶政の他の審議・奏宣権も時平・道真の二人に委ねられたとして、大納言・中納言が反発し、太政官政務に参与しなくなり外記政《げきせい》(19)にも参加しなくなった。公卿層が反発した

皇に重用された。八八七年の基経を関白に任ずる宇多の勅答が、阿衡の紛議を引き起こした。

(14) 八二二—八九五。嵯峨天皇皇子。清和朝に、中納言・大納言・左大臣に昇る。陽成天皇が基経を摂政とすると自宅に籠もったが、光孝が即位すると出仕し、阿衡の紛議の収拾にあたった。嵯峨の別邸は清涼寺《せいりょうじ》の前身であり、『源氏物語』の光源氏のモデルともされる。

(15) 即位・朝賀《ちょうが》・節会《せちえ》などの朝廷の重要儀式における責任者の公卿のこと。一上《いちのかみ》がつとめ、摂関や太政大臣はつとめないのが例である。

(16) 八四七—八九八。藤原式家《しきけ》菅雄《すがお》の男、菅原

のは、もちろん宇多の寵臣である道真への反発もあるが、二人が大納言・権大納言で大臣でなかったことにもよるだろう。官奏候侍者（大臣と大納言）を宣旨で定める制度の濫觴《らんしょう》とされ、のちに藤原道長《みちなが》がついた「内覧《ないらん》」（太政官から奏上すべき文書と官中の雑事を先に触れる、第2節参照）の先蹤《せんしょう》になったとされるが、ここで言われている職掌は関白とほぼ同じである。また宇多上皇は二人を通じて醍醐の親政を進展させることをめざしたのであり、この場合公卿層の同意は得られず、宇多の企ては失敗した。

醍醐天皇は摂関を置かず、「延喜《えんぎ》の治」といわれる親政を行った。延喜元年（九〇一）に道真を大宰権帥《だざいのごんのそち》に左遷したあと、左大臣藤原時平[20]の政権となるが、非業《ひごう》の死を遂げた道真の祟《たた》りもあったか同九年に死去する。後世「延喜・天暦《てんりゃく》の治」と称され、戦前の皇国史観で高く評価されたが、『古今和歌集』や『延喜格式』編纂などの文化事業を進めたほか、延喜二年三月に「延喜の荘園整理令」といわれる九通の官符《かんぷ》が出された。内容としては荘園整理や最後の班田励行などをふくむ律令制的なあり方の再建や、寛平年間以来の受領の立場にたった国司《こくし》・郡司《ぐんじ》による地方統治システムの再確認といえる［坂上、二〇一五］。なおこの法令をもって「王朝国家」体制転換の画期とする学説があるが［坂本賞三、一九六三］、「基準国図[21]」が作られたとするのには疑問がある。これは体制変革の命令・法令があったに違いないとのある

是善に学んだ学者。大学頭、式部少輔となる。基経の家司《けいし》として、基経の関白辞表に対する勅答の「阿衡」は職掌なしと解し、阿衡の紛議をおこした。日本にあった漢籍の目録『日本国見在書目録』を撰した。

(17) 八二五―八九五。藤原南家《なんけ》豊成《とよなり》流、貞雄の男。地方官を歴任して善政をあげた良吏として知られる。宇多天皇に抜擢され、左大弁《さだいべん》、参議となり、寛平の治を支えた。のち三善清行《みよしきよゆき》はその功績を理想化し『藤原保則伝』を著した。

(18) 八四五―八九七。文徳天皇皇子。清和・陽成天皇を扶け政務に通じ、宇多天皇からの信頼も厚く、八九一年大納言とな

種の仮定があり、その画期をこの官符群に求めるのだが、内容からは無理がある。ただし一連の変革が受領による土地支配の強化につながったことは評価できよう。

摂関体制の成立

さて醍醐は、延喜四年(九〇四)に基経の娘穏子《おんし》を母とする保明《やすあきら》親王を立太子したが延喜二三年(九二三)に死去、保明親王と時平の娘の間の子、慶頼《よしより》王を皇太子に立てるが、これも延長《えんちょう》三年(九二五)に死去し、同年に醍醐と穏子の間に生まれた僅か三歳の寛明《ゆたあきら》親王(後の朱雀《すざく》天皇)を皇太子とした。醍醐は延長八年(九三〇)九月に病状悪化のため譲位し、没する。このとき皇太子幼少のため筆頭公卿左大臣で母后《ぼこう》穏子の兄、藤原忠平(22)を摂政とし、久しぶりの摂政となる。

藤原忠平は、基経四男で、兄には時平・仲平《なかひら》がいる。昌泰《しょうたい》三年(九〇〇)に二一歳で参議になるが、辞して叔父清経《きよつね》に譲り、右大弁《うだいべん》兼侍従《じじゅう》として出仕、参議=公卿に戻ったのは延喜八年(九〇八)、時平のなくなる前年のことで二九歳だった。延喜一三年に太政官首班(大納言)となり、翌年右大臣、左大臣になり政権を確立したのは延長二年(九二四)のことであった。朱雀天皇が即位すると左大臣にして摂政となり、承平《じょうへい》六年(九三六)に太政大臣となり、翌年天皇が元服すると、摂政を辞するも許されず、天慶《てんぎょう》四年(九四一)に関白となる。同九年(九四六)に村上天皇が即位する

り寛平の治を実質的に主導したと考えられる。八九六年に右大臣に至る。

(19) 内裏に近い外記庁《げきちょう》で開催される、中納言以上の公卿が聴政する「政」の一形式で、弁・史からの申文《もうしぶみ》を決裁した。九世紀半ばには定着した。休日を除いて毎日開くべきものとされていた。

(20) 八七一—九〇九。基経長男。八八六年元服に当たり光孝天皇自らが加冠《かかん》した。宇多即位により蔵人頭となり、八九七年に大納言、政権の首班となる。八九九年に左大臣。政治家としての資質に優れ、醍醐天皇を輔佐して延喜の治を進めた。『延喜《えんぎ》式《しき》』を編纂した。

(21) 王朝国家論では、

と引き続き関白の詔をうけた。

橋本義彦が、この忠平の時代が摂関体制の成立期であると述べている。①摂政・関白が制度的に成立した。朱雀天皇元服の後、忠平は摂政を固辞し、関白になり、官奏文書の奏覧を復活し、摂政・関白の区別が自覚された。②儀式・故実《こじつ》が成立した。本康《もとやす》親王を介して基経の儀礼を伝承し、さらに忠平二子の実頼《さねより》と師輔《もろすけ》に継承されて小野宮流《おののみやりゅう》と九条《くじょう》流が形成される。忠平の執政時代が朝廷儀礼の標準形となるのである。③天皇のもと、忠平中心の藤原氏と賜姓源氏《しせいげんじ》(23)、天皇生母の藤原穏子、宇多上皇による貴族連合体制が確立した〔橋本、一九七六〕。

①について詳しくみてみよう。朱雀天皇元服後もしばらく摂政であった忠平は、御前の叙位・除目に参加していて(『貞信公記《ていしんこうき》』承平八年正月六日条、天慶二年八月二七日条、『本朝世紀《ほんちょうせいき》』天慶元年九月三日条)、摂政がいても、天皇元服後は関白儀に似た御前儀となっていた(先例は九世紀の基経に遡る)。しかし天慶四年(九四一)関白となると、忠平は摂政在任中は行われなかった官奏文書の奏覧を復活した(『本朝世紀』同年一一月二六日条)。上卿大納言藤原実頼が奏状を太政大臣の里第《りてい》へもたらし、取捨選択を行った。忠平は天皇に奏上すべき文書中のいくつかについて拒否権を行使したので、春名宏昭によれば、これが内覧との違いだとする。「関白」とは、『愚管《ぐかん》抄《しょう》』(24)が言うように、前漢の霍光《かくこう》(25)の事例に依拠したものである。昭帝《しょうてい》期の秉政《へいせい》(摂政)

一〇世紀初頭王朝国家への転換に当たり、各国衙で土地支配の基礎になる基準国図が作成されたとする。しかし、それまでの班田図・校田図がもちいられ、受領が国内支配を行ったと考えられる。

(22) 八八〇―九四九。基経四男。九一三年に太政官の首班、九二四年に左大臣となった。兄時平は醍醐天皇と親密だったが、忠平は宇多に仕え道真とも親しかった。九三〇年朱雀天皇が即位すると摂政、天皇元服後には関白となる。承平《じょうへい》・天慶《てんぎょう》の乱が起きたが、忠平は長く弁官《べんかん》を務めて地方情勢への理解が深く、現実に即応した転換ができた。『貞信公記』を記した。

(23) 天皇の子孫で臣籍

権を放棄し、宣帝《せんてい》即位にあたり霍光が副封先発権（関白とある、注25参照）を付与されたのを日本に導入した。拒否した例として、内覧した藤原頼忠《よりただ》（関白太政大臣）が詔書の内容または表現に難色を示し、その文章を除いたことがあげられる（『小右記《しょうゆうき》』寛和《かんな》元年正月五日条）。一方で忠平は、摂政になっても儀式の内弁を務めていたが、関白になると太政官の政務には参加しなくなる。阿衡の紛議を経て宇多が出し直した仁和四年六月宣命で「官庁に坐して就きて」が削除されているので、仁和以来定まったらしい［春名、一九九七］。

忠平政権は、調庸の地税化や損田《そんでん》(26)や不《ふ》堪佃田《かんでんでん》(27)対策など積極的な国司の指導にあたっている。「敗者ともいうべき宇多の側近にして、八年間にわたり弁官局(28)の責任者として政治の現実に触れていた忠平は、兄ほど危機打開に楽天的になり得ず、律令の原則的適用を強行していこうという方針に懐疑的になったと思う」と森田悌は述べる［森田、一九七八・一九七九］。

兼家・道長へ

このあとの政治の流れにふれると、関白忠平が天暦三年（九四九）に七〇歳で没したあと、村上天皇は関白を置かなかった。「天暦の治」といわれる親政であるものの、実際には忠平の子息左大臣実頼(29)・右大臣師輔(30)を中心に、天皇と藤原氏の結束は

に入って姓を賜ったもののうち、源姓を賜ったもの。嵯峨天皇の皇子をはじめ、仁明、清和、宇多などの子孫がいる。さらに醍醐天皇の皇子は、源高明《たかあきら》をはじめ公卿として大きな勢力となった。

(24) 鎌倉時代初頭の歴史書。慈円《じえん》著。第一部は歴代天皇と事項を列挙し、第二部では神武《じんむ》天皇以来の歴史を叙述し、道理の推移を読み取り、第三部は歴史の総論に当たる。慈円は摂関家に生まれ、九条兼実《かねざね》の弟であり、摂関家の政治のあり方を振り返る視点は貴重である。

(25) ？―前六八。前漢の政治家。武帝《ぶてい》死亡のあと、昭帝《しょうてい》・宣帝《せんてい》二代を輔佐し、政治を取り仕切った。宣帝が即位当初霍光

強まった。師輔の娘安子《あんし》が皇后となり、政治の中心にいたのは九条右大臣師輔であった。村上が康保《こうほう》四年(九六七)に没すると、安子所生の冷泉《れいぜい》天皇が即位する。しかし師輔・安子ともすでに没しており、兄の小野宮左大臣実頼が関白に、半年後に太政大臣となる。安和《あんな》二年(九六九)、安和の変をへて、冷泉が退位し弟の円融《えんゆう》が即位すると、実頼は摂政となり、太政官首座としての立場を維持している。翌年には師輔長男の右大臣伊尹《これただ》が摂政となり(左大臣藤原在衡《ありひら》がいたが高齢だった)、太政大臣となった。しかし二年間しか権力は握れず、天禄《てんろく》三年(九七二)に急逝した。

このとき師輔次男の藤原兼通《かねみち》(31)(権中納言)は天皇母の安子の一札をとっておいて、弟の大納言兼家《かねいえ》をこえて摂関になったとのエピソードが伝わる(『大鏡《おおかがみ》』)。しかし『愚管抄』は内覧になったとし、天延《てんえん》二年(九七四)に関白になったと記述している。通説は実頼以降、摂政・関白が常置されたとするが、誤りらしい。春名によれば、兼通はおそらく伊尹病気の間だけ内覧となったが(のちの伊周《これちか》と同じ)、伊尹死去により内覧も停止(山本信吉は内覧であったとする[山本、一九七二])、権中納言から内大臣になった。しかし左大臣に源兼明《かねあきら》、右大臣に藤原頼忠がおり、天延元年(九七三)には左大臣兼明が上卿を務めており、一方で内大臣兼通以下が陣定や受領功過定《こうかさだめ》を行っている例もある。兼通は内大臣として太政官の政務を務めて実績を積み、天延二年二月二八日に太政大臣正二位となり、三月二六日にいたり関白になれたとする

に政治を委ねるとして「諸事皆先ず光に関《あず》かり白《もう》し、然る後に天子に奏御せよ」(『漢書』)とある。

(26) 水旱《すいかん》などの災害により、播種《はしゅ》後収穫が減少した田地。賦役令《ぶやくりょう》の規定によれば、各戸の損害律が「五分」「七分」になるのに応じて、田租《でんそ》、調《ちょう》庸《よう》などが免除された。

(27) 災害や逃亡により耕作不能となった田。毎年国司が太政官に申請して認可をうけた。国内の輸租田《ゆそでん》の一〇分の一を「例不堪《れいふかん》」として公認し、それを超えるものは「過《か》分《ぶん》不堪」として申請して裁定を求めた。

(28) 太政官議政官を支える事務部局。下に史が置かれる。諸司諸国から

(一一月二五日御前女叙位などで兼通・左大臣兼明が同座した)〔春名、一九九七〕。

関白兼通は、貞元《じょうげん》二年(九七七)に病が重くなり五三歳で没する。弟の兼家でなく左大臣頼忠[32](実頼の男)に関白を譲る。『大鏡[33]』は、兼通が死去直前に参内して「最後の除目」を行ったとする。兄弟の骨肉の争いを伝える有名なエピソードだが、事実であるかは大いに疑問がある(流布本系にしかみえない)。左大臣に関白を譲るのは当然の行為で、大納言兼家が左右大臣をさしおいて関白になるのは無理だったのだろう。翌天元《てんげん》元年(九七八)に関白太政大臣となる(左大臣に源雅信《まさのぶ》・右大臣に兼家)。頼忠は、長く弁官局に勤務していた。円融天皇は政務介入を指向したが、信頼はあり、永観《えいかん》二年(九八四)に即位した花山《かざん》天皇の時代を含め、地方統制、受領功過定などの整備を進めたことを評価できるだろう。

藤原兼家[34]は、寛和二年(九八六)六月に計を図り花山天皇を出家させ、外孫の一条天皇を即位させる。幼帝であり、外戚にあたる兼家は右大臣として摂政になる。しかし上席に太政大臣頼忠、左大臣源雅信がいた。そこで七月に右大臣を辞職し、大臣の序列から離脱した。八月に兼家に「准三宮《じゅんさんぐう》[35]」の宣旨、九月に三公の上に列せしむる宣旨(一座の宣旨)[36]が出された。ここに、①摂政・関白が律令官職を超越した独自最高の地位となり、後世「寛和の例」と称せられた、②摂関が太政大臣と分離された、③摂関が藤氏長者《とうしちょうじゃ》と一体化された、の三点において、橋本義彦は摂関制度の

の申請文書を整理した上で、公卿に決裁を求め、処理した。儀式においては上卿のもと行事弁として運営にあたった。

(29) 九〇〇—九七〇。藤原忠平長男。九四七年左大臣、九六七年冷泉天皇の関白・太政大臣。円融が即位すると摂政になったが、力はふるえなかった。小野宮流の祖で、日記『清慎公記《せいしんこうき》』は重んじられたが、散逸した。

(30) 九〇八—九六〇。藤原忠平次男。女安子《あんし》を村上天皇の中宮《ちゅうぐう》とし、天皇の信頼を得て、右大臣にとどまったが九条流の繁栄の基礎を築いた。おおらかで度量が広く、人望が厚かった。忠平の儀式を継承した『九条年中行事』、日記『九暦』が

変質の画期となったとする［橋本、一九七六］。とはいえ永祚《えいそ》元年（九八九）に頼忠が没すると、兼家は太政大臣についているので、摂関は本来太政大臣だとする考えは存続していた。また「月ごろ公卿、官事を勤めず」として太政官政務の励行を公卿に求めており、太政官の公卿を統括しようとしている（『小右記』永延《えいえん》二年三月二一日条）。兼家はそれまでの不遇を取り返そうと、道隆《みちたか》(37)以下の子孫の官位を強引に引き上げた。

正暦《しょうりゃく》元年（九九〇）五月に兼家は病のため摂政太政大臣を辞し、関白となり、内大臣道隆に譲り（摂政にうつる）、七月に没した。道隆は翌年内大臣を辞して、摂政だけになる。兼家の手法を踏襲したのである。正暦四年に一条天皇が一四歳になったことで摂政から関白になった。中関白家《なかのかんぱくけ》(38)の一族の官位をひきあげ、長男伊周(39)は正暦五年にわずか二一歳で内大臣になった。『枕草子《まくらのそうし》』に美しく描かれた中関白家の春であった。

長徳《ちょうとく》元年（九九五）三月、病で死期が迫った道隆は、伊周を後任として関白職を代行させようと一条天皇に要請する。三月八日には「関白煩病の間、雑文書・宣旨等、先ず関白に触れ、次いで内大臣に触れ奏聞を経べしてへり」を蔵人頭が伊周に仰せるが、しかし伊周は聞いているところと違うと申しかえし、一条は一〇日に「関白病いの間、官・外記文書、内大臣に見せしむべし」と、伊周に道隆が病気の間の内覧を認めた（『小右記』）。だが四月一〇日に道隆が没すると、伊周の内覧はと

伝わる。

(31) 九二五—九七七。師輔の次男、堀川殿《ほりかわどの》とも。九七二年権中納言、兄の摂政伊尹が没すると、内大臣になり、九七四年に右大臣頼忠から氏長者《うじのちょうじゃ》を引き継ぎ、太政大臣、円融天皇の関白となる。

(32) 九二四—九八九。藤原実頼次男、子に公任《きんとう》がいる。弁官、参議をへて、九七一年右大臣、九七七年左大臣、兼通が没すると円融天皇の関白となる。九七八年に太政大臣。花山天皇即位ののちも関白にとどまった。

(33) 平安時代後期の紀伝体による歴史物語。文徳天皇以降後一条天皇まで、大臣列伝は藤原冬嗣から道長までを収める。

りやめとなり、二七日道隆の弟の右大臣道兼《みちかね》に(40)「太政官巨細雑事、右大臣に触るべしてへり。又関白万機の詔有り」(『日本紀略』)とあり、関白の詔が下った。さらに同日の除目で兼家五男の道長(図2)が左大将に任じられている。しかし「大疫癘《だいえきれい》」(天《てん》然痘《ねんとう》)の大流行のなかで、五月八日に道兼は死去した。いわゆる「七日関白」である。多くの公卿も亡くなり、生き残ったのは伊周内大臣二二歳と道長権大納言三〇歳であった。

一条天皇はどちらにするか迷っていたが、国母《こくも》で女院《にょいん》となっていた姉の詮子《せんし》(41)が強力に推し、藤原道長が五月一一日内覧になった(六月に右大臣)。『小右記』(42)によれば道長が関白詔を蒙ったとの噂があったが、頭弁《とうのべん》が示し送ったのは「官中の雑事、堀川大臣の例に准じて行ふべきなり」とあり、関白ではなく、堀川大臣＝兼通の内覧になったもので、太政官政務を統括する内覧が久々に復活した。道長は翌年左大臣に昇るが、長和《ちょうわ》五年(一〇一六)後一条天皇即位により摂政となるまで左大臣の地位にあり、直接太政官政務を総攬《そうらん》したのである。

図2 藤原道長(『紫式部物語絵巻』部分，国立国会図書館デジタルコレクションより)

作者は不明だが、堀河《ほりかわ》―鳥羽《とば》天皇のころの作成と考えられる。道長の人物描写に活気がある。

(34) 九二九―九九〇。師輔三男。九六九年安和の変直前に蔵人頭をかねたまま中納言となるが、九七二年伊尹没後は兼通が関白となり不遇となる。九八六年に一条天皇を皇位につけ、右大臣として摂政(のち太政大臣、関白)となった。

(35) 三宮(太皇太后《たいこうたいごう》・皇太后・皇后)に准じて年官・年爵・封戸《ふこ》などを与えること。摂関では八七一年に清和天皇が外祖父の良房に賜ったのが初例である。

(36) 摂政・関白は本官として大臣を帯びている

2 陣定の重要性

内覧となる道長

藤原道長は、摂関政治の頂点といわれるが、幼帝の後一条即位の時に一年ほど摂政になっただけで、ほとんど摂政・関白にならなかった。三条天皇から寛弘《かんこう》八年(一〇一一)の即位直後、関白に任じたいとの要請があったが、道長は辞退し、内覧宣旨が下っている。内覧となり左大臣として政治を行ったのである。そこから政治のあり方と特色を考えよう。

内覧とは、「官中の雑事、権大納言藤原朝臣道長に触れて奉行せしむべし」という弁官方上卿宣旨(『朝野群載《ちょうやぐんさい》』)と「太政官申すところの文書、まず道長に触れて奉行すべし」という外記方上卿宣旨(『日本紀略』)からなる。つまり太政官(弁官)の雑事の掌握と太政官から奏上する文書の内覧、つまり太政官政務の掌握であった[山本、一九七二]。これは関白の主要な機能であるが、道長は左大臣(一上《いちのかみ》)にとどまり、陣定などの公卿の合議にも加わった(一上については後述する)。兼家にいたり徐々に摂関と太政官政務の分離がすすみ、伊周のように独裁をめざして関白の職を求めた例もあったが、道長はそれを元に戻し、内覧として太政官の頂点で官僚機構を統括

が、必ずしも最上位とは限らないので、その場合三公(太政大臣・左右大臣)の上の最上座に着くべき宣旨が下された。兼家に宣下されたのが初例。

(37) 九五三—九九五。兼家の長男。九八四年兼家外孫の立太子により従三位春宮権大夫となり、九八六年兼家が摂政となるや一カ月の内に権大納言に進み、九九〇年父の没後摂政、関白となる。女の定子《ていし》を皇后にたて、中関白家全盛を謳歌したが、酒好きで病に倒れた。

(38) 平安中期の関白藤原道隆の一家の称。父兼家と弟道長との中間に位置したための呼称。

(39) 九七四—一〇一〇。摂政道隆の男。九九四年

したのである。

　この時代の太政官政治の基本は、橋本義彦が明らかにしたように「政」と「定《さだめ》」の二系統に分けられる。ただし橋本は「政」が衰退し「定」が重要になっていくとしたが、曽我良成は「政」の系統も変質しながら重要性を保っていたことを明らかにした［橋本、一九七六／曽我、一九八七］。そのうちの政とは公卿が一人で（上卿として）申請を決裁することであるが、公卿の分担については後述する。

図3　陣座（画像提供＝宮内庁京都事務所）

「定」とは

　「定」とは公卿が集まって合議することで、紫《し》宸殿《しんでん》東北廊の左《さ》近衛陣《こんえのじん》（陣座《じんのざ》、**図3**）で行うので陣《じんの》定《さだめ》という。天皇の御前で行われれば御前定《ごぜんさだめ》という。陣定については、藤木邦彦による古典的な研究があるが［藤木、一九六一］、制度史的探究として拙稿も記したので［大津、一九九六a］、これによりつつ最近の指摘も加えて考察したい（［大津、二〇〇一］も参照）。

　『西宮記《さいきゅうき》』(43)巻七、陣定事には、次のように規定

内大臣となり、翌年父関白の没後、後継を求めたが許されず、道長が政権を取る。九九六年に大宰権帥として配流、翌年入京を許された。漢詩の才能は比類なかった。

(40)　九六一—九九五。藤原兼家の四男。花山天皇に蔵人として仕え、九八六年に天皇を内裏から連れ出して出家させた。兄道隆没後、待望の関白となるが、すぐに疫病で亡くなる。

(41)　九六二—一〇〇一。藤原兼家女、道長の同母姉。円融天皇女御《にょうご》、一条天皇の生母。九八六年一条即位により皇太后となる。九九一年病で出家すると、東三条院の院号を宣下され、女院の制を開いた。

がある。

上卿、勅《ちょく》を奉りて外記《げき》に仰せて、諸卿に廻《めぐ》らし告ぐ。諸卿参会す。上卿勅旨を伝へ、若《も》し文書あらば、その文を以て見せ下す。諸卿一々懐《おも》ふ所の理を陳《の》ぶ。下より申し上ぐ〈旧例上より定め下す〉。上卿或《ある》いは参議《さんぎ》をして定申す旨を書かしめ、頭・蔵人に付して奏聞す。軽事は詞を以て奏す。

上卿(大臣)が天皇の勅を受けて開催を通知、天皇から議題の文書が下されれば、予め先例を調べて弁官ならば続文《つぎぶみ》(44)、外記なら勘文《かんもん》(45)を奉らせる。諸国申請事の場合は「定め申すべし」の仰せだけでも、弁官に下して先例を勘《かんが》えさせる。当日諸卿が陣座に着すと、上卿は天皇の命を伝え、もし文書が下されるとそれを諸卿に下し見せ、参議(大弁)に文書を読みあげさせる。公卿の位次の最末のものより順に意見を述べ、定めおわると参議がその内容を書き、一条書きおわる毎《ごと》に読み上げて確認し、大臣はその定文《さだめぶみ》を蔵人頭《くろうどのとう》(46)や蔵人に付して天皇に奏聞する。軽い事項であれば口頭で奏上する(以上、『江家次第《ごうけしだい》』巻一八によって内容を補った)。その特徴として以下があげられる。

(1)発議権は天皇にあり、天皇の諮問に対して公卿が答申する。

(2)「定文」は、意見の一致を求めず、各条について意見が分かれた場合には誰と誰がどういう意見というように列記する(したがって最終決定にならない)。寛弘

(42) 小野宮右大臣藤原実資《さねすけ》の日記。儀式政務に精通していた。九八二年から一〇三二年が現存。記事は詳細で、藤原道長への批判も多く記され、摂関期の基本史料である。

(43) 平安時代の儀式書。書名は、撰者の源高明が西宮左大臣と呼ばれたことによる。安和の変で左遷された前後に編まれたと考えられるが、高明没後も、源経頼《つねより》により整理・加筆が続けられた。

(44) 上申された事項を太政官で審議するに当たり、過去の文書や先例などの参考資料を、弁官・外記がもとの文書に貼りついだもの。

(45) 必要な情報を調べ

二年（一〇〇五）四月一四日の諸国からの申請を審議した定文（諸国申請雑事定《しょこくしんせいぞうじさだめ》、後述）が、藤原行成《ゆきなり》(47)の筆によって伝わる（『平安遺文』四三九号）〔東京国立博物館ほか編、二〇一三／恵美、二〇一五〕。

（3）最下位の参議から順に全員発言するという慣行がある（旧例は違った）。公卿各自の自主的判断を重んじる、ある種民主的な会議運営方式といえる。あわせて新任日の浅い公卿は発言を遠慮する慣行や議事の当事者と親縁関係にある公卿が退席する慣習があった〔土田、一九六五〕。

最終結論に至らず、最後は天皇と摂関に委ねられることから、その意味について否定的な意見もあり、公卿の参加者が多くないことや議論が不活発であることとあわせて、陣定は意味をもたないとする〔吉川、一九九五〕。しかし議決機関でないとしても、手続きとしてかなりの重みがある。また意見が一致した場合は、それが覆されることはあまりないだろう。藤原道長は、摂関にならず左大臣一上として陣定に出席して議論を主導した（摂関になれば参加しない）。『御堂関白記《みどうかんぱくき》』(48)に陣定の記述が多くあり、その重要性がうかがわれる。

陣定の実例

どのような議題で陣定が開催されるか。制度があるわけでなく、重要なこととし

て上申する文書。行事の日時をえらぶ日時勘文のほか、改元の際の年号勘文、犯罪の処理に関わる明法勘文・罪名勘文などがある。

(46) 天皇の身辺の世話をはじめ勅命の伝達、奏上の取り次ぎなどにあたる蔵人所の長官。殿上《てんじょう》人《びと》・蔵人を指揮して諸事にあたった。定員二名で、近衛中将や弁官を兼ねることが多く、頭中将、頭弁とよばれ、参議の候補生である。家柄だけでなく、能力も必要とされた。

(47) 九七二—一〇二七。摂政伊尹の孫だが、父の義孝《よしたか》は三歳の時に死去。九九五年に源俊賢《としかた》の推挙により後任の蔵人頭に抜擢され、その後も参議、左右大弁として太政官の

かいえないが、実例からは以下が挙げられる。

①改元定(元号定)　平安時代には文章博士《もんじょうはかせ》(49)など学者にいくつかの候補を出させて、それを公卿の陣定で決めた。この形式は近世まで続いていく。『御堂関白記』寛弘九年(一〇一二)一二月二五日に三条天皇即位後の元号定が記されている。陣定に両文章博士の奉った年号勘文を給わり、この時に「大初・政和・長和」が勘申《かんじん》され、そのうち長和がいいと定めたと記す。ところが『小右記』逸文《いつぶん》によると、公卿はこの中では長和が良いと決め、道長は寛仁《かんにん》がいい年号なのだがといったが、諸卿は博士の勘申がない以上決められないとして、結局長和になったことがわかる。改元定のまえに藤原実資《さねすけ》(50)が道長のところにいくと、一条天皇のとき大江匡衡《おおえのまさひら》(51)が「寛仁・寛弘」を勘申した、本当は寛仁がよかったが諱《いみな》(天皇の実名)が懐仁《かねひと》なので仁を避けて寛弘にしたことがあり、文章博士に今度はその寛仁の勘文を探せといったのだが(匡衡はすでに死亡)、見つけられなかったといっていたとある。道長は不満はあったが、制度に従って定められたので仕方がないと考え、日記には記さなかったのだろう。

②院号定(女院の院号)　正暦二年(九九一)九月一六日皇太后藤原詮子出家にあたり、院号あるべきか、院司《いんし》(52)をどうすべきかを定める(摂政は藤原道隆)。結論として院号は東三条院とし、判官代《ほうがんだい》、主典代《しゅてんだい》をおくことになった(『皇室制度史料　后妃五』参照)。

政務を支えた。一条天皇と道長の信頼厚く、故実に精通し、精励な勤務ぶりで「寛弘の四納言」と称された。その書は優雅かつ端正で、三蹟《さんせき》の一人。

(48) 藤原道長の日記。自筆本一四巻と古写本一二巻が近衛家の文庫である陽明文庫に伝わる。九九五年から一〇二一年が伝わるが、一〇〇四年以降連続して日記を記した。

(49) 大学寮《だいがくりょう》紀伝道の教官(令外官)。漢文学及び中国正史などの歴史学を教授した。天皇の侍読、紀伝勘文の上申、詩序の作成などを行った。菅原氏、大江氏、藤原氏が多くを占める。

(50) 九五七—一〇四六。父は藤原斉敏《ただとし》。祖父実頼

③神鏡定　内裏焼亡により損じた神鏡(53)をどうすべきかを定める（御前定で行われる）。寛弘三年（一〇〇六）七月三日、昨年焼損した神鏡を改鋳《かいちゅう》すべきかにつき「下臈より一々定め申す」、内大臣以下七名は「改鋳すべきに非ず」、道長・伊周・公任《きんとう》三名は「筮《ぜい》を禱請《とうせい》し、その告げに依りて、一定せらるべきか」（筮竹《ぜいちく》でうらない、その結果によるべし）。それに対して天皇は「申すところ一に非ず、又々相定《あいさだめ》よ」と差し戻した。九名は意見を変えなかったが、道長がもし改鋳すると、「損像と全像と二像、禁中に御すは如何」「本像、禱請を加へ安置し奉るべきか」（祈禱を加えて安置するべきか）と発言した。最後に左大臣道長が意見を変えたことによりほぼ決定した（『御堂関白記』）。この時の陣定文「神鏡焼損可奉鋳改否事」が宮内庁書陵部「諸道勘文・神鏡」に勘文とともに伝存し、詳しい発言内容がわかる。なお御前定ではふつうは定文を作らないが、これは後日、参議の藤原行成が一条天皇の要請で作成したものである。

④外交関係では、寛仁三年（一〇一九）の刀伊《とい》の入寇《にゅうこう》(54)に対して繰り返し陣定が開かれた例［土田、一九六五］、承暦《じょうりゃく》四年（一〇八〇）高麗から国王病気のため日本の名医の派遣を求めてきたのに対して陣定が繰り返し開催された例がある［田島、一九九一］。また宋の商人が九州に来着すると、大宰府が存問、検査し、それを受けて陣定を開き、宋商を安置して交易を許すか廻却するかを審議する。これを宋人定と称

の養子となり、小野宮流を継ぐ。円融・花山・一条の三代の蔵人頭をつとめ、九八九年参議、のちに右大将を兼ね、一〇二一年に右大臣に昇る。政務儀礼に精通し、『小右記』を記し、道長に批判的な記述も多い。

(51) 九五二—一〇一二。大江維時《これとき》孫、重光《しげみつ》男。九八九年文章博士、九九八年一条天皇の侍読、正四位下式部大輔《たいふ》に至る。長保・寛弘の年号を勘申し、当代の名儒《めいじゅ》と称された。赤染衛門《あかぞめえもん》の夫。詩集『江《ごう》吏《り》部集《ほうしゅう》』がある。

(52) 上皇の家政機関である院庁《いんのちょう》では、長官である別当《べっとう》のもと、事務処理を扱う判官代（五位・六位）、文書・記録などにあたる主典代（六位）の職

し、実例は多い。

⑤罪名定　太政官裁判において、流罪以上を決定するときは陣定が必要であった。明法家《みょうぼうか》(55)の勘文にもとづき陣定で公卿が罪名を定め申し、その定文を奏上し、天皇が承認して刑が決定する［大津、一九九七］。長徳二年(九九六)二月に道長以下陣座にいた公卿に藤原伊周・隆家の罪名勘申が命令され、四月に天皇御前の除目において配流(大宰権帥・出雲権守《いずもごんのかみ》)が決定、翌年四月には二人の召還について陣定で審議された。また長徳四年に伊勢国内で前下野守《しもつけのかみ》平維衡《たいらのこれひら》と散位《さんい》平致頼《むねより》の闘乱が起きた事件では、翌長保《ちょうほう》元年(九九九)五月に左大臣道長以下が陣定で罪を決めたのをはじめ(『本朝世紀』)、ほぼ一年間、四回にわたり陣定が開かれた。

摂関期の裁判については太政官の裁判システムと検非違使《けびいし》の裁判システムの二本立てで、前者は五位以上をもつ官人や大寺社関係者などを対象とした［義江、一九八六］。この罪名定についていえば、律令法で流罪・死罪および除名となる者を、太政官の審議をへて、論奏式(56)で天皇に奏上するという手続きを継承したものである。公式令《くしきりょう》3論奏式は、「大祭祀、国用を支度する、官員を増減する、流罪以上及び除名を断ずる、国郡を廃置する、兵馬一百疋《ひき》以上を差発する、蔵物五百端《たん》以上、銭二百貫以上、倉糧五百石以上、奴婢《ぬひ》廿人以上、馬五十匹以上、牛五十匹以上を用いる。もし勅授の外五位以上を授くべき、及び律令の外議して奏すべきは、並びに論奏を

員がおかれ、これを院司という。

(53) 三種の神器の一つ、宮中に置かれた八《や》咫鏡《たのかがみ》、賢所《かしこどころ》に置かれたので賢所ともいう。伊勢神宮の神体の別身とされるが、九六〇年の内裏焼亡以後、何度も焼け損じた。

(54) 一〇一九年、刀伊の賊(ツングース系の女《じょ》真族《しんぞく》)の船団が対馬《つしま》壱岐《いき》、北九州に襲来した事件。大宰権帥藤原隆家《たかいえ》の指揮のもと、地元の武士団の奮戦で撃退した。

(55) 律令学を世襲する官人集団。明法博士などをさすが、当初は讃岐《さぬき》・惟宗《これむね》氏などだったが、一一世紀以降は中原《なかはら》・坂上《さかのうえ》氏が独占する。太政官に直属し諮問をうけて、明

為《つく》れ」と項目が指定され、論奏には公卿全員が署名し、太政官の合議が前提となっている。平安時代の論奏については、『北山抄《ほくざんしょう》』(57)巻六には「廃置山陵、増減官職、公卿依病不上、公卿断流罪以上等」と項目が記される(『西宮記』巻一三では「廃置山陵、公卿依病(不上?)」など)。平安初期までは令規定通り運用されていたが、九世紀天長《てんちょう》年間以降、論奏の数は激減し、これらの項目に限定されていくと指摘されている[芦田、一九九一]。

⑥ここにみえる山陵《さんりょう》(国忌《こき》)(58)の廃置については、元慶八年(八八四)六月に田原天皇(志貴《しき》皇子)の国忌を除くことを請う論奏がなされ、勅で贈皇太后藤原沢子《たくし》(光孝母)の国忌を置いており(『日本三代実録』)、九世紀から行われていた(論奏式の「大祭祀」にあたるか)。また天暦八年(九五四)一二月、藤原穏子国忌を置くにあたり、どの山陵を廃するかを定める陣定が行われ、贈皇太后藤原沢子国忌を停める論奏が奏上されたことがわかる(『村上天皇御記《ぎょき》』)。この時が画期となり以後陣定の議題となったらしい(『平戸記《へいこき》』仁治《にんじ》三年(一二四二)五月一二日条)。

寛弘八年(一〇一一)一二月、即位した三条天皇は、生母藤原超子《ちょうし》に皇太后を贈り、国忌・山陵を置こうとした。これに対して藤原行成は「廃置の議は朝家の大事、諸卿僉議《せんぎ》是非を決すべきか」と述べている(『権記《ごんき》』、『小右記』によると右大臣が陣座で定め申した)。また長保二年(一〇〇〇)二月、美濃守《みののかみ》源為憲《ためのり》の釐務《りむ》停止(獄令《ごくりょう》による正式の

法勘文を答申した。

(56) 公式令に規定された太政官から天皇へ上奏する文書様式の一つ。国家の大事を太政官で発議して上奏するもので、議政官全員が署名して上奏する。

(57) 藤原公任の編んだ儀式書。長和・寛仁年間のころ成ったと推定される。公任は小野宮流の直系であり、有職故実《ゆうそくこじつ》の深い知識をもって編纂し、祖父実頼の『清慎公記』が中心材料となった。

(58) 代々の天皇・母后の忌日のうち、廃務すべき日。東寺《とうじ》または西寺《さいじ》で追善供養の仏事が行われる。天皇は天智・光仁・桓武・仁明・光孝・文徳(のちに醍醐)の六帝で固

断罪に到る前の処分)を赦《ゆる》してほしいとの東三条院詮子の令旨《りょうじ》を道長に伝えたが、諸卿は「件の事、諸卿僉議一定有るべきか」と述べ、その後公卿の定によって優免を定めている(『権記』)。刑事処分の取り消しは、道長の一存ではできず、公卿の議定が必要だった。重要事項は公卿の議定が必要だという意識がみられ、重要性がわかるだろう。

3　受領の統制

受領と陣定

以上は国家の中枢、象徴的なことがらに関する議題ということができるが、もうひとつの陣定の主要議題としては受領関係、諸国申請雑事定《しょこくしんせいぞうじさだめ》、造宮定、受領功過定があげられる。公卿が受領の統制を行うということであり、摂関期に新たに設けられた項目であろう。

⑦諸国申請雑事定　大宰府官人や受領が様々な案件を中央に申請し、公卿が審査する。さきの寛弘二年(一〇〇五)の定文では、上野介《こうずけのすけ》からの申請二カ条が押領使《おうりょうし》(59)など治安関係であるのを除けば、給復・色代・銭納(60)など、財政上の具体的な貢納や免除に関する申請がほとんどで、公卿がその可否を審議した。一一世紀後半には条事定する。母后は三名で、変更がなされた。

(59)一〇世紀以降、諸国に置かれた凶党の追補機関。国司が国内の有力武士を推挙し、官符で任命される。

(60)給復は、受領が一年分あるいは二年分の租税納入を免除されること。色代は、受領が調庸などを決められた品目以外のもので納入すること。銭納はそれを銭で代納すること。

定と呼ばれて新任国司が慣例的な申請をするようになるのだが〔曽我、一九七九〕、逆に言えばそれ以前は実質的な申請と審査がなされた。正月の除目で任命された新任国司が申請し何を納入するか、いわば請負額が確定するが、それには陣定が必要だった。なお陣定定文は意見の並記であり、最終決定に到らないと言われるが、寛弘二年の定文では、四名の受領からの申請について公卿一〇名で審議しており、一二カ条のほとんどは「同前諸卿定め申して曰く」と全員一致の意見となっている。大宰府申請の第二条だけが、右大臣以下八名は認めて良いとしたが、道長と藤原斉《ただ》信《のぶ》は却下すべきだと定めた。多くの場合にはこのように意見が一致し結論が出ると言えよう。

⑧造宮定（造内裏定）　内裏焼亡のあと、内裏再建にあたり、造宮期限をいつにするか、どの国にどの殿舎《でんしゃ》・門の造営を充てるか（国充《くにあ》て）も、同じ意味で公卿の定により、これを造宮定という。村上天皇の天徳《てんとく》四年（九六〇）平安遷都《せんと》後初の内裏焼亡をうけ、全国二七国および木工寮《もくりょう》・修理職《しゅりしき》などに内裏の殿・舎・門の造宮を割り当てたのが造宮定の最初で画期であるが、この後天延元年（九七三）には炎上した薬師《やくし》寺《じ》の造営を一〇国に割り当てたほか、以後内裏焼失のたびに造宮定が開かれ再建された。造宮定は天皇御前で行われ、御前定の代表とされるが、『御堂関白記』寛弘二年一二月では物忌《ものい》み(61)だった天皇は道長に対して別当・行事(62)を定めよと言い、国充

(61)　陰陽師《おんみょうじ》の占いにより凶事を予防するための籠居・謹慎。物忌み中は、外部との接触を断つ。天皇が物忌みになると、政務などの関係者は前日までに参内《さんだい》して候宿した。

(62)　ここでは内裏再建にあたる造宮使（造宮行事所）のメンバーであるが、組織が大きいので、行事上卿にあたる公卿は別当（納言と参議）、それに弁官二名・史二名が行事と呼ばれている。

ては陣で定め申せと命じている。造宮使（担当の上卿・弁官・史）は天皇の御前で大臣と定めることであるが、殿舎を受領に割り当てる国充て、それに伴う諸条件（勧賞の有無）、受領の負担をどうするかは公卿の審議事項であり、それを同時に行うので御前定となったのであろう。『小右記』寛弘五年一一月では、宮城四面大垣や宮城門の恒常的な修理についてあらたに各国に割り当てることも公卿たちが定めている〔大津、一九九二〕。

⑨受領功過定　こうして受領の負担が定まったあと、任期終了後の受領の成績（財政上の項目）を公卿が審査するのが受領功過定である。『御堂関白記』をみていくと受領功過定の記事が多く、重要性がうかがえる。受領自身が提出する功過申文と、主計寮《しゅけい》大勘文・主税寮《しゅぜい》大勘文・勘解由使《かげゆし》大勘文(63)によって審査し（実際にはそれ以外の項目が加えられる）、「無過」「合格」か「過」を決定し、合格すれば勧賞として一階の加階にあずかれた。

一般的に陣定は意見の一致を求めないが、ここでは例外的に全員一致の結論が出るまで繰り返す。公卿一人が反対すれば通らず、公卿個人の意見が大きな意味を持った。長和三年（一〇一四）には、中納言藤原行成が問題があると主張したため、伊《い》予介《よのすけ》藤原広業《ひろなり》の功過が一年近く通らなかった例もある（『小右記』）。国家支配の中核といえる〔大津、一九八九〕。

（63）主計寮大勘文は、調庸惣返抄《へんしょう》の前司任終年と当任三年分および雑米惣返抄をえたことを主計寮が確認する。主税寮大勘文は、正税帳《しょうぜいちょう》の勘会《かんかい》により正税返却帳、封租抄を四カ年受けたこと、新《しん》委不動穀《いふどうこく》を増やしたことを主税寮が確認する。勘解由使大勘文は、勘解由使が国司交替時の正税・不動穀などの欠損量を勘申する。

調庸制の再編をうけて、一〇世紀後半、村上―冷泉天皇の時期に功過定が重視されていく。三勘文が揃うのは天慶八年(九四五)であるが(『政事要略』巻二八)、一〇世紀後半に調庸制が再編されて、率分《りつぶん》(64)、斎院禊祭料《さいいんけいさいりょう》(65)など、様々な形で受領から徴収するようになり、地方財政でも新委《しんい》不《ふ》動穀《どうこく》(66)とし毎年一定額の不動穀の貯蓄を命じている。それらは基本的には功過定の項目として加えられて審査され、財源の確保をめざした。道長の時代にも、受領に内裏大垣などを任期中一定額修造させる「大垣条」や、長保四年(一〇〇二)に任期中に国分二寺・定額寺《じょうがくじ》(67)や部内神社の破損の一〇分の二の修理を命じ、それを審査する「神社仏寺条」の項目を設定している。『御堂関白記』には「勘解由使勘文神社仏寺条」を準備させていることが見える。

受領の任国支配と税物の貢納のうえに貴族社会がなりたつ国家構造である。受領の貢納額を決め、どの建物を造営するかを定め、任期終了後それがなされたかを審査するのが、陣定であり、公卿各人の職務であった。

陣定の成立

では陣定はいつ始まったか？　実はよくわからない。藤木邦彦は、公卿が陣座に侯すること、内裏、紫宸殿が政治の中心となることから、九世紀中葉の文徳・清和天皇のころからかと推定する[藤木、一九六一]。川尻秋生は、陣が九世紀後半以降

(64) 調庸・中男作物《ちゅうなんさくもつ》などの一〇分の一、のちに一〇分の二を正蔵率分所に別納させる制度。九五二年に定められた。納入を確認する太政官破立勘文が提出され、功過定で審査された。

(65) 賀茂祭《かものまつり》に先立つ斎院御禊および祭当日の料《りょう》物《もつ》。諸国から斎院に納入された。九六三年に斎院禊祭料返抄が提出され、功過定で納入が審査されるようになった。

(66) 諸国に毎年一定額の不動穀の貯蓄を命じた。九六四年の官符による。

(67) 奈良・平安時代以降、官寺に準じて鎮護国家を祈らせた寺院。官大《かんだい》寺《じ》・国分寺に次ぐ寺格を有した。

「定」の場になるとし、仁和二年（八八六）六月に相撲司《すまいのつかさ》任命にあたり「左右大臣以下、左仗下において先に議定す」、三年五月には、出羽守《でわのかみ》の言上をうけて、太政大臣以下公卿が「左仗頭」において出羽国府移転の可否を論じ、「勅す。宜《よろ》しく官議に依《よ》り早く之《これ》を行はしむべし」とあることなどから（『日本三代実録』）、公卿の合議はもと宜陽殿《ぎようでん》で行われていたのが次第に陣が正式な場となり、遅くとも元慶の初め（八七〇年代）には陣定が成立したと述べている［川尻、二〇一四］。しかし陣座で合議すれば陣定の成立なのかは疑問がある。出羽国府の移転は、「廃置国郡」にあたり論奏の前提となる公卿合議の可能性がある。罪名定なども含め、律令制以来の公卿合議を継承しているものがあり、その場が陣座に変わっただけといえる。

　画期となるのは、受領関係の陣定が始まることだろう。もちろん地方からの申請による公卿の会議はそれ以前から行われていたが（出羽国府の移転など）、受領功過定と諸国申請雑事定がセットになることに意味があるのだろう。功過定は天慶八年（九四五）に審査の対象となる三勘文がそろい、一〇世紀後半に入り率分（九五二年）、斎院禊祭料（九六三年）、新委不動穀（九六四年）などの審査項目が追加される。天暦元年（九四七）六月に陣座で公卿が「五畿内《ごきない》近江《おうみ》丹波《たんば》国司申三箇条」とあわせて新任の「加賀守《かがのかみ》良貞申請四箇条」を定めていて（『日本紀略』）、前者は村上天皇代初めの色代定、後者が新任国司の申請で、そののち康保年間（九六四年―）にかけて受領ごとに色代の申請が行われるようになり、このころ諸国申請雑事定が確立されたと吉江崇は述べている〔吉江、二〇二〇〕。同じころ平安宮の内裏が焼亡し、全国の受領に造営を割り当てる造宮定も行われた。藤原忠平関白期から村上天皇親政の時期に陣定は成立したといえるだろう。人事担当の式部省ですみそうな受領の勤務評定を公卿会議で行うようになったことに画期がある。藤原公任(68)が編んだ『北山抄』巻一〇「吏途指南《りとしなん》」は功過定の細かな項目と多くの実例をのせる。次の文章は自筆稿本にみえるように、最後に本書執筆の経緯として記したと考えられる〔西本、一九九五〕。

先公〔頼忠〕命じて云はく、功過の定は、朝の要事なり。その職に在《あ》るの者といへども、必ずしも練習せず。予《よ》久しく弁官を経て、聞くところ無きにしも非ず。八座《はちざ》に昇りて後、故殿下〔実頼〕、職の曹司《ぞうし》において除目を行はるるの時、物忌みによりて参仕せず。御書を賜はられて云はく、「受領功過を定むべきの公卿無し、諷誦《ふじゅ》を修して参入すべし」。よりて即ち参入し、頗《すこぶ》る愚心を励ます。今思ひ出すところの事、時々これを示せり。子孫の中、もし奉公の志有らば、聊《いささ》か大概を注し、忽忘《こつぼう》に備ふべし。

実頼が職御曹司《しきのみぞうし》(69)（大臣の直廬《じきろ》(70)）で除目を行い、頼忠が参議で大弁を兼ねていた時、受領功過定に、定められる公卿がいないとして物忌みだったのに呼び出された。これは冷泉践祚直後の康保四年（九六七）のことと推定され、このころ功過定が重要視

(68) 九六六―一〇四一。藤原実頼の孫、頼忠の長男で小野宮流の直系。一〇〇九年に権大納言、「寛弘の四納言」の一人。漢詩・管弦・和歌のいずれにも優れた当代随一の文化人として尊敬を集めた。『拾遺《しゅうい》和歌集』の元となった『拾遺抄』や『和漢朗詠集《わかんろうえいしゅう》』を編み、有職故実への深い知識をもって『北山抄』を編纂した。

(69) 中宮職《ちゅうぐうしき》の庁舎で、平安宮内裏東隣、外記庁の北に置かれた。九世紀から一〇世紀前半にかけて、摂関や大臣の直廬が設けられた。

(70) 皇族や摂政・関白などが宮廷に与えられた個室。摂政は直廬で除目を行った。

されたことがわかり、頼忠は「功過の定は、朝の要事なり」と公任に伝えたのである〔大津、二〇一六〕。

一方で後世まで行われ陣定の代表とされる元号定であるが、吉江崇によれば陣定における年号選定が連続して見えるのは、一一世紀初めの長和改元以降のことだとする。『西宮記』巻一三では、文章博士からの勘申にもとづき勅定《ちょくじょう》するとあって、公卿議定の記述はない。応和《おうわ》四年（九六四）七月の康保改元については、『村上天皇御記』によれば、天皇と左大臣実頼とのやりとりのなかで、村上は「この度択《えら》び申す所の文字、頗《すこぶ》る以て不快、よりてまた旧勘文を給ひ、その吉《よ》きを定むべし」として、再度選ばせ、いくつかの中から「仰せに従ふべし」として、天皇が康保の字を選んだようである。醍醐天皇は博士の勘文を退け、勅で「延長」と定めた。一〇世紀中葉には天皇が個別的に公卿に諮問して「勅定」していて、一一世紀前葉に公卿全員が勘文を審議する年号定が定着したとする〔吉江、二〇二〇〕。一方で元号定は、道長の例からは長和改元の時には制度化していたこともすでに見たとおりである。村上親政のあと摂関がほぼ常置されるなかで陣定の範囲が拡大され、それにより摂関や一上の政権運営を公卿の力が支えたように思われる。正暦二年（九九一）の院号定で、公卿は「そもそも御定あるべし」（摂政が決めてくれ）と定めている。これは公卿が詮子への権力集中を快く思わず、公卿の意見が決定に影響を及ぼさなかった例とされるのだが［倉本、一九八七］、これを陣定で定めろと言われても困るという当惑も感じられる。

太政官合議制自体は律令制以前からの日本古代国家の伝統であり、罪名定など律令制を継承しているといえるが、陣定という形で、摂関期の国家の中核として一〇世紀半ばに整備され、その議題も受領関係などに拡大していった。摂政・関白・内覧などを補うものとして、公卿の個人の意見を尊重する政治制度といえるだろう。

4　一上制と公卿の分担

道長と「一上」

道長の権力の基礎は、内覧とともに一上たることであった。基本的には「官中の事、一向に左大臣統領す、故に一上と云ふ」とあり、左大臣が関白なら右大臣が行うとする（『職原抄《しょくげんしょう》』）。左大臣が一上というのは当たり前だが、太政大臣がならないということは当初からだろう。

一上が成立したのは藤原忠平の時代と考えられる。忠平は、摂政左大臣初期の延長八年（九三〇）からの四カ年は摂政でありながら、自ら左大臣として公事を執行していたが、承平四年（九三四）に「一上申文」を右大臣仲平と大納言保忠《やすただ》に委ねた

（『貞信公記』逸文、一上の初見）。忠平が奉勅上宣した太政官符が見えなくなり、左大臣として太政官の公事に関与しなくなる。その後太政大臣となって、天慶元年（九三八）七月に、「一上に申す文」を故右大臣藤原恒佐《つねすけ》の例により大納言平伊望《たいらのこれもち》に申すべしとした（『貞信公記抄』）。左大臣仲平は高齢と病気のため朝政に参与せず、『本朝世紀』[71]によれば、外記政は中納言実頼と参議左右大弁（源是茂《これしげ》・紀淑光《きのよしみつ》）により運営され、公卿仗議は大納言平伊望が上首となり開催されている［山本、一九七五］。

のちに藤原道長は一上を重要視した。長和四年（一〇一五）一〇月に三条天皇の眼病悪化により摂政に準じて除目・官奏《かんそう》[72]を行うことになったが、「一上の事を行ふ」との文言が加えられた。翌年後一条天皇が即位すると幼帝のため摂政になるべきだが、そうすると一上になれない。三月には一上を他の大臣に譲るべきだが老齢で不適当だとし、大納言以上の上首のものに文書の決裁を求めた（『小右記』）。

一上は道長の場合は左大臣ということだが、「一上に申す文」はどういう意味をもつのだろうか。権力の集中とは異なる視点から考えてみたい。『北山抄』巻七に「申一上雑事」と「申大中納言雑事」が「奏」とそれ以外に分けて列記される［土田、一九七四］。大臣が決裁できることと納言が決裁できることが分類されている。『九条年中行事』にもほぼ同じ記事があるので、藤原師輔の死去（九六〇年）以前に成立している。

(71) 鳥羽法皇の命で藤原通憲《みちのり》が編んだ歴史書。宇多天皇以降近衛天皇までの通史を作る計画だったが未完成で、残欠本が伝わる。「史官記」「外記日記」とも称され、政府の公的日記が基礎になっている。

(72) 太政官に上申された諸司・諸国の文書のなかで必要なものを、天皇の御前で奏上して勅裁を仰ぐ儀式。指名された公卿（多くは大臣）が官奏に候ずることになっていた。官奏の項目は限定されていた。

『延喜太政官式』2条では、「凡《およ》そ庶務を太政官に申すは、若《も》し大臣在《あ》らざれば、中納言以上に申せ」とあり、弁官から庶務を申す時は、大臣に、いなければ大納言・中納言に申すことが可能なのが原則だった。それが事項によりあらかじめ分けられたのである。こうした公卿聴政は、元来は朝堂院《ちょうどういん》での朝政や太政官庁で行われたのだろうが、弘仁《こうにん》一三年(八二二)に日常的な公卿聴政の場として、内裏に近い外記庁に場を移して、外記政が成立する。そこでは結政《かたなし》(弁官による文書整理)のあと、弁官が上申して公卿の決裁を求める申文、官符などに太政官印を押捺する外記請《しょう》印儀《いんのぎ》が行われた。ただこれは口頭で決裁をえる古い形式を伝えていることもあり、実質的な政務は引き続き南に隣接する侍従所《じじゅうしょ》にうつって行われる。外記庁での申文が終わると、公卿以下は侍従所にうつって食事となり、その際に申文が行われ、侍従所は南所《なんしょ》とも言ったので南所申文(73)という。この外記政は一〇世紀前半は頻繁に開催されていたが、一〇世紀後半には開催頻度が減少する。それにかわって登場するのが陣申文で、陣座で行われ、上卿に対して弁官が申文を上申し決裁を求めるもので、上卿・参議と弁・史がいれば開催できた。この陣申文で決裁する上卿は、原則として大臣であり、南所申文より上級の手続きといえるが、これが『北山抄』が分類する「申一上雑事」にあたるのだろう[曽我、一九八七/大津、一九九六b]。

林友里江は、陣申文では大弁が一人で床子座《しょうじざ》(74)で結文《かたねぶみ》をして上申する特殊性を指

(73) 諸司諸国の申請を決裁する政の一つ。外記政に続いて、参会者は侍従所に移動し、史が上卿に文書を差しだす形で決裁を仰いだ。大中納言が上卿をつとめるのが通例である。

(74) 床子とは四足の座具のことであるが、床子座は内裏の敷政門《ふせいもん》外の北脇にあり、弁官・史の祇候する場である。陣座からは東へ宣仁門《せんにんもん》を出た近接の場所で、ここで弁官が官奏する文書を整えたり、陣申文のための結文が行われた。

摘し、『西宮記』巻七、陣中文の記事などから藤原邦基《くにもと》の大弁在任の延喜末年より延長八年(九三〇)にかけて陣中文が整備されたとする。『貞信公記』(75)に陣中文とみられる記述があり(延長二年四月二二日条)、藤原忠平が左大臣である延長から承平ころに陣中文が成立したとする[黒須、二〇一五]。一方で同時に、南所申文で大中納言が上卿として「申大中納言雑事」を決裁できるようになったことになる。

行事の執行

上卿とは、行事の責任者となる公卿であり、様々な行事を公卿で分担したのがこの時代の特色といえる。土田は、「これらの諸公事は、その事の大小によって上卿たるべき人の資格基準が異ってゐる。節会《せちえ》(76)は一上の行ふところでこれを内弁とも称し、仁王会《にんのうえ》(77)は大納言の行ふところでこれを検校とも称する。(中略)殆どの公事の上卿は納言以上であって、参議が上卿を勤めるものは、国忌・大祓・梅宮祭・吉田祭位に過ぎず、その他の場合は、やや大きな公事に際し、行事宰相として上卿たる納言を輔佐する傍役を勤めるのみである」と指摘している。各行事の責任者を定める公卿分配はだいたい前年一二月に大臣が定め、神社祭祀や国忌などを大中納言・参議に割り当てるのである。一上が行う諸公事(元日・白馬などの節会・祈年穀奉幣《きねんこくほうべい》)は除かれる[土田、一九六二]。この公卿分配は、寛和二年(九八六)一二月五日宣旨で

(75) 藤原忠平の日記。日記原本は伝わらず、伝わるのは長男実頼が抄出した抄本であり、途中欠落している部分がある。一〇世紀前半の政治史の基本史料である。

(76) 宮廷で節日などに、天皇のもとに群臣を集めて行われる行事。元日、七日(白馬《あおうま》)、一六日(踏歌)、重陽《ちょうよう》、豊明《とよのあかり》節会など。宴会と禄の賜与により、天皇と臣下の一体感を強化した。

(77) 大極殿《だいごくでん》・紫宸殿・清涼殿、諸宮、諸司に百《ひゃく》高座《こうざ》を設け、仁王般若波羅蜜経《にんのうはんにゃはらみつきょう》を読誦して、鎮護国家を祈り、天災などを払うために行う法会《ほうえ》。毎年春秋二季に行うほか、即位の年に行う一代一度の仁王会もある。

（『類聚符宣抄《るいじゅうふせんしょう》』）、左大臣源雅信の奉勅宣ではじまった［今江、一九八四］。これは勅（摂政＝兼家）によっている。兼家は摂政を独立させ太政官から外れたといわれるが、実際には恒例の朝廷行事の執行を公卿に分担させる慣行をつくり、太政官を統括していたのである（分配の実例としては『兵範記《へいはんき》』嘉応《かおう》元年〈一一六九〉八月二七日条参照）。

　これらは恒例行事の責任者を前年末に定めるのであるが、さらに臨時の大行事がある。土田が上卿活躍の例としてとりあげたのは、寛仁元年（一〇一七）一一月賀茂《かも》社行幸《しゃぎょうこう》(78)（三月の石清水社《いわしみずしゃ》行幸も）の行事所上卿をつとめた大納言藤原実資である。行事所は臨時の大行事に対して設けられ、上卿（納言以上の公卿）・弁官（左右中少弁）・史の各一名で構成される機動的な組織で、この時代の大きな特色である。大嘗祭や諸社行幸などの行事所の財政的な裏付けとなった行事所召物《めしもの》(79)は、原則として対価なしの太政官行事所から諸国受領（弁済使《べんさいし》）への一方的賦課であり、一〇世紀後半の天禄―寛和ごろに成立したと考えられる。大嘗会行事所・仁王会行事司などの組織は九世紀後半から見えているが、上卿・弁・史三名で構成される行事所の成立は一〇世紀後半と考えられる。内裏が再建され、賀茂祭などの摂関期の華やかな臨時行事が可能となったのも行事所があったからである［大津、一九九〇］。

　一〇世紀に権官の権大納言・権中納言が多く見えるようになる。大中納言の数は、一〇世紀初め四名、忠平政権で五名だったが、一〇世紀末兼家以降は一〇名となり、

(78) 賀茂社は賀茂別雷《かもわけいかずち》神社と賀茂御祖《かもみおや》神社の総称で、王城鎮護の神。円融天皇以降、即位後の天皇の行幸が慣例となった。後一条天皇の行幸では、母后彰子《しょうし》が同道し、山城国愛宕《おたぎ》郡を神郡として寄進した。

(79) 行事所は、召物として、諸国の受領や弁済使から独自に費用を調達することができ、行事の運営を可能にした。

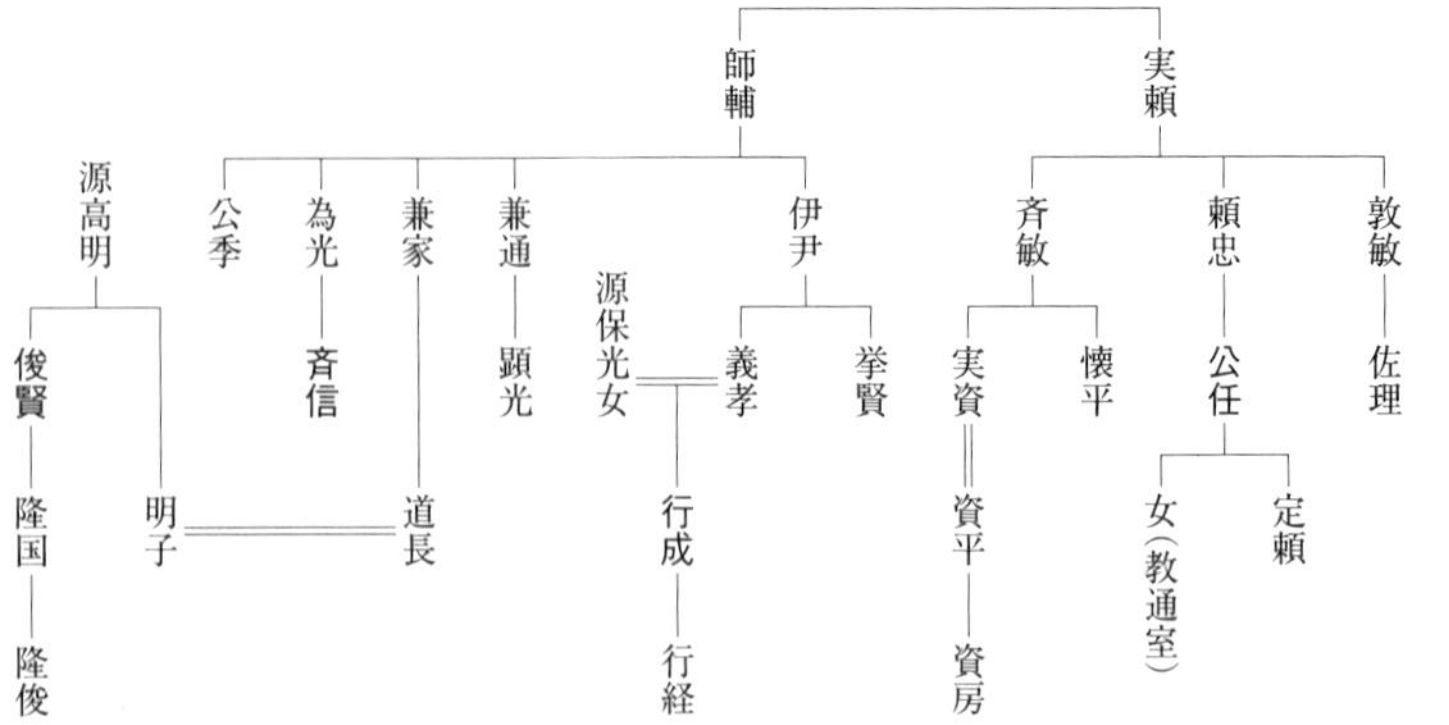

図4　「寛弘の四納言」系図

公卿の分担がすすむと指摘されている［武光、一九八五］。上卿には、つまり公卿にはかなりの政務能力が求められ、道長の時代には、「寛弘の四納言」（**図4**）とよばれる藤原斉信・公任・行成、源俊賢《としかた》や、藤原実資など有能な公卿が輩出した。

橋本義彦は、院政期になると、上皇の専制化のもと「奏事《そうじ》」という直接上皇や摂関の裁決を求めるルートができるとし、さらに曽我良成は弁官―上卿という本来の申文ルートでなく、弁官が直接蔵人頭に付して上奏する奏事ルートは、一一世紀中葉に始まり、一二世紀初頭に定着すると論じた［橋本、一九七六／曽我、一九八七］。なおこの「奏事」の成立を藤原道長の時代にさかのぼらせ、道長は公卿を政治から疎外したと論ずる説があるが［古瀬、二〇一一］、そ

（80）権大納言藤原行成の日記。九九一年から一〇一一年までが現存する。

の論拠とされる『権記』(80)にみえる行成による大宰府解《だざいふげ》の処理は、特殊な慣例であったことが明らかにされている[黒須、二〇一六]。道長の政治は公卿の分担の上に立っていたといえるだろう。

5 除目・叙位、人事権のあり方

道長と人事

合議で決められないのが人事であり、摂関や一上(道長)の権力の根幹である。除目では、清涼殿で天皇と執筆《しゅひつ》の(81)大臣が決めて、執筆が大間書《おおまがき》(82)に任命者を書き入れていき、叙位もほぼ同じである。形式的には天皇に最終的人事権があり、天皇の人事権はむしろ強化されたとの見方もある。摂政となれば、除目・叙位を天皇に代わって自らの宿所(直廬)で行い、人事権を掌握したので、専制的な権力者のイメージを生んでいる。

藤原道長は、一条天皇との信頼関係あつく、左大臣としてほぼ毎年除目や叙位で執筆を務めたのが特徴である。『御堂関白記』によれば、寛弘二年(一〇〇五)正月二二日に道長が除目を辞退してほかの上卿にやらせてほしいと奏上したところ、翌日一条天皇から「除目必ず奉仕すべし、もし参らざれば、行ふべきにあらず」と仰せ

行成は頭弁、参議大弁などとして一条天皇と道長との連絡につとめ、朝議・政務の実態が詳細に記録される。『史料纂集』『史料大成』所収。

(81) 筆を執《と》り文書を書き上げることだが、とくに叙位・除目を統括する筆頭大臣(一上)を指す。執筆大臣は御前で天皇の意向を確認しながら、叙位であれば叙位簿に、除目なら大間書に任命者を書き入れる。

(82) 春・秋の除目での最重要文書。中央官から諸国、武官に至る順で、現在欠員になっている官職名が列挙され、空白が設けられる。執筆の大臣は任命者の位階姓名を書き入れていき、終われば奏上される。

があり、道長が奉仕すると答えた。四年正月にも今年は他の人に行わせてほしいと言ったが、天皇から「もし参らざれば、今年除目行ふべきにあらず。まづなほ参るべきものなり」とあり、なお行うようにと数度の仰せがあった。決していやがらせとか儀礼的なやりとりではないのであり、道長への信頼の大きさがうかがわれる。

『御堂関白記』をみると、受領の任命が重視されていたようで、恒例除目とは別に行われる臨時除目での任官の例が多く記される。寛弘八年には道長は除目に不参したが（右大臣藤原顕光《あきみつ》が執筆）、二月一日に一条天皇から「御書一枚持ち来たる」「除目有るべき様なり、国々、人々を充てらる」と、あらかじめ蔵人頭が受領の人事案を伝え、これに対して「悉《ことごと》く道理にして難無きの事を申す」と承認の返事をしている。先にあげた渋々行った寛弘二年の除目では、「今年の除目、京官より初めて受領に至るまで、道理を行はる。治国の者三人加階す」と、中央官から地方官までの人事に満足の意を記している。

恣意的人事は可能だったか

では道長や天皇は、恣意的に人事ができたのだろうか。興味深いのは『御堂関白記』に、叙位の総人数が、寛弘二年には「三十五人」、寛弘三年には「二十六人」などと書かれ、除目では長和二年（一〇一三）には「百七十一人」と任じた総数が書いてある。これらは貴重な史料といえるが、除目は三日がかりで、大部分は下級の国司任用で、目《さかん》や史生《ししょう》などは公卿の年給の対象であるが、全体を指揮したのであろう。そのなかでもっとも重要な受領の任命についていえば、「新叙」枠としては、式部丞《しきぶのじょう》・民部丞・外記・史・検非違使（これを顕官《けんかん》という）および蔵人を勤め上げると、従五位下に叙され、その人が順に毎年任命される。したがって誰が受領になるかは事前に決まっていたのである（他に院や女院の推薦枠がある）。一方の「旧吏」の枠（一、二名か）は、受領を勤め上げて功過定を通過した優秀な人（従五位上より上の位階）の中から選ぶのである。受領の任命には公卿一人ひとりが推薦できた。これを受領挙《ずりょうのきょ》といい、恒例除目では形骸化したが、死亡や病気による欠員がでたときの臨時除目では大きな意味を持った［玉井、一九八〇・一九八一］。

寛弘三年一〇月に備後守《びんご》を任命する臨時除目が行われた。『御堂関白記』に難解だが詳細な記述があり、公卿が推薦した結果（四人）を、一条天皇が厳しくチェックし、なぜ公卿が前回と異なる人を推したかを道長が説明している。最終的には旧吏であり数年来公卿の推挙をうけていた源政職《まさもと》が任じられたが、道長だけでなく、他の公卿の意見も意味を持ったことは注目されるだろう（［大津、二〇〇一］も参照）。

さて除目・叙位は、天皇が清涼殿昼御座《ひのおまし》に出御し、執筆の大臣以下ほとんどの公卿が清涼殿東廂《ひがしびさし》に参列して行われる。参列している公卿の役割は何だろうか。こ

(83) 国司の四等官の目、およびその下の書記官である史生。公廨《くげ》（給与）の配分率により前者を二分、後者を一分という。年給制度により院宮や参議以上の公卿、内侍などが申任権をもった。

の場で行われる受領功過定は完全な公卿合議であるし、受領挙、顕官挙（顕官は受領になれる重要な六位官人）などの公卿による推挙も行われるが、基本的には参列することで人事の公平性を保ち、同意を示していたのだろう。

『御堂関白記』寛弘三年正月二八日条に伊勢守辞表による受領人事について述べられる。

> 儀の間、案の如く右府維衡《これひら》を以て挙げ申す。仰せらる、「如何」。我奏して云はく、「宜《よろ》しからざることなり、用ゐられざれ、これを任ぜらるれば、奇《く》しきこと無かるなり」。御門《みかど》の御意、未だ知らず。奇しき思ふこと極まりなし。諸卿衆人、奇しび申すこと希有なり。丑時事了《おわ》る。この事有る後、闕官《けっかん》を申し任ぜずと雖《いえど》も、大間の清書を奉る。

これは除目のなかでのやりとりがわかる貴重な記述である。一条天皇が伊勢守に平維衡（右大臣顕光が推薦）はどうかと言った。ところが維衡は伊勢平氏(84)の祖であり、伊勢に拠点があり、問題を起こした人物である。道長は「それはよくない、もしこれを任じたら何でもありになってしまう」と言い、「諸卿衆人」が「奇しび申す」と反対し、欠官のままで大間書を清書し任命を保留した。最終的任命権者であるべき天皇の意向を、道長と参列の公卿の意見で保留しており、参列していた公卿の意向が影響をもったことがわかる［大津・池田編、二〇一七、「除目」（磐下徹執筆）］。また

（84）平安中後期に坂東《ばんどう》に土着した平氏のうち伊勢方面で力を持った一流。一〇世紀末、平貞盛《さだもり》の子維衡が伊勢に拠点を築き、受領を歴任した。その曽孫正盛《まさもり》が白河《しらかわ》上皇の信任を得て発展の基礎を築き、平氏政権へとつながる。

『小右記』長和三年（一〇一四）二月一六日条では、逆に道長の源頼親《よりちか》（大和《やまと》源氏の祖）を摂津《せっつ》守に任じようという意向を、あらかじめ三条天皇が藤原実資にはかって阻止をめざしたことが記される。「維衡の事と相同じ」と言っている。

摂政となれば、除目・叙位を天皇に代わって行い、人事権を掌握するので、専制的権力者のイメージがある。長和四年一〇月二七日、二八日に、三条天皇の病気が

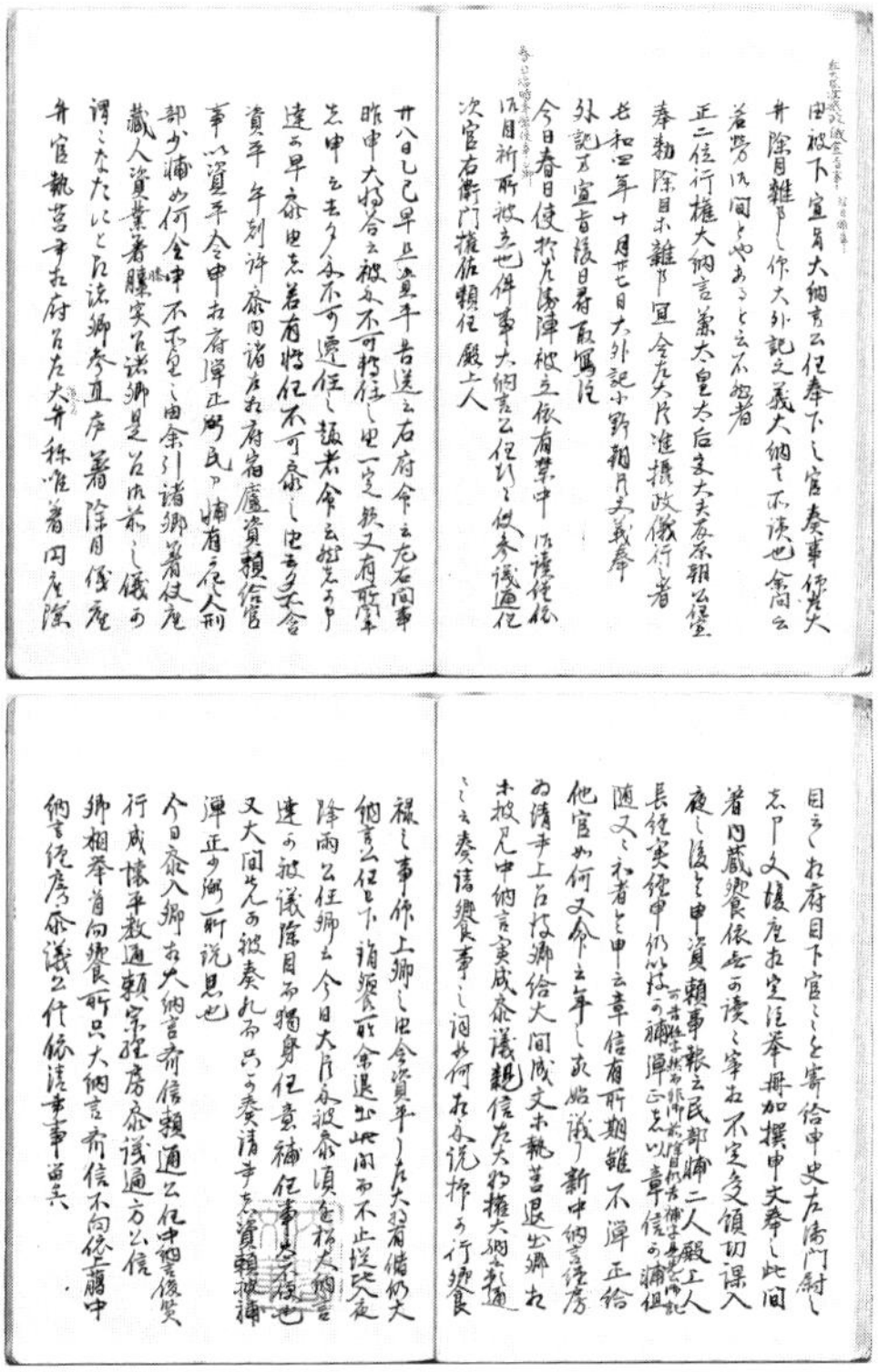

図 5　『小右記』長和 4 年 10 月 28 日記述（国立公文書館デジタルアーカイブより）

悪化したため、道長が「摂政の例に准じて」官奏を見ること、除目を行うべきことが宣せられ、道長が直廬で除目を行った。初日は「除目の儀、御前の如し」とあるが、二日目には「公任卿云はく「今日大臣参られず、須《すべから》く大納言達を近く招きて除目を議せらるべし、而《しか》るに独身に意に任せて補任すること太《はなは》だ便ならず」」（『小右記』）と実資は藤原公任の批判を記している（図5）。この記述は道長が天皇のように振るまい、独断で人事を強行したこと（息子の頼通《よりみち》を左大将にしたなど）への批判として取り上げられることが多いのだが、本当にそうだろうか。そもそも「准摂政」として人事を行っているので、天皇のように人事を行うことは当然のことだろう。公任の批判は、初日は内大臣藤原公季《きんすえ》が参列したので、座が御前の儀のようだった。ところが二日目は大臣が不参で納言以下と距離があいてしまった、大納言をもっと近くに呼びよせて相談すべきだったという意味である。参列公卿との相談があるべきという意見なのだろう（図6）。

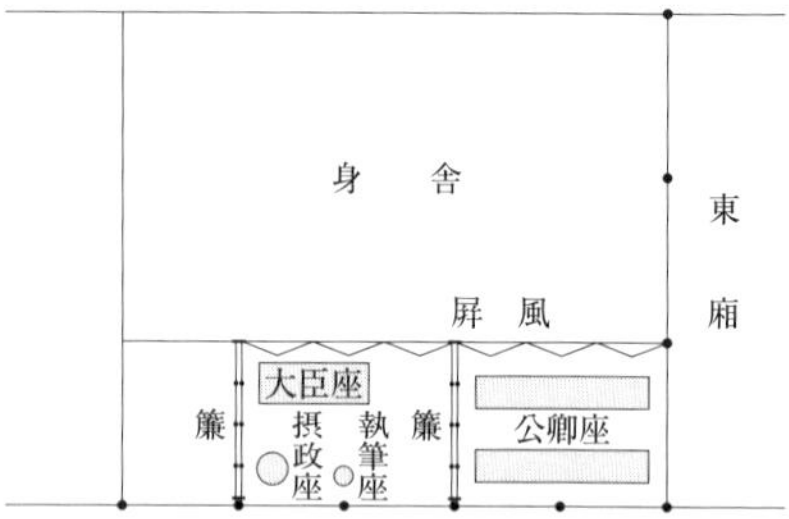

図6　直廬の座（飛香舎，『中右記』天仁元年11月20日叙位儀の図をもとに想定復元）［山中編，2003］

道長は准摂政となって最終的な人事権を与えられているが、独断で決めるものではなく、参列した公卿の同意を重視すべきだと批判されていることに注目したい。

おわりに

七世紀前半、推古《すいこ》天皇が死去した後、蘇我蝦夷《そがのえみし》(85)が主宰して大夫《まえつきみ》を集めて誰を次の天皇にするか、定めていることが『日本書紀』にみえる。日本古代国家においては、この大夫の会議以来の太政官議政官の合議制の伝統があり、それが摂関期の陣定に継承されている。おそらく全員が口頭で発言するのも伝統を継承しているし、定文という全員の意見を記す特殊な文書の作成もそれに対応するのだろう。摂関政治はその伝統の上に、さらに受領への賦課や成績評価の議題を、公卿による審査の対象にして、陣定を拡大したのである。一方で公卿による政務決裁や行事執行も、元来は太政官全員で行い、天皇や大臣の口頭での決裁をその場にいることにより「共知」するというありかただったが、やがて文書行政の進展に対応して、上卿による分担が進んでいったのである。

こうした公卿による合議と分担を、一上と内覧として統括したのが、藤原道長の政治であった。道長は、あるいは摂関政治は、公卿連合による太政官政治のうえに権力を築いたのである。それは律令制の伝統の到達点であるとの評価も可能だろう。

(85)　?―六四五。七世紀前半の大臣《おおおみ》、馬子《うまこ》の男。六二八年推古天皇の没後、大臣として皇位を定めようとし、群臣に諮り、舒《じょ》明《めい》天皇(田村皇子)を即位させた。六四五年子の入《いる》鹿《か》が殺されると、自殺した。

引用・参考文献

芦田妙美、一九九一年「平安時代における論奏」『古代文化』43―11
今江廣道、一九八四年「公事の分配について」『国史学』123
恵美千鶴子、二〇一五年「藤原行成筆「陣定定文案」の書誌・伝来」田島公編『禁裏・公家文庫研究　第五輯』思文閣出版
大津　透、一九八九年「摂関期の国家論に向けて」『山梨大学教育学部研究報告』39（のちに「受領功過定覚書」と改題して『律令国家支配構造の研究』岩波書店、一九九三年に収録）
大津　透、一九九〇年「平安時代収取制度の研究」『日本史研究』339（のちに『律令国家支配構造の研究』に収録）
大津　透、一九九一年「雇役から臨時雑役へ」山中裕編『摂関時代と古記録』吉川弘文館（のちに『律令国家支配構造の研究』に収録）
大津　透、一九九六年a「摂関期の陣定」『山梨大学教育学部研究報告』46
大津　透、一九九六年b「摂関期の国家構造」『古代文化』48―2（のちに『日本古代史を学ぶ』岩波書店、二〇〇九年に収録）
大津　透、一九九七年「摂関期の律令法」『山梨大学教育学部研究報告』47
大津　透、二〇〇一年『日本の歴史06　道長と宮廷社会』講談社（のちに講談社学術文庫、二〇〇九年）
大津　透、二〇一六年「おわりにかえて」大津透編『摂関期の国家と社会』山川出版社
大津透・池田尚隆編、二〇一七年『藤原道長事典』思文閣出版
川尻秋生、二〇一四年「陣定の成立」吉村武彦編『日本古代の国家と王権・社会』塙書房
倉本一宏、一九八七年「一条朝における陣定について」『古代文化』39―6（のちに「一条朝の公卿議定」と改題して『摂関政治と王朝貴族』吉川弘文館、二〇〇〇年に収録）
黒須（林）友里江、二〇一五年「弁官局からみた太政官政務の特質」『史学雑誌』124―11
黒須友里江、二〇一六年「摂政・関白と太政官政務」大津透編『摂関期の国家と社会』山川出版社

坂上康俊、一九九三年「関白の成立過程」笹山晴生先生還暦記念会編『日本律令制論集　下』吉川弘文館
坂上康俊、二〇〇一年『日本の歴史05　律令国家の転換と「日本」』講談社(のちに講談社学術文庫、二〇〇九年)
坂上康俊、二〇〇三年「初期の摂政・関白について」笹山晴生編『日本律令制の展開』吉川弘文館
坂上康俊、二〇一五年『日本古代の歴史5　摂関政治と地方社会』吉川弘文館
坂本太郎、一九六四年「藤原良房と基経」日本歴史学会編『歴史と人物』吉川弘文館(のちに『古典と歴史』吉川弘文館、一九七二年に収録)
坂本賞三、一九六三年「延喜荘園整理令の性格」『歴史学研究』273
曽我良成、一九七九年「諸国条事定と国解慣行」『日本歴史』378(のちに『王朝国家政務の研究』吉川弘文館、二〇一二年に収録)
曽我良成、一九八七年「王朝国家期における太政官政務処理手続について」坂本賞三編『王朝国家国政史の研究』吉川弘文館(のちに「太政官政務の処理手続」と改題し『王朝国家政務の研究』に収録)
竹内理三、一九五四年「摂政・関白」『日本歴史』69(のちに『律令制と貴族政権』御茶の水書房、一九五八年に収録)
武光　誠、一九八五年「摂関期の太政官政治の特質」『ヒストリア』106(のちに「陣申文の成立」と改題し『増訂律令太政官制の研究』吉川弘文館、二〇〇七年に収録)
田島　公、一九九一年「海外との交渉」橋本義彦編『古文書の語る日本史　2』筑摩書房
玉井　力、一九八〇年「「受領挙」について」『年報中世史研究』5(のちに『平安時代の貴族と天皇』岩波書店、二〇〇〇年に収録)
玉井　力、一九八一年「受領巡任について」『海南史学』19(のちに『平安時代の貴族と天皇』に収録)
土田直鎮、一九六二年「上卿について」坂本太郎博士還暦記念会編『日本古代史論集　下』吉川弘文館(のちに『奈良平安時代史研究』吉川弘文館、一九九二年に収録)
土田直鎮、一九六五年『日本の歴史5　王朝の貴族』中央公論社(のちに中公文庫、一九七三年)
土田直鎮、一九七四年「平安時代の政務と儀式」『国学院大学日本文化研究所紀要』33(のちに『奈良平安時代史研

究』に収録）
東京国立博物館ほか編、二〇一三年『和様の書』
西本昌弘、一九九五年「『北山抄』巻十の錯簡とその復元」『史学雑誌』104—1（のちに『日本古代の年中行事書と新史料』吉川弘文館、二〇一二年に収録）
橋本義彦、一九七六年「貴族政権の政治構造」『岩波講座日本歴史　古代4』岩波書店（のちに『平安貴族』平凡社ライブラリー、二〇二〇年に収録）
春名宏昭、一九九七年「草創期の内覧について」『律令国家官制の研究』吉川弘文館
藤木邦彦、一九六一年「陣定」『歴史と文化』V（のちに『平安王朝の政治と制度』吉川弘文館、一九九一年に収録）
古瀬奈津子、二〇一一年『シリーズ日本古代史⑥　摂関政治』岩波新書
森田　悌、一九七八年「藤原忠平政権の動向」井上光貞博士還暦記念会編『古代史論叢　下』吉川弘文館（のちに『解体期律令政治社会の研究』国書刊行会、一九八二年に収録）
森田　悌、一九七九年『王朝政治』教育社（のちに講談社学術文庫、二〇〇四年）
山本信吉、一九七二年「平安中期の内覧について」坂本太郎博士古稀記念会編『続日本古代史論集　下』吉川弘文館（のちに『摂関政治史論考』吉川弘文館、二〇〇三年に収録）
山本信吉、一九七五年「一上考」『国史学』96（のちに『摂関政治史論考』に収録）
義江彰夫、一九八六年「摂関院政期朝廷の刑罰裁定体系」永原慶二ほか編『中世・近世の国家と社会』東京大学出版会
吉江　崇、二〇二〇年「陣定の成立に見る公卿議定の変容」『ヒストリア』278
吉川真司、一九九五年「摂関政治の転成」『岩波講座日本通史　第5巻（古代4）』岩波書店（のちに『律令官僚制の研究』塙書房、一九九八年に収録）
挿図引用文献

山中裕編、二〇〇三年『御堂関白記全註釈　長和四年』思文閣出版

コラム　摂関期貴族の教養と文化

道長の時代には公卿に高い政務能力が求められたことを述べたが、この時代の公卿各人が高い教養と文化水準をもったことが特色といえるだろう。吉備《きびの》真備《まきび》や菅原道真のように学者が大臣になったのとは異なり、一般の上級貴族が教養と学識をもち、高度な宮廷文化を生みだしたのである。

政務と儀式執行という公卿の本業にかかわる例をあげれば、前年末に三条天皇が退位を受け入れたのをうけて、長和五年(一〇一六)正月一三日には、左大臣道長のもとに藤原斉信・公任・行成が集まり、筆を執り、御譲位と御即位(後一条)の式(儀礼の細則)を作成した。公任が譲位の式を書し、行成は寛平から安和の日記を抄出した。さらに翌一四日には公任は作った譲位の式を藤原実資のもとに送り添削を求めている(『御堂関白記』『小右記』)。道長は、彼らは「やんごとなき人々」(公卿)であり、自ら筆を執って手伝ってくれることに感謝の意を記しているが、公任は、詳細な儀式書『北山抄』を著したように、先例・儀式を文章化するのに高い能力をもち、行成も弁官として先例に通じ、自ら『新撰年中行事』も作っていて、式の作成にふさわしい人々なのである。

文化事業をみると、寛仁元年(一〇一七)に内大臣、ついで摂政となった藤原頼通は、翌年正月二三日に大臣大饗を開き、この記念に道長は四尺の倭絵屏風《やまとえびょうぶ》一二帖を新調した。これに載せる和歌は、広く集められた中から道長・公任のほか大中臣輔親《おおなかとみのすけちか》や和泉式部の歌が選ばれた(『栄花物語』)。この屏風の色紙形には和歌だけでなく漢詩も書かれたようで、斉信・公任各五首のほか、藤原広業《ひろなり》・義忠《のりただ》や為時《ためとき》法師(紫式部の父)の詩も選ばれた(『御堂関白記』『小右記』)。藤原公任と斉信が詩と和歌の採否を決め、藤原行成がそれを色紙形に清書した。道長のもと右と同じメンバーで屛風が作られたのである。公任は、「三舟《さんしゅう》の才」で有名な摂関期を代表する文化人であり、和歌の才能は抜群で『拾遺抄』を編纂したほか、漢詩と和歌のアンソロジー『和漢朗詠集』を編んだ。斉信も才学に優れ、漢詩も和歌も管弦にも優れ、道長の信頼が厚かった。行成は、三蹟《さんせき》の一人で和様の書を完成させた能筆である。三人とも「寛弘の四納言」として有名であるが、道長を政治的に支えただけでなく、文化的にも大きな貢献をし、道長の文化を支えている。

道長自身は漢詩作詠をきわめて好み、しばしば道長邸で作文《さくもん》(私的な詩会)を開き、一条朝の漢文学の隆盛に貢献した。代表的な詩人として、紀斉名《きのただな》、大江匡衡《おおえのまさひら》のほか、藤原伊周があげられる。道長のもとには多くの漢籍が献上され、おびただしい数の蔵書があった。道長の漢詩作詠の基礎には、書籍蒐集《しゅうしゅう》と広い学問的な関心があったといわれる。彼の集めた漢籍は、同族の藤原氏に利用の便宜が図られ、藤原広業や藤原明衡《あきひら》など北家日野流や式家の学者を生んでいったのである。

藤原実資は、和歌も作れないし、漢詩も詠まない。だが寛弘九年(一〇一二)一二月に行われた元号定(本文四八頁参照)で、道長は寛仁がいいのだが、文章博士は出典を見つけられなかったとぼやいているが、それに対して実資は『漢書』帝紀に「寛仁愛人」の句があったのではと言っている。漢学の知識がないわけではない。こうした貴族全体への学問の浸透が、それに機知をきかせて対応する後宮の女房を生み、清少納言や紫式部などの漢学の素養が尊ばれるようになり、それが王朝文学を生んだ背景にあるのだろう。

道長の晩年の法成寺《ほうじょうじ》造営などを中心に、院政期へつながっていくとして「道長の王権」ということがいわれる。ただし王権論というなら、文化的な側面も重要で、道長の時代の貴族社会の文化的達成を王権論の視点から評価すべきではないだろうか。

中世政治としての摂関政治

告井幸男

はじめに

一般に摂関期(1)の始まりは、初の人臣摂政となった藤原良房《よしふさ》の時期からとされることが多いが、良房以降忠平《ただひら》あたりまでは、未だ飽くまで古代律令制の範疇における摂政・関白であって、太政大臣の職掌の延長上に位置付けられるものであった。それが律令官制を超越するものになっていくのは、安和《あんな》の変(九六九年)前後の実頼《さねより》・伊尹《これただ》あたりからである。実頼より前には摂関空白期があったが、これ以後、摂関あるいは内覧が常置される。従って、良房・基経《もとつね》・忠平までを前期摂関期、それよりあとを後期摂関期として、歴史学的に区別することが多い。

忠平は、醍醐が没して幼帝朱雀が即位したため摂政となり、天皇の成人後には関白となった。次の村上が即位時すでに成人していたことから、引き続き関白となったが三年ほどで忠平は没したので、村上は退位するまで醍醐同様に親政を行った。村上を継いだ冷泉はすでに元服を済ませていたため、忠平の子実頼が関白となったが、冷泉の執政能力が危ぶまれたので、准摂政となった。後に道長も三条の眼病を理由として准摂政に任じられ、以後鎌倉時代まで十数人の准摂政が確認できる。

実頼のあと摂政を務めた伊尹の没後、弟の兼通《かねみち》が関白になるべく権中納言から大

(1) 摂政は叙位・除目その他、政務の決裁を天皇に代わって行う。関白は天皇に奏上される文書、天皇が裁下する文書を、あらかじめ見て(内覧)意見を具申するなど、天皇の補佐を行う。

(2) 後に道長は逆転の発想でこの兼通の例に倣い、大臣として太政官における実権を維持すべく、関白にはならず内覧になる[山本、二〇〇三]。後世、御堂関白と称される。

(3) 太上天皇(上皇)、摂政・関白、衛府の長・次官などの身辺警固にあたる武官。一般に、衛府の下級官人・舎人があてられた。衛府の高官の護身に当府の近衛・兵衛などをあてることは、その

納言を飛び越えて内大臣に任じられたが、やはり大臣経験者ではない者をそのまま関白にするわけにいかず、この時は関白の職掌である内覧の資格のみが与えられた。内覧権が関白職から独立する萌芽が生じたのである。[2] 実際、後に伊周《これちか》は父道隆が病の間を限って内覧権が与えられ、間もなくして随身兵仗[3]を賜うという、摂関に準ずる待遇を受けている。

また、兼家以前の摂関は、必ずしも太政官《だじょうかん》のトップではなく、内大臣や右大臣である自身の上席に、左大臣や太政大臣がいることも少なくなかった。そのため上席者の年老・病による引退などを待って数年内に太政大臣になるのが常であった。従ってそれまでは伊尹や兼通のように藤原氏長者[4]ですらないこともあった。[5] 右大臣兼家が摂政になったときも、上席に左大臣源雅信と太政大臣(前関白)頼忠《よりただ》がいたが、兼家はこれまでの摂関たちのような頃合いを見て太政大臣になるという方法をとらず、逆に右大臣を辞して無官の摂政となった。ここに摂関の職は、令制官職たる大臣の身分とは切断されたのである。

さらに兼家は、生前に関白職を子の道隆に譲るとともに、出家してただ人となったため、これまでの摂関太政大臣のような諡号《しごう》(良房＝忠仁公、基経＝昭宣公など)も贈られず、後世からは大入道殿と呼ばれた。以後の摂関もみな同様である(道長＝御堂殿、頼通＝宇治殿など)。これも古代律令制的太政大臣からの切断の一環である。

本来の職務の一環であるのに対し、摂関や上皇の随身は、別勅あるいは新主の宣旨によって賜与される特権である。摂関の場合、藤原良房に、内舎人二、左右近衛・兵衛各六、計二六人を賜わったのが、「忠仁公の例」として先蹤となった。

(4) 氏長者とは、氏中の代表者。古代では氏上と呼ばれていた。その氏族の中で最も官位が高い者が就任し、氏神を祭祀する氏社、先祖を弔う氏寺・菩提寺の管理権、またその財源を掌握することで氏人を統制した。

(5) 摂政右大臣伊尹の上には左大臣在衡《ありひら》が、関白内大臣兼通の上には右大臣頼忠・左大臣源兼明がいた。

同時期に天皇も円融（先代冷泉より先に崩御）以降、諡号は贈られなくなるが、やはり古代律令制的天皇から中世的天皇への転回を表している。

準摂政・内覧の存在、そして律令官僚制から独立した摂関身分、この三者は忠平以前には無かったもので、逆に中世以降に引き継がれていくこととなる。本章で扱うのは、このように古代律令制とは質を異にする、一〇世紀半ば以降の時期である。摂関という職の変質以外にも、政治・経済・社会、文化・思想など、あらゆる分野で古代とは袂を分かち、中世（そして近世）へとつながる様相が展開していた、時代の移行期であった。

摂関期に先行する時期は、律令体制と呼ばれる時期である［吉川、二〇二二］。その特徴は、中央集権・一君万民に基づく国家体制であった。いっぽう中世を特徴づけるものは、政治体制においてはその分権性、経済システムにおいては荘園制[6]、社会構造においては家[7]の成立とその展開が挙げられよう。

分権性とは権力が多元・重層化していることで、単に朝廷と幕府の分裂だけでなく、それぞれが内部分裂を含んでいる。公家権門（朝廷）における院・天皇、摂政・関白、それ以外の貴族や中下級官人。武家権門（幕府）における将軍・執権・得宗の存在と御家人以下の武士たち。宗教権門（寺社）における寺家・大衆の対立や院家の分立などである。それらに対応して、土地所有も重層的であった。荘園制の語は本

（6）古墳が本来は文化的表象で、律令が法制度の名称でありながら、それぞれの時代全体を特徴づける名辞になっているのも、荘園制同様に各時代の様相を示していて興味深い。

（7）古代においては家よりも氏のほうが、社会的にまだ重要な位置を占めていた。

来は土地制度に対する名辞であるが、経済的のみならず政治的・社会的さらに文化的にも中世という時代全体を表象するものといってよい［佐藤泰弘、二〇〇七］。

本章では特に政治の分野において、中世的な様相が摂関期にみえることを示していきたい。具体的には、律令制に基づく中央集権制度とは異なるシステムによって、行政や司法が運営されていた事実を見ていく。但し、政治も経済や社会あるいは文化などと無関係にそれのみで存在するものではないから、必要に応じて社会編成・経済構造などにも言及する。やや結論的に述べれば、建前としては一君万民であった古代律令制国家とは質を異にするものとして、一〇世紀後葉に出現した、政治権力の複数の権門[8]による分有や、社会構造の多元・重層化、それに応じて変容した経済システムや文化・思想の面における、中世的な諸様相を瞥見したい。

1　人事制度の変質

官僚制の変質

律令制は、戸籍・計帳によって人民を把握して租庸調などを収取する公民制と［鎌田、二〇〇一］、そういった人民支配を貫徹するための官僚制からなっている。このうち官僚制は、官人《かんじん》制と官司《かんし》（階統）制によって構成されていた［吉川、一九九八］。

（8）権門勢家の略。権勢のある家の意。貴族社会において藤原氏（北家）優越のもとに格差が増大し、門地・家格の高下による権門（貴族）と寒門（貴族）とに分化し、律令位階制とは異なる門閥社会が出現する。平安時代末期には院がその頂点に立つ。中世では公家・寺社・武家が権門として、権威と権力の補完関係を形成し、国政を分担・運営した。

官人制は官位制と四等官制によって運営される。すなわち官人には位階（正一位《しょういちい》から少初位下《しょうそいのげ》までの三〇階）が授けられ、位階に見合った官職に任じられた（無官の者を散位《さんに》という）。各役所は長官《かみ》・次官《すけ》・判官《じょう》・主典《さかん》からなる四等官が事務を統括し、その下に現業担当の各種職員がいた。階統制は次のような役所のピラミッド構成のことである。

最高官庁である太政官の下に中務省《なかつかさしょう》をはじめとする八省があり、省の下に職《しき》・寮《りょう》・司《し》などがあった。例えば主計寮・主税寮が直接太政官に上申することはできず、民部省に上申文書である解《げ》を出し、それを受けて民部省が太政官に解を出すというルートをたどる必要があった。逆も同様で、太政官は寮に直接命令を出すことはせず、民部省に太政官符《だじょうかんぷ》を発給し、それを受けて民部省符が寮宛てに出された。地方行政も同様で、太政官―国―郡―里のルートをたどることになる。

しかし平安時代中期になると、官人制は六位以下の形骸化［吉川、一九九八］に見られるような変質をおこしており、官司制についても所《ところ》・別当《べっとう》制の広範な展開によって［佐藤全敏、二〇〇八］、階統制とは無関係に、太政官や蔵人所(9)に直接管掌される様々な「所《ところ》」が成立していた。御厨子所・作物所・進物所・御書所・内御書所・一本御書所・大歌所・糸所などである。例えば、画所・楽所の新設により、画工司・雅楽寮などの律令制諸司は、官司としての実質を失っていくことになる。なお、こ

（9）嵯峨天皇の弘仁年間に内裏の校書殿の北部におかれた。天皇に近侍し、殿上一切のことをはじめ所管の事務を掌《つかさど》る。公卿の一人が別当となり、職員は頭二人、五位蔵人二―三人、六位蔵人五―六人、その下に非蔵人（見習いの蔵人）、所衆、出納、小舎人、及び滝口・鷹飼など。蔵人頭・五位蔵人・六位蔵人を職事ともいう。平安時代中期以後は春宮・上皇（院）および摂関家にも蔵人所が設けられた。

れら中央官庁だけでなく、諸国の国衙《こくが》にも様々な所（税所・田所・細工所・健児《こんでい》所・検《け》非違《びい》所など）があって、在庁官人たちに分掌されていた。

人事制度である律令選叙制は、上日（出勤日数）と考課（勤務評定）に基づいていたが、当該期には官職を任ずる儀式である除目《じもく》、位階を授ける叙位《じょい》儀ともに、上級貴族との縁故が重要な要素となっており、具体的には労（勤務年数）と給（上級貴族による推挙）や賞（臨時の褒賞）が大きな位置を占めるものに変質していた［福井、一九七一／高田淳、一九八九／佐古、二〇一二］。四等官も本来は共知を旨としていたが（後述）、長官の身分が突出し、次官以下はその下僚に位置付けられた。前述の「所」が別当―預《あずかり》[10]制によって構成されるのも、同様の歴史的様相として理解される。

年給（年官・年爵）の盛行

院宮・公卿[11]らに与えられた任官・叙位の推挙権は年給と総称され、年官・年爵からなる。年官は官職推挙権で、本来は外官[12]の主典以下（つまり国司の目《さかん》・史生《ししょう》）にほぼ限られていたが、臨時給という名目で内官（京官）[13]や判官・次官など広範に用いられるようになった。叙位の推挙権である年爵も本来は従五位下《じゅごいのげ》に申叙するものであったが、五位以上の加階（昇叙）にも用いられるようになっていった［尾上、一九九三］。例えば藤原道長は、一五歳の時に冷泉院の年給によって従五位下に叙爵され、永

(10) 平安時代に一部の官司や荘園・社寺でみられた職名。一般的に長官の下にある実務担当の職。

(11) 院は退位した天皇（上皇・法皇）および女院など。宮は三宮（皇后・皇太后・太皇太后）と東宮。公卿は三位以上および四位の参議で、「公」は摂政・関白・（太政・左・右・内）大臣、「卿」は大納言・中納言・参議およびその他の三位以上。

(12) 在外諸司。すなわち大宰府・国司・郡司など。

(13) 在京諸司。すなわち二官八省・弾正台・衛府・馬寮・左右京職・東西市司など。

観二年(九八四)に右兵衛権佐《うひょうえごんのすけ》となったが、寛和《かんな》二年(九八六)七月二三日(二一歳)にその「佐労」(兵衛佐としての勤務実績)で従五位上に、二七日に春宮《とうぐう》の年給で正五位下に、一一月に皇后宮の年給で従四位下になっている。さらに翌年従四位上になっているのは「(前年に即位した一条の)御傍親」(傍系の親族)というのが理由であった。

藤原行成は、永観二年に春宮の「明年御給《ごきゅう》」で従五位下に叙爵、寛和二年に左兵衛権佐となり、同三年に恵子女王の年給で従五位上、正暦二年(九九一)に「佐労」で正五位下、同四年にやはり「佐労」で従四位下、そして長保二年(一〇〇〇)には「書額賞」で正四位下に叙せられている。さらに翌年には東三条院の四十賀(14)に際し「院司《いんし》賞」で従三位となった。年給の給主である恵子女王は行成の父義孝の母、つまり祖母に当たる。彼女は故太政大臣藤原伊尹(行成の祖父)の室という資格で、寛和二年一二月に三宮に准じて年官・年爵、封三〇〇戸を賜った。ちなみに恵子女王の兄弟源保光の娘が行成の母で、すなわち行成の両親はイトコ婚である。

書額賞は新造内裏《だいり》の清涼殿《せいりょうでん》(15)の色紙形(16)などを書いたことによる。行成はこののちも、長保五年に造宮書殿舎額賞で正三位、寛弘四年(一〇〇七)に造宮行事をつとめたことにより(藤原時光・源俊賢《としかた》・藤原忠輔・藤原懐平《やすひら》・菅原輔正等を超えて)従二位、長和二年(一〇一三)に石清水行幸行事賞で正二位に叙せられている。このような行幸の行事を担当した者への賞のほかに臨時の叙位としては、公卿の邸宅への行幸・行啓、

(14) 算賀と総称される通過儀礼の一つ。年寿を祝賀する儀で、「算」は年齢。四〇歳から始め、五〇・六〇・七〇・八〇・九〇と一〇年ごとに行う。

(15) 平安宮内裏紫宸殿の西北、校書殿の北にあり、一〇世紀ころから天皇常住の建物となった。

(16) 短冊形に対し、正方形に近い四角形をいう。屏風、障子などに色紙の形に切った紙を貼ったり、色紙の形を描いて彩色などを施して、詩、歌、文などを書いた。

あるいは里内裏《さとだいり》[17]から内裏への還御の際の、家主や家族・家子・家人《けにん》・家司《けいし》[18]への授位や追捕《ついぶ》賞（検非違使《けびいし》や衛府などの逮捕活動への褒賞）などがあった。

藤原道雅は道長との政争に敗れた伊周の嫡男であるが、五歳の時に父が失脚したため、以後は道長派の庇護を被る［告井、二〇二二］。すなわち長保六年（一〇〇四）一三歳で従五位下になったのは、道長娘彰子の「中宮御給」であったし、寛弘八年（一〇一一）には彰子が産んだ敦成《あつひら》親王（後の後一条）の立坊《りつぼう》日に春宮権亮《ごんのすけ》となり、長和二年（一〇一三）には「春宮御給」で従四位上となる。貴族社会での出世を求める道雅にとってはもちろん、中関白家[19]との和解を画す道長にとっても、御給その他の任官・叙位における縁の形成は、政治手段として甚だ有用なものであった。

なお、道長は永延元年（九八七）に父の摂政兼家第《てい》に行幸があった際、家司として加階賞が与えられたが、それを源経房《つねふさ》に譲ったので、経房が従五位上に加階されている。経房はこの後、左少将になり、正五位下（少将労）そして右中将・左中将へ昇進し、さらに従四位上（中将労）と順調に昇叙されていくが、長保三年東三条院四十賀の際、院司左大臣の道長から再び賞を譲られて、正四位下に叙されている。経房は道長室明子の兄であった。

(17) 平安時代以降の仮皇居の称。「宮城の外の私邸（里第）の内裏」の意。

(18) 家人は貴族の家に出入りし仕える従者。家司は権勢家の家政をつかさどる職員。

(19) 藤原道隆の一家の呼称。道隆が、摂関の権威を確立した父兼家と、摂関家の最盛期を築いた弟道長との中間に位置するための呼称。その様相は道隆の娘で一条天皇の皇后の定子に仕えた清少納言の『枕草子』に描かれてよく知られているが、道隆の男伊周が道長との抗争に敗れ、権勢を失った。

給主としての冷泉院

年給によって叙せられるには、当然その給主との関係が必要であるし、行幸賞や算賀賞に与るのは、行幸先の邸宅の家主や賀人の家族や家司であった。但し、恒例の叙位・任官でも父や兄あるいは舅から子・弟・聟《むこ》への譲りは認められていたし［酒井宏治、一九九七］、経房の事例のような親類への譲与の他にも、主人・従者間、師匠・弟子間など広範な社会的諸関係によって、叙任の可能性は点在していた。

同時に給主と直接に関係なくとも、院司(20)や家司・家人などに取り次いでもらって、改めて名簿《みょうぶ》(21)を捧呈して主従関係を結んでもよかった。藤原実資《さねすけ》も花山院の院司（別当）をつとめていたため、自身の家人や従者などを院給の被給者にしている。このように年給は、被給者側に叙任という目的があるのはもちろんだが、給主側にも主従関係を構築・拡大し、また再構築・再確認する手段として非常に有用だったのである。

冷泉院は在位二年で退位し、その後の活動もあまり目立たないため(22)、歴史上あまり言及されることもないが、当時の人々にとっては無視しえない存在であった。自身は村上天皇の正当な後継者であり、醍醐—文献彦《ふみひこ》太子（保明《やすあきら》親王）—熙子《きし》女王（朱雀女御）—昌子内親王と続いてきた醍醐・穏子直系の昌子内親王を皇后としたのも、朱雀同様に本来は皇統の嫡系に位置付けられていたからである［沢田、二〇一五］。

(20) 太上天皇（院）または女院に仕えて院中の諸事を掌《つかさど》る職員。別当・判官代・主典代・庁官など。

(21) 自分の官位・姓名などを書き記した名札のこと。二字《にじ》ともいう。貴人に仕える際に、従属を誓う証しとして呈上した。名を捧げるという行為には、人格を主人に引き渡して服従するという意味が込められている［中田、一九三八］。

(22) 諸史料によれば、幼少の頃より精神を患っていたようである。晩年の様子が『続古事談』一—九にみえる。

(23) 著名な人物としては、藤原道隆・道兼・道綱・道長兄弟の他、隆家（道隆息）、寛弘（一条朝）

本来中継ぎに過ぎなかった弟円融の政治力によって、結局皇統は円融の皇子一条の子孫が現在まで継続することになったが、同時代人には冷泉系こそが正統な皇系であった。それもあって、そして冷泉が退位後も四〇余年生きながらえたことによって、彼の年給で叙爵した貴族は数多い(23)。公卿になった者のうちで、彼の年給被給者が一番多いと思われる。当時の貴族社会にとっては無くてはならない存在だったのである。前述の道雅も正五位下への加階は「冷泉院御給」であった。

社会ネットワーク

藤原実資も前述の如く、冷泉の息子花山の院別当をつとめて、院給を自己の主従関係の維持にも用いていたし、花山の弟の三条にも親しく仕えていた。また、円融・花山・一条の三代にわたり蔵人頭をつとめ、円融院の別当でもあったから、円融皇統やその外戚である兼家・道長・彰子などとも一定の関係を持っていた。実資が筑前に所有していた高田牧(24)の牧司の一人に、宗像社(25)の大宮司の一族の宗形信遠《むなかたのぶとお》がいるが、彼は道長娘で一条中宮だった太皇太后彰子の年爵で従五位下になっている。その際には、道長・彰子の近習で筑前守の平理義《たいらのまさよし》が、実資の諒解を取り付けている(26)。

なお、信遠の位記(27)は治安元年(一〇二一)二月七日に請印されたが、それは「太皇太后宮の去る寛仁三年(一〇一九)の御給爵」であった。このように諸事情で未給《みきゅう》の

四納言の一人斉信、閑院流の実成・公成父子などがいる。

(24) 藤原実頼—頼忠—実資と伝領。牧司に大宰府官藤原蔵規(菊池氏祖)や宗像社大宮司宗像妙忠など在地有力者が任じられ、豹皮・沈香・青瑠璃瓶などの唐物(貿易品)や年貢絹・米・贄《にえ》などを実資のもとへ届けた。

(25) 福岡県宗像市田島に鎮座。宗像三女神を奉祀する全国六千二百余社の総本社。航海守護の神として神威を仰がれた。

(26) 『小右記』寛仁四年(一〇二〇)一一月一日条によれば、理義から資平(実資子)宛の消息(手紙)に、「悔属《かいしょく》の詞」があったという。同書には「附

年があれば、それは将来に用いることができた。例えば、長保五年(一〇〇三)に源朝任《あさとう》が「前東三条院」の御給で叙爵されているが、東三条院は二年前に没している。給主の没後でも、生前に未給の分が残っていれば、それを用いて授位されることが可能であった(28)。ちなみに朝任は道長室倫子の甥である。

朝任の甥の資通に至っては、長和五年(一〇一六)に二年前に没した祖父時中の年給で大膳亮となり、長久五年(一〇四四)には三年前に没した父済政の「造仁寿殿《じじゅうでん》功」で正四位上に加階されている。賞や功も年給同様、本人没後にもその効力が保持されていた。

資通は、治安二年(一〇二二)に禎子内親王の給で叙爵されているが、このときの禎子は翌年に裳着《もぎ》(29)する前の、未だ一〇歳であった。このような童女でも、資通にとっては一生を左右する存在でありえたわけである。禎子は後三条の母として有名だが、この頃はいわゆる摂関家と対抗関係にあったわけではなく、むしろ庇護されていたことが、この資通(倫子甥の子)の事例からも証される。

万寿三年(一〇二六)生まれの章子内親王(後一条皇女)も長元四年(一〇三一)に六歳で、その妹の馨子《けいし》も長元九年(一〇三六)に八歳で給主としてみえる。二人とも二、三歳で着袴《ちゃっこ》して准三宮《じゅさんぐう》(30)となっており、その頃からすでに年給を行使していたのだろう。章子は後冷泉の、馨子は後三条の中宮になったが、ともに子孫が続かなかったこと

属」などの語も散見するが、これらの場合の「属」は(嘱託・嘱請・依(委)嘱の)「嘱」の意である。

(27) 位階を授ける際に発行する公文書。

(28) なお、藤原基忠も承保二年(一〇七五)正月二八日に「前上東門院御給」で正四位下に加階されているが、これは前年一〇月三日に没した上東門院(彰子)の給の当然の行使である。

(29) 貴族社会で行われた通過儀礼の一つで、女子が成人してはじめて裳を着ける儀式。着裳とも。

(30) 太皇太后・皇太后・皇后の三宮(三后)に准じて、皇族・公卿・僧

もあって、あまり後世に顧みられることもないが、同時代の貴族たちにとっては、とても重要な存在だった。

後述する大宰帥平惟仲《これなか》の雑色《ぞうしき》長(31)の宇自可春利《うじかのはるとし》は、参議になったばかりの惟仲の年給で越前大目に任じられており、惟仲が年給を得て最初にその推挙権を使うほどの、まさに股肱《ここう》の臣であったことがうかがわれる。また、惟仲は大宰府貫首の秦定重の宅で亡くなったのだが、定重は院政期成立の説話集『今昔物語集』巻二六第一六話「鎮西貞重従者、淀にて玉を買い得たる語」(『宇治拾遺物語』巻一四第六話も同話)から、惟仲の私富蓄積にも貢献した対宋貿易に関わっていたことがうかがわれ、孫の箱崎大夫則重も『散木奇歌集』(32)に「筥崎《はこざき》宮神主」、承徳三年(一〇九九)九月二一日「大宰府庁定文案」(『平安遺文《へいあんいぶん》』(33)一四〇八)に「大宰大監」とみえる、該地の有力者であった(34)。

このように貴族社会ネットワークは、京都の貴族社会のみならず、列島の地域社会までをも巻き込み含みこんで、まさに網の目の如く形成されていたのである[手嶋、二〇一七]。

侶などに年官・年爵・封戸などを賜わる待遇を受けた者をいう。

(31) 貴族の邸宅に仕えている雑色のリーダー。この時期は官史生など文官の者も多いが、院政期以降は随身などと同じく近衛府の番長などの武官に占められるようになる。

(32) 平安後期の歌人源俊頼の自撰家集。一〇巻。大治三年(一一二八)ころの成立。

(33) 竹内理三編の古文書を中心とした編年史料集。平安時代史研究の飛躍的発展に大きく寄与した[勝山、二〇一八]。

(34) 『今昔物語集』には「京大夫」「勢徳者」とある。

2　権門政治の展開

共知制の崩壊

律令官僚制はあらゆる場で、同職同官による合意形成を基本としていた。しかし、律令制システムの変質の進行から、一人の担当者によって行政権限の行使される場面が増えてきた。

行政のトップである議政官＝公卿は、大臣各一人（左大臣・右大臣、そして時に内大臣）と複数の大納言・中納言、参議によって構成されている。行政は（そして立法・司法も）、この構成メンバー全員一致によって行われるのが律令制本来の姿であった。

しかし時代が下るに従い、各公卿に案件が割り振られ、その担当公卿が下僚を指揮して、各種行政行為を行うことが一般化した。こういった担当公卿のことを行事《ぎょうじ》上卿《しょうけい》という［土田、一九九二］。単に行事、あるいは上卿ということも多く、またしばしば上とも約された。

儀式や各種政務では、上卿をトップに、その下に弁官及びその下僚の史《し》・官掌《かじょう》・使部《つかいべ》、また外記《げき》、あるいは蔵人及びその下僚の出納《しゅつのう》などが事務官として立ち働き、さらに儀式や政務の内容によっては、省丞《しょうじょう》（式部丞・兵部丞・中務丞など）や検非違使などが寄せられて業務を行った。特に儀式の場合は、彼らを構成員として行事所という臨時の役所が組織された〔棚橋、一九八三〕。

下僚たちも上卿と同様、複数いる同僚メンバー（傍輩という）各々に、儀式や政務が割り振られて、それぞれの担当者となるわけである。その担当者が、行事弁・行事史・行事官掌・行事蔵人・行事検非違使などと呼ばれるのも、上卿と同じである。行事は例えば「行大嘗会事《だいじょうえ》」というのが個別具体的な名称である。奉行弁・奉行史などというのも行事弁・行事史と同義で、「（某事を）奉《うけたまわ》り行う」の意による。

年中行事などあらかじめ実施が決まっているものについては、年末などに前もって担当公卿が割り当てられた。これを公卿分配《くぎょうぶんぱい》という。同じような分配作業は、蔵人や弁官その他の諸司などでも行われた。

こうなると当然ある政務について、それを担当している行事上卿以外の公卿たちや、行事弁以外の他の弁官たちなどは、その案件の内容については関知しないことになる。律令制的共知制原理は貫徹しなくなったのである。

別当・預・年預——個人的権限の顕現

官司階統制とは無関係に、内豎所《ないじゅどころ》・進物所といった蔵人所の率いる禁中所々など、様々な「所」が出現したが、それらには別当[35]が置かれた。そういった「所」のみな

(35) 原義は、本官をもつ者が、本官とは別に他の機関の職を担当すること。

らず、大膳職・大炊《おおい》寮・内膳司・内蔵《くら》寮・陰陽寮・木工《もく》寮などの令制官司、修理《しゅり》職・穀倉院などの令外官司、および元慶《がんぎょう》寺・東大寺、延暦寺などの寺院にも別当が置かれた。所の場合、別当の下に預・頭・執事などが置かれることもあり、その下に構成員である「(所)衆」や、特殊な業務に携わる膳部・書手・開闔《かいごう》・諸師・諸生などが配属されていた㊱。

別当には公卿や弁・蔵人がなるが、その職務内容や規模によって、公卿別当に加えて弁別当や蔵人別当がいたり、公卿別当がいない場合もあった。これら各所の別当を任命する儀式が官所充《かんのところあて》(弁・史を分配する)や殿上所充《てんじょうところあて》(公卿を分配する)である。

官所充の場合こういった常設の所だけではなく、位禄所のように一年のうち特定の時期にのみ主に活動する所にも分配された。そのような場合に、位禄所弁・位禄所史などと呼ばれるのは、他の所や行事所と同様である。他の役所、例えば近衛府㊲にも粮所《ろうしょ》などの所があり、四位の次(中・少)将㊳に分配されていた。また、複数いる次将・将監《しょうげん》・将曹《しょうそう》のうちから日常の府務に従事する者が一人ずつ選ばれて、年預《ねんよ》と呼ばれた[鳥谷、一九九三/佐々木、一九九三]。

こうして共知制の原則は薄れ、個人的権限の占める割合が大きくなっていった。また、公卿や弁あるいは蔵人が別当となることにより、官司階統制を飛び越して、その役所は直接に太政官や蔵人所の管掌下に置かれることとなった。

(36) 膳部(進物所・侍従所)・書手(御書所・一本御書所)・開闔(内御書所)、諸師(大歌所の歌師など)・諸生(薬殿の薬生など)。

(37) 令制では五衛府(衛門府・左右衛士府・左右兵衛府)制であったが、その後、中衛府・授刀衛・外衛府など衛府の新設が相つぎ、八衛府の時期を経て、弘仁二年(八一一)に左右の近衛府・衛門府・兵衛府からなる六衛府制が成立し、以後後代まで断続した。六衛府制では、近衛が内裏閤《こう》門《もん》以内(内郭)を守衛するもっとも重要な武官とされた。

(38) 三位《さんみ》すなわち公卿身分になると、このような府内の役(仕事)からは

諸司には四等官があり、長官が当然いる。別当はその上に位置することになるが、司内の業務に直接関わることはなく、司務は従前の如く四等官などの官人たちによって行われる。別当の存在意義は、むしろ渉外事項に関わる場面で発揮される。

すなわち官司階統制においては、寮が上申をする場合、管轄している省に寮解を出し、それを受け取った省が省解を太政官に出すことで、ようやく官裁を請うことができる。寮が直接に官裁を請えればよいのだが、寮は長官である頭ですら官位相当が従五位[39]で、身分的にもとても無理である。

そのような場合に、公卿が別当をしていれば、直接に太政官へとつながるルートが存在していることになる。また、例えば宮内省の被官である大膳職と、中務省被官の内蔵寮との間に、何か折衝する必要が生じた場合、令制では面倒なルートを経由しなければならないが、双方に公卿別当がいれば、その公卿同士の話し合いによって処理・解決することが可能となる。公卿別当がいなくとも、弁別当や蔵人別当がいれば、日常的に公卿と接する場面の多い彼らは、一般の官人よりははるかに容易く公卿たちに懸案を伝えることができよう。

太政官は、議政官の共知を形成する機関ではなくなり、公卿たちが利害調整する場となったのである。

解放された。

(39) 大寮が従五位上、小寮が従五位下。

公私混淆の進展

院宮王臣家(40)においても所充があり、院では御祈願所・御服所・別納所・仕所・御厩《うまや》・細工所など、中宮では大饗所・御経所など、東宮では大饗所・贄殿《にえどの》・仕所以下の、所々の勾当《こうとう》・預・史生などを分配することが行われた。このうち大饗所は正月の二宮大饗(41)に関わるものであり、所充とはいいながら、実際は大饗の行事(担当者)を分配するに等しい。貴族の家政機関も、雑色所・随身所・小舎人所・進物所などを擁し、政所には別当、侍所には職事《しきじ》がいて、家政を取り仕切っていた。諸司と同様、家司・下家司にも年預家司・年預下家司がおり、また奉行・行事家司も存した。

このように公的な役所(令制・令外の諸司、宮中の諸所)と私的な家との間に質的な差はなく、同じ原理で以て運営されていた。公卿は、大臣・納言・参議の職を帯び、諸司の長官(八省の卿、大宰帥、衛府の督、国守など)を兼務するという前代以来の様相に加え、諸司・諸所の別当でもあり、そして各々の家の代表者でもあった。さらに氏や家流の代表者である者もいた。例えば、藤原実資は祖父実頼の子孫である小野宮流の代表者であった。藤原公任《きんとう》は小野宮流に属すが、父頼忠に始まる四条流の主でもあった。藤原道長は実頼の弟師輔の子孫である九条流の代表者であり、また藤原氏の氏長者であった。

藤原実資は長保三年(一〇〇一)四五歳で権大納言となり右近衛大将を兼ねて以後、

(40) 院は上皇や女院、宮は東宮・中宮(皇后・皇太后・太皇太后)やその他の親王・内親王、王は二世以下(皇孫以降)の皇族、臣は貴族。

(41) 元日に行う(天皇に対する)朝賀ならびに元日節会に準じて、二日に催される、東宮・皇后の拝賀と賜宴を内容とする正月儀礼。

大納言・右大臣と昇進しながら、右大将を四二年間つとめた。同時に右馬寮御監でもあり、右馬寮を指揮・監督した。長和二年（一〇一三）前後には雅楽寮別当の任にもあった。小野宮流の、そして言うまでもなく実資家の代表者でもある。つまり養嗣子の資平、孫の資房などによって構成される家の長でもあり、兄懐平・高遠及びその子（つまり甥）たちの面倒を見るべき狭義の小野宮家の長でもあり（この場合、公任の家は競合ライバルになりうる）、公任家（四条流）も含んだ広義の小野宮家（実頼子孫）の長でもあった。

実資には位封・職封などの公卿としての給与の他に、各地の荘園からの貢物、そして受領からの志など、公私にわたる収入があった。支出としては、右大将の職によるものが多く、相撲節会《すまいのせちえ》(42)や射礼《じゃらい》、騎射《うまゆみ》の荒手結《あらてつがい》・真手結《まてつがい》(43)などの際には、饗禄(44)といった財政的負担から、垣下《えが》(45)として五位・六位の家人を派遣するなどの人的負担も負った。公卿になる前、蔵人頭をしていた頃にも、毎年正月に年始の挨拶にやってくる所衆や小舎人を饗す際に、垣下の家人らを招いて、その分も含めて饗応代を負担しなければならなかったことはもちろんである。

私域の拡大・公域化

左右近衛府の大・次（中・少）将などには、身辺警固にあたる随身として、近衛府

(42) 毎年七月、宮庭において諸国より徴した相撲人が行う相撲を天皇が観覧する儀式。

(43) 手結は、射手二人を組み合わせて一番《ひとつがい》とし、射技の優劣を競わせること。手番とも書く。当日の射技の手合せを真手結《まてつがい》、前日に射手の堪能の深浅を簡技して出場順位を選定する試練を荒手結《あらてつがい》という。騎射の場合は左右近衛の馬場で行われ、五月三日は左近の荒手結、四日は右近の荒手結、五日は左近の真手結、六日は右近の真手結の式日。

(44) 饗応して、禄の物を賜ること。また、その饗、その物。

(45) 饗応のとき、正客以外の相伴の人。

の下級官人・舎人《とねり》が賜与されていた。実資家にも随身所が設けられており、彼らに対しても相当の支出があったことは想像に難くない。実資家には雑色所もあり、また雑色以外にも家司・家人など各種の家政職員・従者がいた。全く実資家に経済的に依存している者から、他の家や官司に兼参している者まで、その従属度の軽重は様々であるが、こういった人々への支給も膨大なものであったろう。

いわば公私にわたる収入と公私にわたる支出があったのであるが、これらは截然と公私に分けて運用されていたわけでは当然ない。例えば万寿三年（一〇二六）八月七日、右近衛府において相撲の還饗《かえりあるじ》(46)が行われたが、その経費は全て右大将である実資が負担しているのはもちろん、相撲人の県為永《あがたのためなが》・秦吉高《はたのよしたか》には高田牧から進上されてくる駒（為永に三疋、吉高に二疋）を与えている。

このころの荘園を完全な私領といえるかどうかは議論のあるところだが(47)、少なくとも高田牧は実資の官位に応じて与えられている給与のようなものではなく、祖父の実頼以来相続されてきている、かなり私領性の強いものであることは確かである。永祚元年（九八九）九月に、実頼の三人の孫、佐理《すけまさ》（敦敏子）・公任（頼忠子）・実資（斉敏《ただとし》子）が三条殿（六月に没した頼忠第）に集まって、頼忠が継承していた小野宮領を均分した。一一月にその斉敏分がその子たち（高遠・懐平・実資）によって分けられている。

高田牧を含む多くの実資の所領からの年貢が、七・八月と一一・一二月に設定さ

(46) 正月の賭射《のりゆみ》や七月の相撲節会などの終了後、近衛大将が配下の射手や相撲人を自邸や府において饗応すること。還立《かえりだち》饗《あるじ》ともいう。また賀茂祭や石清水臨時祭などの終了後、祭使や舞人などが還って来た時に催す饗宴をもいう。

(47) この時期の荘園は院政期ほど広大ではないが、四至（領域）のあるものである［鎌倉、二〇二三］。本シリーズ『古代荘園』も参照のこと。

(48) 大宰府官人・受領など地方へ赴任する者が、参内して天皇に、あるいは貴族邸を訪れて暇乞を

れているのも、前者が相撲節会の期間、後者が年末であるのに加えて、両者ともに随身へ衣服料を賜る（いわゆるお仕着せ）時期とも重なり、出費が集中する時節だからであろう。もちろん稲の収穫時期であることも理由の一つではあるが、米を年貢としない荘園にはそれ以外の理由を想定できよう。

　実資のみならず公卿の許には、国司が赴任する際に罷申《まかりもうし》に(48)訪れ、公卿たちは彼らに馬や大掛《おおうちき》・綾掛などを与えて餞とした。しかし全員に必ずというものではなく、実資も親疎に応じて与えたり与えなかったりしており、また、与える物・数についても差をつけていた。厳格な法規定があったわけでもなく、実資の意による部分が大きい。逆に国司からも赴任中に志として、牛馬、米、桑糸・綿・絹・綾などの繊維製品や衣料の他、檀紙(49)・紅花(50)・鴨頭草《つゆくさ》(51)・砂金などの特産物も進上されてきた。これらは時期も量も様々で、例えば実資家で元服や着裳などの儀式があったり、実資及び親族が五節《ごせち》(52)を献ずることになった場合などは、その料物を半ば強制的に割り当てられて進上した［服藤、一九九二］。

　人的にも前述の如く、右大将としての公務の一環である還饗に家人を垣下として派遣する必要があったし、逆に下僚たる近衛府官人や、蔵人頭時代には蔵人所下級職員などが、公的業務以外の場面で実資に奉仕することも珍しくなかった。また、こうしたタテの上下間のみならず、ヨコの関係においても私経済が国家財政におい

すること。

(49) 昭和期までは最も品位が高いとされていた儀礼用の紙。

(50) キク科の二年草。夏にアザミに似た黄色の花をつけ、この花弁を採集して染料に供したり、化粧料である紅や絵具としての臙脂《えんじ》をつくる。開いた花の外側（末）から摘みとるため、末摘花の異名がある。

(51) ツユクサ科の一年草。摺染や青花紙に用いた。

(52) 五節の舞姫。大嘗会には五名、新嘗会には四名。王臣諸氏の子女から選ばれた（五名の場合二名は国司より、三名は公卿より）。

て一定の位置を占めており、公卿同士は様々な場面で「とぶらい」(53)行為を行った。
以上のような公私に跨る収入・支出や人的負担は、区別されることなく、柔軟に弾力的に運用されていたのである。高位・高官になれば高収入が見込めるのは当然だが、同時に支出も多く、高収入がなければ高位・高官でいることもなかなかに難しかった。院政期の藤原宗忠(54)が、何かと支出の多い内蔵頭は、受領のように資産がある者でないとつとまらないと言った(『中右記』承徳元年〈一〇九七〉四月二九日条)のは有名であるが、同様のことはすでに摂関期にも見られるのである。

利害調整機関としての陣定

この時期に公卿たちが行う会議というと陣定《じんのさだめ》が著名であるが(55)(**図1**)、その実態は公卿たちの利害調整の場であった。

例えば寛弘二年(一〇〇五)四月七日に、(筑前守の藤原高規《たかのり》(56)から消息〈手紙〉を受け取った)大宰大弐の藤原高遠(実資の兄)から、大宰帥の平惟仲が薨じた、という知らせを受けた藤原実資は、「宇佐宮、誅を降すか。最も畏るべし」(宇佐宮が天誅を下したのであろうか。恐れ多いことである)との感想を述べたあと、「僉議《せんぎ》の間、頗《すこぶ》る斑駮《はんぱく》の定め有り」(会議の間、理に合わない意見を言う者がいた)とも記している(『小右記』)。

「僉議」というのは、惟仲の暴政についての宇佐八幡宮の神人等による愁訴に関

(53) 出家・病気・裳着・出産・弔問その他諸儀式の際の準備・費用の負担、それ以外の種々の経済援助。上の者が下の者に、逆に下の者が上の者に、あるいはゆかりのある人々同士などの間で行われる[佐藤泰弘、二〇〇一/遠藤基郎、二〇〇八/京樂、二〇〇八]。

(54) 道長の子頼宗の曽孫。近衛少将・弁官・内蔵頭・蔵人頭を歴任して参議となり、累進して内大臣に昇り、さらに右大臣に進み、ついで従一位に叙された。典礼故実に精通したばかりでなく、勤勉篤実な人柄で白河上皇や堀河天皇の信任を得た。その第宅の称により中御門右大臣と称し、その日記は『中右記』とよばれた。

図1　寛弘2年4月14日陣定復元図(考証＝吉川真司・勝田至，製作＝勝田至，所蔵＝京都大学総合博物館)

する、同元年三月二七日の陣定(など一連の定)を指している。[57] この事件においては、惟仲が道長の近習であったため、惟仲・道長周囲の人間が惟仲擁護に奔走したが、中でも道長室明子の兄で道長の近習でもある中納言の源俊賢が、定の場の内外で惟仲の肩を持った様子が前後の記事からわかる。「斑駮の定め」とは道長・俊賢ら惟仲方公卿の発言を指すのだろう。

なぜ実資が前述のような感想を記したかといえば、先にも触れた筑前にある実資の荘園である高田牧の雑人(牧子一三人)が、荒馬を捕えるためという口実で、惟仲によって悉く壱岐島に無理やり渡らされるという事件があったからである。そしてさらに牧子たちが留守の間に、惟仲の雑色長の宇自可春利が、牧子たちの宅内の財物や馬・絹などを捜奪した。

(55) 後掲の『今昔物語集』所収話も、陣儀ではなく陣定のこととして解釈している注釈書が多い。

(56) 藤原南家貞嗣の子孫。実資の母の甥。

(57) 陣定の参入公卿として『御堂関白記』に記されるなかに、実資もいる。

惟仲がこのような挙に出たのは、実資が「宇佐定」において惟仲のためになるような意見を述べなかった、というのが原因だった。京での上流貴族同士の争いが、九州での下級官人の動向、地域社会の動静に直接の影響を及ぼしたのである。

　このように当時の政治は「江戸の敵を長崎で討つ」的な側面を持つこともあった〔告井、二〇一三〕。もちろん全てがそのようであったら、行政は成り立たない。惟仲の行為について実資が、「極めて奇恠《きかい》なり」と記すように、貴族たちもそういったことは為政者としてすべきでないという認識は当然あった。「宇佐宮、誅を降すか」という語に明らかなように、彼らの心身の基底にあるのは、仏法・神道への深い造詣であったからである。惟仲の死亡記事を記した翌日に実資は、俊賢が高熱で病に臥せっており、家司を見舞いに遣わしたことなどを記した後、「礼部〔治部卿の唐名。俊賢のこと〕、宇佐定の間、帥を引汲する情あり。怖れ畏み無きにしも非ず」と述べており、俊賢にも宇佐宮の天誅を感じている。

　しかし逆に言えば、仏神の誅罰を想定せざるをえないほど、当時の政治には高邁な理想や崇高な精神、昂然たる志に欠けるところが多かったとも言えるだろう。遣唐使の派遣を廃して国際情勢への積極的な関わりをやめ、外国による軍事的脅威からも遠ざかって、曲がりなりにも一定の秩序を維持しえた狭小な列島の平和のなかで、偏在する財をもとに国風文化を謳歌していた貴族＝権門勢家にとっては、自己

（58）文章博士、東宮学

の足元に関わる案件こそが政治であった。武家政権が成立したので、公家政治が廃れたのではない。武家政権成立よりも前に、朝廷貴族による政治は、その守備範囲を著しく狭めていたのである。

3　権門社会の発展

朝廷の司法権と権門勢家

寛和元年(九八五)正月六日の夜に、弾正少弼《だんじょうしょうひつ》の大江匡衡《おおえのまさひら》(58)が西洞院《にしとういん》大路と土御門《つちみかど》大路の交差点の近辺で、敵に襲われ疵《きず》を被る(左手指を切り落とされる)という事件があった。また同月二〇日の夕方には、左大臣源雅信の大饗《たいきょう》の最中に、中門内において藤原季孝《すえたか》(59)が顔に刃傷《にんじょう》されるという事件が続いた。そこで「犯人を追捕(追跡して逮捕する)すべし。捕らえ進《たてまつ》った者には賞(官位の昇進など)を与える」という内容の太政官符が諸国に出された。

三月二一日深夜(から二二日早朝にかけて)、検非違使別当の源重光《しげみつ》(60)が、犯人は風聞《ふうぶん》によれば、左兵衛尉《さひょうえのじょう》の藤原斉明《ただてる》の従者二人であるらしい、と花山天皇に奏上した。これに対して天皇は「検非違使を斉明のところに遣わして、嫌疑者である従者二人を進上させよ。もし召し進めない場合は斉明を搦《から》めて引き連れてこい」と命令した。

士、一条天皇・敦康親王の侍読などを経て、正四位下式部大輔。公私の詩宴に列し序者・題者となり、名儒比肩するものなしといわれた。敦成・敦良両親王(後一条・後朱雀)の御名を撰び、長保・寛弘の年号を勘進し、藤原道長・行成・公任らのため文章を代作するなど当代随一の学者で、和歌も能くした。歌人赤染衛門の夫。

(59) 藤原南家貞嗣の子孫。娘が道綱(道長兄)との間に権少僧都斉祇(九八三年生)をもうけている。

(60) 醍醐天皇の第三皇子代明親王の長男。極官極位は正三位権大納言。藤原伊周を婿にして後見した。

斉明は摂津《せっつ》にいるとのことであった。

二七日、検非違使が摂津に向かったところ、斉明はすでに船に乗って岸を離れてしまっていたが、郎等《ろうとう》を捕まえたので尋問すると、斉明が匡衡を刃傷し、弟の保輔《やすすけ》朝臣(61)が播磨介《はりまのすけ》季孝を刃傷したことが判明した。使別当の重光が、「保輔を尋問すべきだが、父の致忠《むねただ》朝臣(62)の宅にいるので、むやみに踏み込めない」と奏上したので、天皇は「宅内を捜索せよ」と仰せた。

検非違使が致忠の宅に向かって宅内を捜検してみると、保輔はいなかった。天皇は「致忠に期日を決めて必ず保輔を進上する申文を提出させよ」と仰せた。深夜になって検非違使らが内裏に参入して申文を奏した。その申文には「来月二日以前に召し進《たてまつ》ります」とあった。

以上は、当時蔵人頭として重光などの公卿たちと天皇の間を取り次いでいた藤原実資の日記『小右記』や、編纂歴史書『日本紀略』からわかる当該事件の流れであるが、鎌倉初期の説話集『続古事談』五(諸道)四五話にもこの事件はみえ、そこにも「三日のうちにたてまつるべきよし、父致忠が請文をたてまつらしむ」とある。

従者を進上する義務が斉明にあったのだが、その斉明が逃げてしまい、今度は弟の保輔を捕まえようとしたら、彼も逃げてしまったので、保輔の(斉明の、でもある)父致忠に保輔を進上させることにしたのである。

(61) 藤原致忠の四男、保昌の弟。正五位下。日向権介・右馬助・右京亮・右兵衛尉などを歴任。天元五年(九八二)に、冷泉院の貞元二年(九七七)臨時御給(保輔本人の任符返上の更任)で日向権介になっている。

(62) 藤原南家、大納言元方の子。六位蔵人・備後守・右衛門権佐・右近衛少将・右京大夫・右馬権頭などを歴任。従四位下に至る。

貴族の司法特権

このように当該期は、政府が直接実行犯(下手人)を逮捕するのではなく、その主人に進上させるというのが、正式な法的(但し不文法)措置であった。進上しない場合は主人が拘禁されるというのも、この頃の一般的な様相である[告井、二〇〇五]。

当時、人々の家宅内には公権力も入ることができず、検非違使といえども貴族の邸内を捜索するには、天皇の許可を得る必要があった。ましてや致忠は「朝臣」とあるように五位以上の貴族であったので、その宅内を勝手に捜索することはできない。検非違使が天皇に許可を得ているのはそのためである。いわば致忠宅内は検非違使が入れない、司法特権を帯びた空間なのである。

こういった主従関係・親子関係に基づいて、追捕権が重層しているのが、当時の社会の構造であった。主人や親が従者や子を進上すればよいのだが、それが不可能な場合(故意も含めて)は、朝廷から追捕官符が出されることとなる。今回も四月五日になって、「播磨介藤原季孝朝臣・弾正少弼大江匡衡を刃傷せるに依り、左兵衛尉藤原斉明等を追捕すべし」との官符が山陽道・南海道・大宰府《だざいふ》(西海道)に下った。摂津難波《なにわ》から船に乗ったのだから、瀬戸内海を西に逃げたと判断されたのだろう。

しかし同月二二日になって、「惟文王《これぶみおう》(63)が近江《おうみ》国で斉明を射て、その首を執った」

(63) 世系不詳。当該期はこのような世系不詳の諸王が多見する。

という話が伝わり、五月一三日には、斉明と舎弟散位《さんに》保輔の罪名定《ざいめいさだめ》が行われた。同月二〇日には、斉明の首が獄門《ごくもん》に懸けられ、斉明については一件落着した。瀬戸内を西に行ったと見せかけて、実は偸《ひそ》かに関東のほうへ遁《のが》れようとしていたのであるが、近江国高嶋郡で前播磨掾《はりまのじょう》惟文王のために首を討たれるところとなったのである。惟文王には勧賞が与えられる旨が宣下された。

いっぽう斉明の弟の保輔は自分を追捕しようとした源忠良を恨んで襲っており、また、忠良の姻戚である右兵衛尉の平維時《これとき》(64)も殺害しようとしていたことが、郎等らの自白から判明した。しばらく保輔の動向は知られなかったが、三年後の永延《えいえん》二年(九八八)閏《うるう》五月に京で強盗を働き、六月に権中納言顕光《あきみつ》卿家(65)に籠っているところを検非違使に包囲され逮捕の後(66)、左獄に禁固されたが、四日後に自害をはかり、その疵がもとで死去した。保輔が逮捕されるまで、父の致忠が左衛門府の弓場《ゆば》に拘禁されていたが、保輔死去の前日に釈放された。『続古事談』にも保輔の切腹のこと、致忠の弓場拘禁のことが、やや時系列が乱れているが記されており、後世の人々にも知られた事件であった。

事件の過程と社会関係

さて、追捕者の惟文王は前播磨掾であったが、被害者の一人藤原季孝が播磨介で

(64) 桓武平氏。平維将の子で、祖父貞盛の養子となった。長徳二年(九九六)藤原伊周が大宰府に流されたとき、検非違使衛門尉として領送使を務めた。北条氏の祖。

(65) 『百練抄』は「閑院左大将〔朝光〕三条家〔中略〕当時中納言顕光卿住むところなり」と記す。

(66) この時、保輔の居場所を密告して逮捕に益した左近衛の足羽忠信《あすわのただのぶ》が賞にあずかり、馬寮の馬医になった。

あることも留意される。季孝は性空《しょうくう》[67]が創建した播磨書写山円教寺《しょしゃざんえんきょうじ》に、法華三昧堂《ほっけざんまいどう》を建て、僧料に三合米を充てるなど、同寺の発展・興隆に大きな役割を果たした。同寺及び性空上人は花山の強い私淑を受けていた。寛和二年（九八六）、一カ月前に退位・出家したばかりの花山は徒行して書写山に赴き、性空聖人に謁している。長元四年（一〇三一）に同寺の僧としてみえる大法師政円[68]は、季孝の子息であった。

　前述の如く、当時は検非違使といえども勝手に貴族邸宅内を捜索できなかったし、また、平安京の外（城外）は管轄外であるので、例えば逃脱した獄囚が伊賀国にいることがわかった場合は、国宛の（検非違使）庁移文《ちょうのいぶん》を発給してもらって、それを所持して追捕に向かう必要があった。そして実行した追捕活動の内容を在地の郡司に証判してもらって、別当に報告しなければならなかった（『平安遺文』五二〇「左看督長《ひだりかどのおさ》清原兼時解《きよはらのかねときげ》」〈九条家《くじょうけ》本延喜《ぼんえんぎ》式《しき》巻一二裏文書〉）。

　では、なぜ惟文王は近江で追捕活動をすることができたのであろうか。また、そもそも彼は何ゆえに追捕に携わったのであろうか。ここで彼が前播磨掾であることが注目される。惟文は播磨や季孝と縁があったのだろう。逆に言えば、季孝の敵たる斉明とは、怨縁があったと思われる。斉明にいつか仕返しをと思っていたところへ、追捕官符が発給されたことから、惟文はそれを他国での追捕活動の免許とした。そして東国へ逃げるであろう斉明の行動パターンも熟知しており、彼が通過する近

(67) 従四位下橘善根の男。播磨書写山に法華堂を建て、円教寺を開く。存生中からの霊験によって、花山法皇・具平親王・源信・慶滋保胤・藤原実資・藤原行成・和泉式部・遊女宮木など多彩な支持者がいた。

(68) 長元四年閏一〇月二七日付の国司宛て解状に署名している（『円教寺旧記』）。

江国で目出度く梟首《きょうしゅ》したのである。

しかし惟文王も実は斉明と同種の社会的存在であった。長保五年(一〇〇三)ごろのこととして、散位惟文王が神禁地を破り宇佐宮中に乱入した時、宇佐宮が御輿を向かわせて防いだことが、『宮寺縁事抄《ぐうじえんじしょう》』(69)所載の宇佐宮解《うさぐうげ》(及び太政官符所載同解)に記されている。それは、天慶《てんぎょう》四年(九四一)に藤原純友《ふじわらのすみとも》(70)が乱入した時の例に倣ったのだという。そして「凡そ非常の外、御輿を動かさず」とあり、すなわち惟文王は純友にも比すべき未曽有の乱暴を働いたと宇佐から認識されていたのである。

斉明逮捕では政府の追捕活動に協力した形となった惟文であるが、二〇年後には瀬戸内海をさらに西に行って、宇佐宮で濫妨をはたらく存在でもあった。海に陸に東西をかけめぐり、あるときは海賊を追捕し、あるときは海賊同様のこともし、財産を蓄え、同じような存在の者たちと競合しながら、時には協力し、時には敵対し、公私にまたがる活動を繰り広げていたのである[野口実、二〇一七]。

保輔が顕光家に隠れていたのは、当然主従関係があったからであるが、それは顕光父の兼通と保輔父の致忠以来のものであった(71)。兼通は先帝円融の関白をつとめ、致忠も右近衛少将として近侍していた。どちらの家も花山朝においては忸怩たるものがあったのかもしれない。逆に言えば花山がこの事件の処置に熱心なのも、為政者としての責任に加え、私淑する性空を通じた季孝らに対する個人的な援護もあっ

(69) 鎌倉初期、別当家の田中道清が石清水八幡宮に伝来する文書・記録等を整理・書写して項目に従って分類・類聚したものに、子孫が代々書きついでいったもの。

(70) 藤原北家、右大弁遠経の孫、大宰少弐良範の三男。官位は従五位下伊予掾。当初は伊予掾として、瀬戸内に横行する海賊を鎮圧する側にあった。関東で平将門が乱を起こした頃とほぼ時を同じくして瀬戸内の海賊を率いて乱を起こした。瀬戸内海を転戦し、大宰府を陥落させたが、追捕使の軍により壊滅させられた。

(71) 後に里内裏として著名な閑院は、致忠→兼通→朝光(そして→公季)

たのだろう。このように事件の発生から途中の過程を経て、惟文による梟首に至るまで、背後に存する社会関係が大きな意味を持っていたのが当時の特徴である。

と伝領されている[野口孝子、二〇二四]。

公と私の相互補完

惟文王が斉明を追捕した第一の理由は、私的な怨縁によるものであろう。もちろん私的に追捕することは法律上許されない。そこに朝廷から追捕官符が出され、恩賞も約されたから、惟文王は私怨を果たすべく、斉明を追って近江まで至ったのである。彼とて後に宇佐で乱暴をはたらく、その意味では斉明・保輔らと同種の者であった。夷を以て夷を制すではないが、朝廷も彼のような存在は面倒な側面もありながらも、時には利用しうる便利な存在でもあった。

惟文にしても政府というのは、自分たちを追捕することになりうる存在でもあるが、褒賞をくれる可能性もあるものであった。彼はいわば賞金稼ぎとして、自らの暴力を使用して、社会の治安に資しながら、私怨を晴らす手段としても政府を利用していたわけである。社会の自立的存在と政府が、お互いに利用し利用されあっているのが当該期の歴史的様相であった。蛇の道は蛇というのは、当該期の検非違使着 鈦《ちゃくたい》(放免《ほうめん》)(72)たちや近世の岡っ引きにも通ずる話である。

始終政府側に立って追捕海賊使として行動している源忠良も実は同様の存在であ

(72) 検非違使庁の下級職員。元来は放免(=釈放)された着鈦(=獄囚。鈦は足枷)の意。犯罪者の経験を生かして犯人の捜索・追捕にあたるのが本来の任務。

る。彼と同じく斉明・保輔らの恨みを買っている平維時も、そして維時とともに政府によって治安維持の手段として用いられている源満正《みなもとのみつまさ》(73)・頼親《よりちか》(74)・頼信《よりのぶ》(75)なども（『日本紀略』『本朝世紀』正暦《しょうりゃく》五年〈九九四〉三月六日条）、みな治安維持装置でもあるが、治安破壊の可能性をも持つ者たちであった。忠良は右衛門尉、維時は右兵衛尉、斉明も左兵衛尉であって、同じ社会階層に属するのである。最初の被害者である大江匡衡も弾正少弼の前は検非違使右衛門尉で、恐らく斉明の逆恨みでも買っていたのだろう。

保輔の兄とされる保昌(76)（和泉式部の夫）や左衛門尉藤原範基(77)など、武者の種胤でなくとも武的活動をする貴族が当該期には少なくない［髙橋、一九九九］。公家権門が武の要素を含みうる歴史的可能性もあったのかもしれないが、実際は武家権門としての幕府の成立を見るに至ることになるのである。

4　政治の場

朱雀門から陽明門へ——大内裏の九〇度回転

日本の古代都城制においては、北方に現在の霞が関官庁街に当たる大内裏があり、その中に天皇の居所である内裏もあった（**図2**）。大内裏の南面中央にある朱雀門を

(73) 清和源氏。経基の子。美濃・尾張・三河源氏の祖。陸奥・武蔵守を歴任し、主君と仰ぐ藤原道長への貢馬は、任国で得たものであった。『続本朝往生伝』（大江匡房著）において一条朝に輩出されたすぐれた武士の一人に挙げられている。平安京左京の一条大路南に邸宅があった。

(74) 清和源氏。満仲の次男。満正の甥。母は藤原致忠の娘。大和源氏の祖。三度大和守を務め、春日大社や興福寺、東大寺などと所領を巡って争った。三度目の大和守在任時、興福寺の訴えにより土佐国へ配流とされた。

(75) 清和源氏。満仲の三男。頼親の同母弟。河内源氏の祖。藤原道兼・

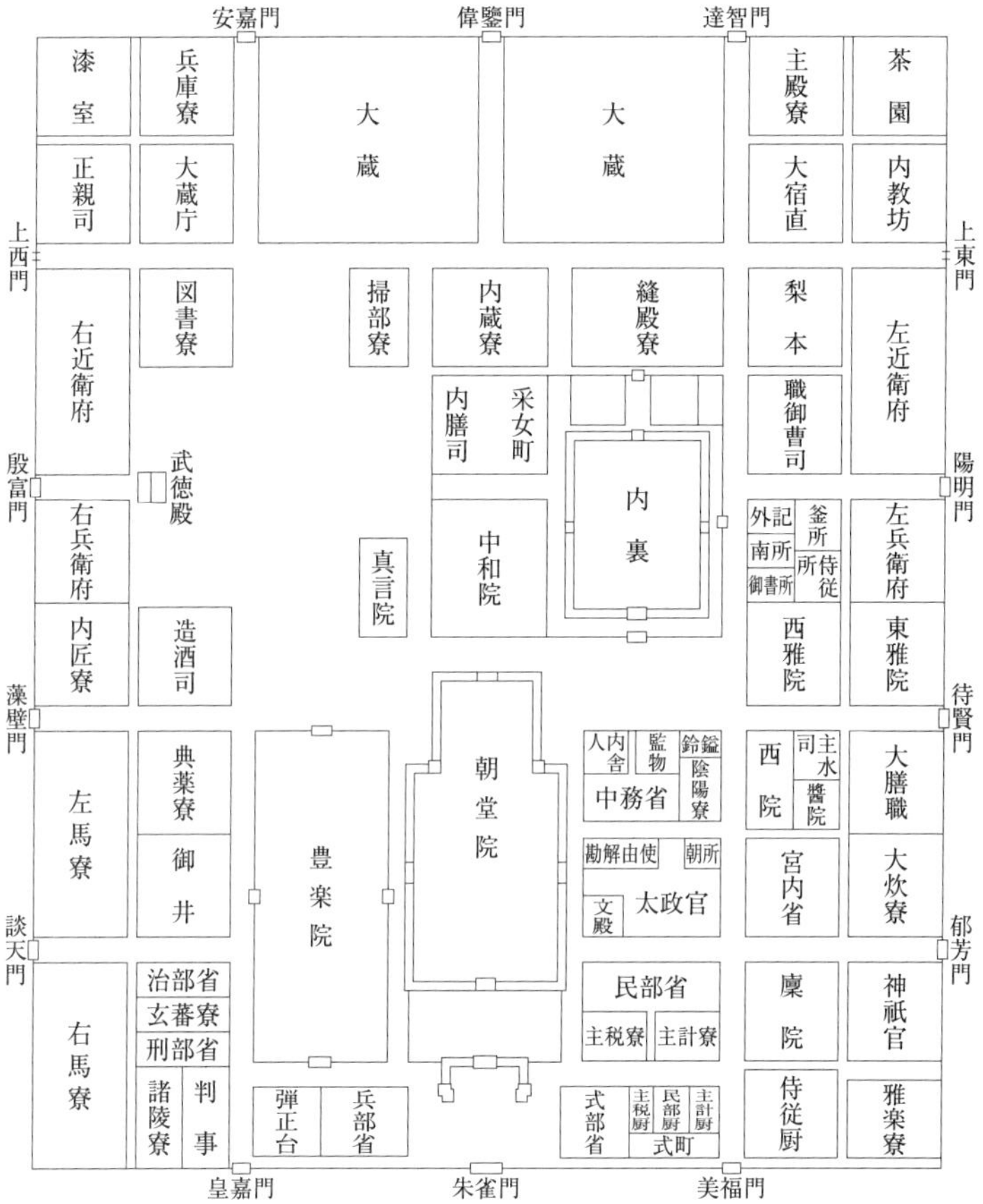

図2　平安宮(大内裏)推定復元図[古代学協会ほか編，1994]

道長に仕え、諸国の受領や鎮守府将軍などを歴任した。平忠常の乱が長期化した際、朝廷が平直方に代えて、忠常の主にあたる頼信を追討使に任じると、忠常は直ちに降伏・出頭した。

(76) 藤原南家巨勢麻呂流、致忠の子。極官極位は正四位下摂津守。丹後守に任ぜられた際、妻の和泉式部と任国に下る。藤原道長・頼通父子の家司も務めた。武勇に秀で、源頼信・平維衡・平致頼らとともに道長四天王と称された。郎等に清原致信(清少納言の兄)がいたが、源頼親の郎等によって殺害された。

(77) 藤原南家貞嗣子孫。高規の甥。蔵人、帯刀長、春宮少進、左衛門尉。

入ったところに大極殿・朝堂院(78)があり、律令官人たちが朝堂院に会集し、天皇が大極殿に出御して、重要な政務や儀式が行われた(79)。文書行政は大極殿・朝堂院の周囲にある諸司の曹司で行われ、例えば太政官の曹司は朝堂院の東にあり、そこで行われる政務を官政といった。但し、次第に天皇が大極殿に出御することはなくなっていき(80)、公卿たちも内裏に出勤するようになり、九世紀初めには日常的な行政は、内裏の東にある外記庁(外記候庁、太政官候庁とも)で行われるようになった。これを外記政という[橋本義則、一九九五]。

摂関期にはこの外記政も儀式化・形骸化が進み、代わって内裏内の紫宸殿東北廊にある陣(81)で行われる陣儀が、日常的な行政の場となった。陣というと、摂関期の公卿会議である陣定が著名であるが、陣定はそれほど日常的なものでなく、また、陣に多数の公卿が集うこともそんなにあることではない(82)。むしろ陣では、一、二人の公卿が上卿(担当者)として弁・史や外記を指揮して日常的な行政案件を処理する陣儀が、通常の光景として見られるようになった[告井、二〇一二]。

官政は、まず太政官庁の西廊で弁・少納言・外記・史らが結政《かたなし》(政のための文書整理)を行う。ついで上卿以下の公卿が正庁に着座し、弁以下が列座して、申文《もうしぶみ》(弁が史に諸司の申文を読ませ、上卿が裁決する)・請印(公文に捺印すること)が行われる。終わると一同は朝所《あいたんどころ》に移って食事をとるが、ここでも庁申文《ちょうのもうしぶみ》で保留した案件につい

(78) 八省の朝堂があったため八省院《はっしょういん》とも称した。摂関期には八省と呼ぶことが多い。

(79) 朝堂院の西にある豊楽院では、正月の三節会(元日節会・七日白馬節会・一六日踏歌節会)・射礼(正月一七日)、新嘗祭・大嘗祭のあとの豊明節会などが行われた。また、二条大路を挟んで内裏の南にある神泉苑で、相撲節会や詩宴などの儀式が行われることもあった。いずれも天皇の出御が原則である。渤海使への賜宴も両所で行われた。

(80) 大極殿は、神社奉幣・伊勢斎王発遣などの神事、正月御斎会・仁王会・御読経などの仏事や、即位式などの限られた儀式の場となった。『大鏡』

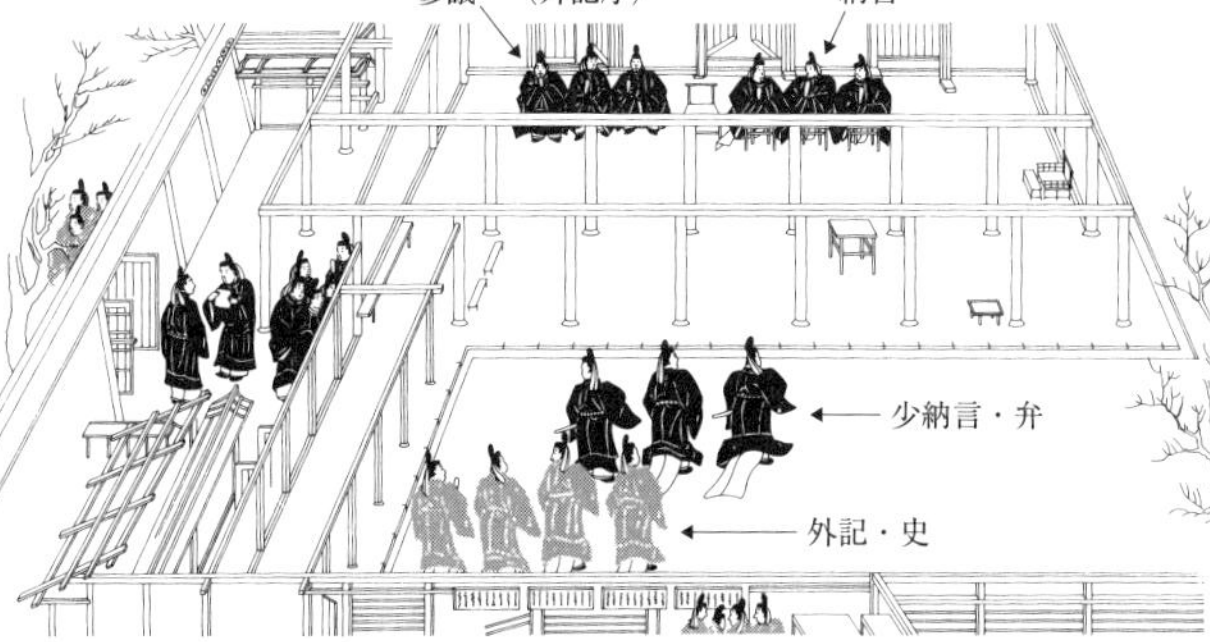

図3　外記政図（［永原監修, 1999］を一部改変）

て申文が行われる（朝所申文）。

　外記政の次第も、場所が異なるだけで官政にほぼ等しく、まず外記庁の南舎（結政所）に弁・少納言以下が参着して結政を行う。ついで上卿以下公卿が庁座に着き、弁以下が列座し、申文が行われる（**図3**）。ついで請印の儀があり、終わって順次退出する。その後、南所（侍従所）に移って食事をとるが、そこでも申文が行われる（南所申文）。

　以上のように、官政・外記政ともに、結政（太政官庁西廊、外記庁南舎）→庁申文（太政官正庁、外記庁）→朝所・南所申文という流れで行われ、それでも保留された案件は、参内して左近陣座において陣申文という儀によって処理された［曽我、二〇一二］。しかしいずれも一〇世紀後葉には形骸化し、

では大極殿・豊楽院・仁寿殿が肝試しの場として描かれている。

(81) 陣は正式名称を左近衛陣といい、本来は左近衛府官人（武官）の詰所である。公卿たちが、天皇の御座所である清涼殿の殿上の間に伺候するのが日常化すると、内裏に出勤（参内）してきた公卿たちが、昇殿する前に待機する場となった。陣座・仗座・近仗・左仗などとも呼ばれる。

(82) 陣定は律令太政官合議制の系譜をひくものではなく、むしろ大化前代の大夫合議制に通ずる点が多い［酒井芳司、二〇〇一］。

この「政（申文）」系列に代わって政務の中心となったのが、陣定・陣儀などの「定」系列である［橋本義彦、一九七六］。陣定は多数の公卿たちによる国政会議であり、公卿たちの意見（定申《さだめもうし》）が「定文《さだめふみ》」に記されて、天皇に奏聞された。陣儀においても、使者を定めてその名前を列挙したり、経費を割り当てた国名を列挙したりした「定文」が奏聞された。

　このように平安京において大内裏の中心よりやや北東にある内裏が行政の中心となると、大内裏南面中央門の朱雀門ではなく、大内裏東面の陽明門《ようめいもん》が公門《こうもん》と呼ばれ、貴族たちの頻用する門となった。陽明門を西行すれば、外記庁や内裏に到達するからである。公卿たちは陽明門前で牛車を降り、そこから大内裏内を徒歩で内裏へ向かった。そして内裏外郭東門である建春門、内郭の宣陽門を通って左近陣に伺候した。また、外記政開始前には建春門（左衛門陣）に待機し、開始時刻になると宮内の美福門大路をはさんで東向かいにある外記庁に着した。

　陽明門前には公卿たちの牛車が所狭しと駐車していたわけである。諸国の百姓たちが国司の苛政・善政を訴える際も、出勤する公卿たちを目指してここに押し掛けるのが常となった。たまに御斎会[83]などで大極殿・朝堂院、あるいはその東の太政官などに行く必要があるときも、貴族や官人たちは朱雀門ではなく、陽明門の南の待《たい》賢門《けんもん》（別名中御門《なかみかど》）を用いるのが普通であった。

（83）正月八日から七日間、大極殿に高僧を集め、金光明最勝王経《こんこうみょうさいしょうおうきょう》を講義させ、国家の安泰と五穀の豊作を祈願した法会。

待賢門（中御門）

長和二年（一〇一三）正月一四日、御斎会の結願（最終日）に参るため、藤原実資は未の終剋（午後三時ごろ）に八省院（朝堂院）に向かった。ところが待賢門内が泥塗《どろまみ》れだったので、陽明門から参入することにした。そして建春門から内裏に入り、中隔(84)を通って、修明門から内裏を南に出て、八省院の艮《うしとら》（東北）廊に到着した（**図4**）。すると左大臣道長は待賢門から参入していて、すでに東廊に着していた。道長が「あなたのほうが早く参られたとお聞きしたのだが、私より遅いのはどういうことですか」と言うので、実資が「今日は朝堂院へ参入するので、待賢門から来ようかと思ったのですが、門内の路が泥深く、そこで回り道をしていたら遅くなってしまいました」と答えると、道長は（恐らく得意げに）「待賢門内は浅履《あさぐつ》でも全然大丈夫でしたよ」と答えた（以上『小右記』）。

実資と道長の肉声が聞こえてきそうな、非常に興味深いやり取りであるが、この一件からも当時の公卿たちが、陽明門・待賢門に対して持っていた意識が窺われる。また、『今昔物語集』巻二七第九話には、官政に遅参した史が、中御門（待賢門）に立てかけてある車を見て、弁が早参していることを知った(85)、という描写があり、朝堂院の東にある太政官に向かうときも、貴族や官人たちは待賢門から西に直行して

（84）内裏の内郭（閤門。宣陽門・承明門など）と外郭（宮門。建礼門・建春門など）の間の空間。なお、内裏の内重は近衛、中重は兵衛、外重は衛門府の守衛担当である［中町、二〇〇五］。建春門に左衛門陣があるのもそのためである。

（85）弁は東庁に坐していて、鬼に食い殺されてしまった。以後、東庁は用いられなくなり、官政の下準備（結政）は、西廊で行われることとなった、という話である。

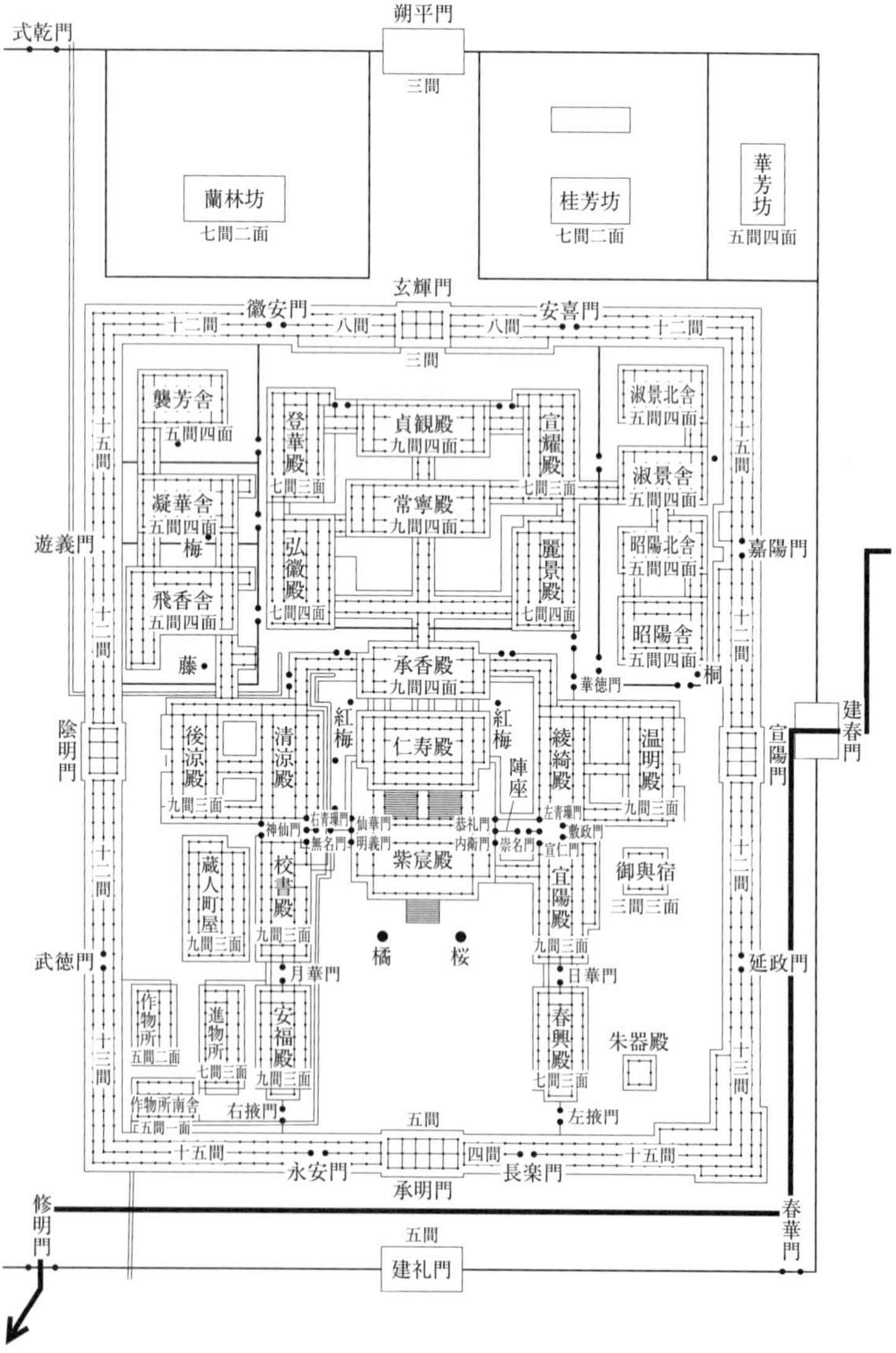

図4　内裏図(太線の矢印は実資の進路，［古代学協会ほか編，1994］を一部改変)

いたことが知られる。

官政や外記政は一〇世紀後葉にはすでに形骸化していたが、公卿の新任・昇任の後には、太政官庁・外記庁の座に着する、着座という儀式が後世まで行われ続けた［井上、一九九八］。太政官正庁の壇上および外記庁に倚子を置き、靴《かのくつ》を履いてそこに着するのが主な内容である。このときも待賢門から大内裏に入るのだが、門前で下車の際に、陽明門に車をまわしておくように指示しておく。そしてまず太政官正庁に着座し、その後北上して外記庁に着座して、浅履に履き替えて、陽明門から退出し、乗車して宿所に戻るのである。

待賢門が中御門と呼ばれるのも、大内裏の正面が朱雀門のある南面ではなく、陽明門・待賢門などがある東面になったことによろう。東面三門（陽明門・待賢門・郁芳門）のうち真ん中にあるからである。また、陽明門は入ってすぐに左近衛府があるので近衛御門と呼ばれ、郁芳門は同様に大炊寮があるので大炊御門と呼ばれるようになったのも、これら三門が頻用されるようになったからであろう。他の宮城門にも別名が無いことはないが、ほぼ所見がない。そもそも朱雀門を除けば、東面三門以外の諸門自体が当時の貴族たちによって言及されることがないのである[86]。

貴族の邸宅も左京のほぼ三条以北に集中し（**図5**）、公卿たちの多くは西行して大内裏に参向するようになった。陽明門から大内裏に入ってさらに西行して、内裏に

（86）初期の女院号に東方の門名が多いのもこのことによる。

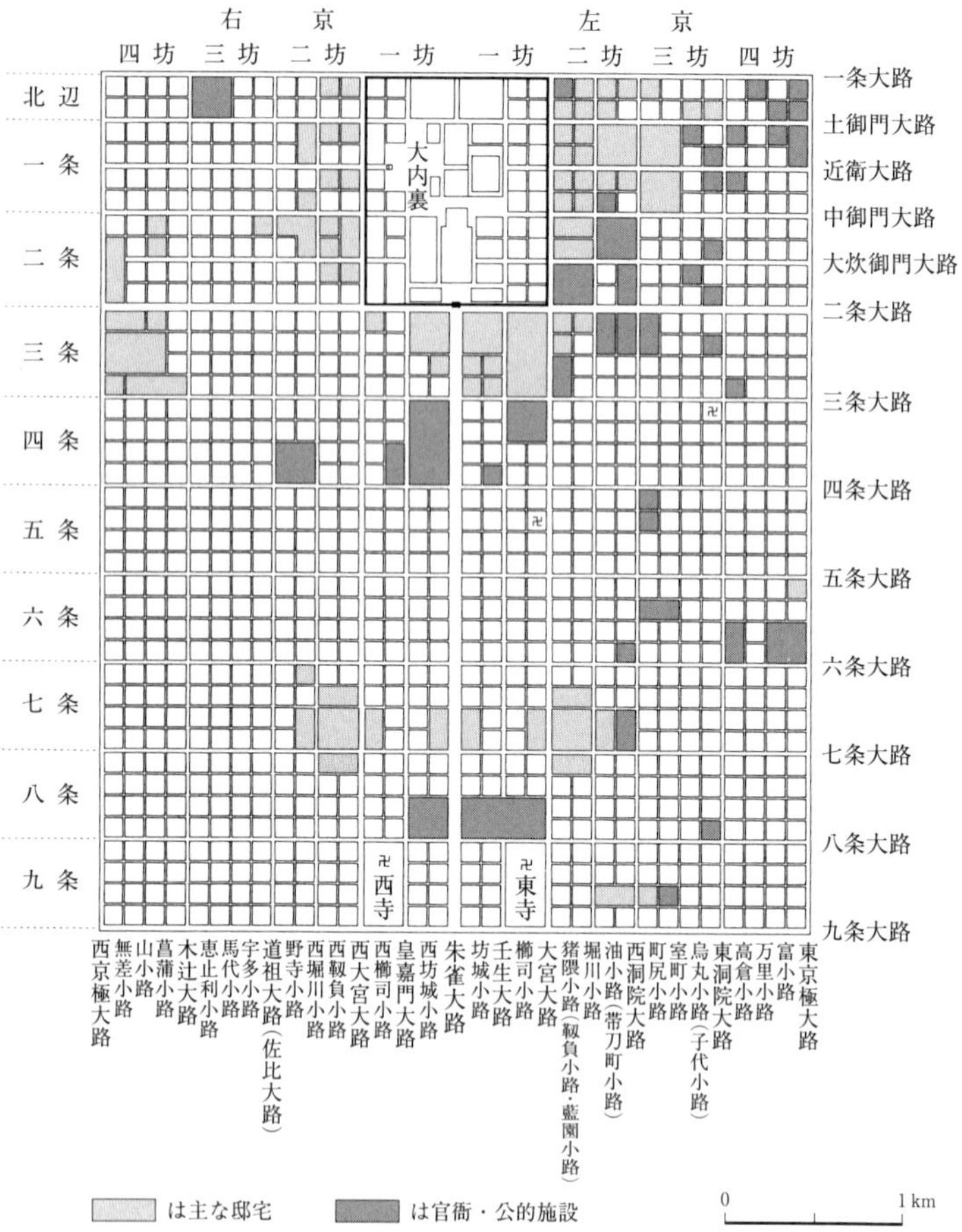

図5 平安京図［永原監修，1999］

も東門である建春門・宣陽門から入って陣に伺候する。(87) 内裏内をさらに西行すると紫宸殿南庭を通って、清涼殿に到達する。しかし公卿といえども清涼殿に昇殿することは稀で、ふだんは陣にいることが多い。多くの行政案件がここで処理された。いわゆる陣儀である。

陣儀

陣儀の内容は多岐にわたるが、大きく二つに分類される。すなわち官方と外記方で［中原、二〇〇〇］、前者には位禄定《いろくさだめ》、施米定《せまいさだめ》、不堪申文《ふかんもうしぶみ》、大粮申文《たいろうもうしぶみ》、季御《きのみ》読経定《どきょうさだめ》、仁王会定《にんのうえさだめ》などがあり、後者のものとして擬《ぎ》侍従定《じじゅうさだめ》、公卿分配《くぎょうぶんぱい》、荷前定《のさきさだめ》、賀茂《かも》祭禊日《さいけいじつ》前駈定《ぜんくさだめ》、賑給使定《しんごうしさだめ》、奉幣使定《ほうへいしさだめ》、僧名定《さだめ》などがある。官方のものは国家の行財政に関するもので、外記方の案件は、派遣する使者を定めたり、担当者を決めたりなど、人的な内容に関するものであった。陣儀の手順はその内容によって様々であるが、大体は用意された関連文書を上卿が見たうえで、大弁に定文を書かせて、それを（関白に内覧して）天皇に奏聞し、返給されたら、それを弁や外記に下し給わり具体的な行政措置（必要経費の収納や使者への伝達など）を行わせる、というものである。

『今昔物語集』からも陣儀の様子の一端がうかがわれる。同書巻二八第二五話「弾正弼源顕定、(88) 閛《まら》を出し咲《わら》はるる語」は次のような話である。(89)

(87) 後宮の宮人や、僧侶・摂関など、特別に許された身分の者は北門（朔平門・玄輝門）を用いた。

(88) 村上天皇の皇子為平親王の子。母は源高明の娘。同母姉妹に花山の女御で、後に藤原実資室となった婉子女王がいる。

(89) 元話は院政期の碩学である大江匡房の言談を集めた『江談抄』の「範国恐懼事」。「恐懼」とは「勘当」（謹慎処分。本話の場合は天皇からの勅勘）のことだが［告井、二〇〇五］、『今昔物語集』は「恐ぢ怖けり」と誤解している。

蔵人の平範国[90]が陣儀上卿の小野宮右大臣藤原実資から申文を給わる際に[91]、陣座のほうに向いて上卿の仰せ言を承っていたところ、殿上人で弾正弼の源顕定が、南殿(紫宸殿)の東の端で閇(陰茎)を掻き出して見せた。上卿は奥の方にいたので見えなかったが、範国は陣の座の南にいたので顕定の様子が見え、堪えきれずに咲ってしまった。上卿は「このようなときに咲うのは怪しからぬ」と咎めて、天皇にもその由を奏した。範国は謹慎処分を受けることとなったが、結局「顕定朝臣が閇を出していたので」とは言い出せなかった(後略)。

この話は見ての通り、陣座と紫宸殿の距離・位置関係を知るのにも非常に重要な材料となるが、そればかりでなく、陣において文書を授受する際の上卿や蔵人たちの位置や向きもわかる、貴重な史料である。陣儀はこの後も鎌倉・室町時代と、長く中世を通じて行われることとなる。言談集や説話集にも取り上げられるほど一般的な、当時のメジャーな行政行為であった[92]。

前掲の通り陣儀は、「〇〇定」という名称が多い。文字通り、ある行政案件について何かを決定するのがその内容だからである。行事の日時を決めたり、行事に必要な役目を割り振ったり、必要経費を割り当てたり、各陵墓や各神社への使者を選んだり、行列の配置・人員を決めたり、当時の行財政全般にわたって行われたのが、この陣儀である。法会へ参仕する僧を定める際には当然、僧官・僧位なども記され

(90) 桓武平氏高棟流(公家平氏)。行義の子。蔵人・検非違使などをつとめた。日記『範国記』がある。

(91) 原文に藤原範国とあるのは誤り。『江談抄』では氏を記さない。両書ともに範国が五位蔵人だったとき(長元九年〈一〇三六〉以降)のこととするが、顕定は治安三年(一〇二三)に没しているので(弾正弼になったのは長和五年〈一〇一六〉)、範国が六位蔵人の時(長和五年以降)のことだろう。上卿と定文を授受するのは弁ないし六位蔵人である。

(92) 『徒然草』二三段で兼好が「上卿の陣にて事おこなへるさま」と記すのも、儀式の内弁が陣で

た僧の名簿が必要であるし、日時を定める場合には前もって陰陽寮に勘申[93]を命じておかなければならない。その他、陣儀の内容によって様々な下準備、事前の用意が必要であったが、それらを一身に担い公卿たちの手足となっていたのが、太政官事務局官人である弁―史と外記であった[94]。院政期以降になると史・外記の最上首は官務・局務と呼ばれ、庶務の一切を取り仕切るようになる。

おわりに

古代律令体制は非常にシステマティックなもので、人事制度も上日(出勤日数)と考課(勤務評定)に基づく、官僚制的な運用によって、叙位・任官が行われていた。しかし摂関期になって社会構造が門閥化すると、一君万民を前提に形作られている制度は社会に適合し難くなり、タテ・ヨコの人々のつながり、縁、ネットワークと密接に連関した仕組みである、年給(年官・年爵)や賞・労・功のメカニズムが、広く展開していくこととなった。

年給自体は、九世紀に案出された方式であるが、本来は飽くまで臨時の便法であって、律令制を例外的に補完するよう位置づけられたものであった。それが一〇世紀後葉になると、むしろ人事制度において中心的な位置を占めるようになり、律令

行事することよりも、陣儀を念頭においているものと思う。

(93) 先例や典故を調べて、公卿らに原案を申し上げること。陰陽寮や諸道博士その他、各分野の中下級官人たちの勘申活動によって、当時の行財政は支えられていた。

(94) 太政官の事務局は弁官局(弁―史―官史生―官掌―官使部)と少納言局(少納言―外記―外記史生―召使―外記使部)からなるが、この時期には少納言は請印・鈴奏など、律令に規定のある限られた職務以外には関わらなくなっており、少納言局も外記局と呼ばれるようになった。

考課制度は放棄される。臨時賞や種々の功も行幸や各種行事が頻繁になるにつれ、恒例叙位に匹敵する意味合いをもつに至る。

官司内においては四等官制・共知制は機能し難くなり、長官・別当をトップとした新たな構造が形成される。官司自体の形態も律令制的官司(令外官を含む)とは異なって、階統制に縛られず、蔵人所や太政官(実際は個々の公卿)に直接統括される種々の所が置かれるようになった。これらも設置は九世紀であるが、初めはやはり官司制における位置は小さなものであった。それが一〇世紀後葉以降、律令制官司を凌駕するほどの役割を果たすようになる(95)。

諸司・諸家はともに権門的様相を帯び、政治・経済の諸域で公私混淆が進展する。律令制下においても、任官・叙位における私的な推輓《すいばん》はあったし[利光、一九六七]、経済的な互助もあったであろう。しかし、それらは飽くまで私的な内々のものであった。摂関期にはこういった私的様相だったものが、拡大・公域化し、ついには公的な制度となるのである。

律令制的な国家財政・予算・会計制度は放棄され、その時々に収取・納入が図られるようになる。受領の公卿に対する志、公卿同士の「とぶらい」(相互扶助)、馬などに見られる贈答ルーティンなどの、いわば私経済が国家財政を代替する[佐藤泰弘、二〇〇一/中込、二〇一三]。そうしたなかで局部的ながら信用経済も出現し、「八木

(95) 一〇世紀初頭の戸籍には姓(カバネ)が記されるが、一〇世紀末のものには記されないのも、政治・社会の変容を示していよう。

（米のこと）〇石（斛）解文」がいわばお米券のような機能を果たすことにもなる。年給の未給が旧主の長幼・生死にかかわらず、ある種債権化して流通しうるのも同様の歴史的様相と理解される。

司法においても事件の発生から解決・処理に至るまで、社会的諸関係が大きな意味を持っていた。本章では朝廷の関わった事件を取り上げたが、貴族の従者同士の争いなどの場合は、当事者間の下手人のやり取りによって解決が図られた。家内の事件であれば、家主が従者に対して処罰権を有していた。これは官司も同じで、長官・次官は日常的な軽微な案件であれば、下僚を任意に処罰しえた〔告井、二〇一九〕。

政治の場は平安京全体・大内裏全体に及ぶことはなくなり、それぞれ左京の三条以北、内裏の周辺に限られるようになった。いっぽうで京はブロック化し、東市周辺や八条のあたりに商工業者や職人などが集住するようになっていく〔村木、二〇一八〕。また、平安京外北西部の双《ならび》ケ丘《おか》北東部一帯には、円の字を冠した四つの御願寺（円融寺、円教寺、円乗寺、円宗寺）が、天皇の後院、陵寺として建立され、都市的景観を創出した〔黒羽、二〇一五〕。これを先蹤として院政期に六勝寺が建立された白河、そして鳥羽、宇治、六波羅、法住寺殿など平安京周縁地域が、権門都市として中世都市京都を構成していくことになる〔美川、二〇二四〕。

律令体制・都城制が担っていた巨大な行財政制度は放棄され、社会の上下各所に存在する大小の団体が諸種の権限を分有して、相互補完・相互依存的に国家を形成するという、中世に特徴的な様相の濫觴として位置付けられるのが、この摂関期という時期といえよう。

こうした新たな構造が生まれる基盤となったのが、社会の多元・重層化、門閥化による、律令体制的一君万民観念の崩壊であった。その結果、律令官僚（官人・官司）制に代わって官司請負制と呼ばれるシステムが形成される〔佐藤進一、一九八三／遠藤珠紀、二〇一一／高田義人、二〇二〇〕。

役所内においては、律令制における職事官（≒四等官、長上官）と番上（分番）官（≒雑任）といった区別よりも、長・次官とそれ以外の格差が広がった。例えば近衛府の場合、本来は雑任である府生も官人と呼ばれるようになり、将曹・将監に昇任することもありえた。但し、それ以上の昇進は不可能となった(96)。管見では、長徳四年（九九八）に右近衛権将監に任じられ、その後、右中将に至った源雅通（道長室倫子の甥）を最後として、このような例は見えなくなる。大将・次（中・少）将と将監以下とは、身分的に隔絶したものとなった。

上級貴族と中下級官人は生得身分として固定され、前者は源平藤橘などの貴種、後者は例えば衛府の物節《もののふし》や近衛・兵衛・門部《かどべ》に補される秦・下毛野・茨田・尾張・

(96) 近衛府は大将・次（中・少）将・将監・将曹の四等官と、その下の府生、番長・案主・府掌（物節と総称される、役付きの舎人）、近衛（ヒラの舎人）によって構成されていた。

(97) 「権門」と呼ばれた政治・社会的に権勢を誇る門閥（世襲）諸勢力が相互補完・相互依存の関係を保ち国家体制を構築していた〔黒田、一九七四〕。

(98) 日本中世において正統と見なされた宗教はいわゆる鎌倉新仏教ではなく、平安時代以来密教を基軸に統合された顕密の仏教である。延暦寺などの旧仏教系寺院が国家権力と密着し、正統な宗教としてのあり方を固めた体制が中世を通じて見

播磨(佐伯)・多《おお》・軽部・六人部《むとべ》(身人部)・狛などの卑姓が最下層におり、両者の間に小槻・中原・清原・安倍・和気・賀茂・丹波などのいわゆる官司請負氏族がいるわけである。

貴族は、摂家・清華《せいが》・大臣・羽林《うりん》・名家・半家のような家格によって、昇進ルートや極官極位が固定する。中下級官人もその点は同じである。このようにタテにもヨコにも自由度が狭まり、門閥化した社会が出現するのだが、それはまた一定の人生が保証された社会でもあった。

社会はタテにヨコに分権・重層の様相を呈し、一つ一つの権門が担うべき権限は、古代律令体制国家のそれに比べれば、分割・縮小された、とても小さいものとなった。行財政・司法を無数の中間団体が請負・分担したのである。であればこそ武家政権(幕府)も、鎌倉殿の家政機関がそのまま国家統治機関となりえた。この点は室町幕府も同様である。中世の政治体制を特徴づけるものといってよい。権門社会を基盤として権門政治が行われる、すなわち権門体制(97)である。

権門体制と並んで中世を特徴づけるのが顕密体制(98)であるが、二十二社(99)制、御願寺(100)、寺陵など、その萌芽がみえるのもこの時期である。官社(101)制、定額寺(102)などの巨大な律令体制的施策は放棄され、この分野でも小さな政府が目指された。歴代全陵墓が顧慮されることはなくなり、時の天皇に近い近陵・近墓が重視・固定され、山陵の造

られた[黒田、一九七五]。

(99) 平安時代中期から中世にかけて、朝廷より特別の尊崇を受けた神社。長徳元年(九九五)に二一社に固定し、長暦三年(一〇三九)に日吉を加えて二二社となる。二十二社奉幣は室町時代中期まで存続し、最高の社格として不動の地位を得た。

(100) 天皇の御願を修する寺の意で、奈良時代の官大寺と異なり、皇室を檀越《だんおつ》とする私寺で、天皇譲位後の居所としての性格もそなえる。天皇御願のほか、上皇、皇后、親王等にも用いられ、貴族や僧侶の建立した寺を奏請して御願寺とする場合も多い[堀、二〇〇八]。

(101) 律令制下において

営はなくなり、陵寺によって管理される寺陵が営まれるようになった[西山、一九九七]。寺院も古代的国家鎮護より天皇個人の玉体安穏に重きを置く、御願寺が多数造営されるようになる。

小さな政府と相即的にみられるのが、公的継続性の欠如である。行事制に顕著なように、行政権限が個人に付着するようになった。近衛府では、上級官人が貴族化して府務から遊離すると、将曹や府生の中から選ばれた庁頭(沙汰人)が日常の府務にあたるようになった。これは本章で述べた年預が歴史的に展開した結果である。

中世の裁判が、判決者・施政権者の交替などによって、何度も改判されうる[笠松、一九七九]萌芽がここにみえる。実際、当該期の検非違使庁においても、使庁官人個人に事件が繫属しており、容疑者の拘禁も使庁の下僚個人が私宅で行うことすらある[前田、一九九八]。また、公的処罰も主従関係に基づいて行われるため、処罰者の地位・身分ではなく、処罰者個人に宥免する権限が付着していた。

第4節で政治の場が、朝堂院→太政官→外記庁→内裏(陣)と移動したことを述べたが、当該期にはそもそも平安京大内裏ではなく、貴族の私邸が仮皇居に用いられ、いわば里内裏が頻用される時期となっていく。内裏は後堀河天皇の安貞元年(一二二七)の焼亡以後廃絶し、鎌倉時代の閑院内裏などを経て、南北朝時代に土御門東洞院殿が北朝の主たる皇居となり、その後、土御門内裏として定着して、京都御所

国家的待遇を加えられた神社。神祇官の幣帛を受けることから官社といった。神名帳に登載され、祈年祭その他の各祭の幣帛に預かった。約三〇〇〇社。

(102) 奈良時代から平安初期にかけて律令体制下において、国家が公認し、保護と統制を加えた寺院。大寺・国分寺と並ぶ寺格。

にうけつがれることとなる。

本シリーズの『国風文化』でも縷々議論されているように、当該期は政治・経済・社会・文化など諸側面で、中近世を経て現在にもつながる、古代とは質を異にする時期ととらえ得るのではないだろうか。その際に留意されるのは、諸々の変化が国政改革というような、国家主導で行われたものではないことである。人事制度においては臨時・便法だったものが中心的位置を占めるようになる。下手人のやり取りなども成文規定があるわけではない。いずれもなし崩し的に、律令体制を追いやって国家・社会の表舞台に躍り出てきたのである。

様々な権限が諸団体に分有されたため、政府が扱う行政はかなり矮小化されたものとなったが、それゆえに高度な政治技術が洗練されることとなった。行政においても司法においても、当人が目的を達するためには、周りの人々の広範な同意を得ながら、忍耐強く説得的に言動を遂行する必要があった。正論を声高に主張すれば済むというものではないのである。「ぶぶ漬け」「逆さ箒」のような、人間関係を保持しつつ、しかしながら婉曲に相手に非を悟らせる京都人の高度な社交は、この時期の貴族社会に源を発するのであろう［エリアス、一九八一］。

引用・参考文献

井上　亘、一九九八年『日本古代朝政の研究』吉川弘文館
エリアス、ノルベルト、一九八一年『宮廷社会』法政大学出版局
遠藤珠紀、二〇一一年『中世朝廷の官司制度』吉川弘文館
遠藤基郎、二〇〇八年『中世王権と王朝儀礼』東京大学出版会
尾上陽介、一九九三年「年爵制度の変遷とその本質」『東京大学史料編纂所研究紀要』4
笠松宏至、一九七九年『日本中世法史論』東京大学出版会
勝山清次、二〇一八年「『平安遺文』と平安時代史研究」『日本史研究』670
鎌倉佐保、二〇二三年「「開発領主」と荘園の形成――荘園をどう教えるか」『史海』69
鎌田元一、二〇〇一年『律令公民制の研究』塙書房
京樂真帆子、二〇〇八年『平安京都市社会史の研究』塙書房
黒田俊雄、一九七四年『日本中世封建制論』東京大学出版会
黒田俊雄、一九七五年『日本中世の国家と宗教』岩波書店
黒羽亮太、二〇一三年「〈円成寺陵〉の歴史的位置」『史林』96―2
黒羽亮太、二〇一五年「円融寺と浄妙寺」『日本史研究』633
酒井宏治、一九九七年「辞官申任の成立」『日本国家の史的特質　古代・中世』思文閣出版
酒井芳司、二〇〇一年「律令太政官合議制の機能と展開」『明治大学人文科学研究所紀要』49
佐古愛己、二〇一二年『平安貴族社会の秩序と昇進』思文閣出版
佐々木恵介、一九九三年「『小右記』にみる摂関期近衛府の政務運営」笹山晴生先生還暦記念会編『日本律令制論集』下、吉川弘文館
佐藤進一、一九八三年『日本の中世国家』岩波書店
佐藤全敏、二〇〇八年『平安時代の天皇と官僚制』東京大学出版会
佐藤泰弘、二〇〇一年『日本中世の黎明』京都大学学術出版会

佐藤泰弘、二〇〇七年「荘園制の二冊をめぐって」『史林』90―3
沢田和久、二〇一五年「冷泉朝・円融朝初期政治史の一考察」『北大史学』55
曽我良成、二〇一二年『王朝国家政務の研究』吉川弘文館
高田　淳、一九八九年「加階と年労」『栃木史学』3
高田義人、二〇二〇年『平安貴族社会と技能官人』同成社
髙橋昌明、一九九九年『武士の成立　武士像の創出』東京大学出版会
棚橋光男、一九八三年『中世成立期の法と国家』塙書房
告井幸男、二〇〇五年『摂関期貴族社会の研究』塙書房
告井幸男、二〇一三年「嫌がらせや牽制もあった摂関期政治の駆け引き」『週刊新発見！　日本の歴史16号（平安時代4）摂関政治の絶頂と転機』朝日新聞出版
告井幸男、二〇一九年「権門間紛争処理再考」『地方史研究』400
告井幸男、二〇二一年「摂関期の史料にみえる密通」『恋する日本史』吉川弘文館
告井幸男、二〇二三年「『小右記』にみえる政務の一事例」倉本一宏・加藤友康・小倉慈司編『『小右記』と王朝時代』吉川弘文館
土田直鎮、一九九二年『奈良平安時代史研究』吉川弘文館
手嶋大侑、二〇一七年「年官制度の展開――中央と地方の連関」（公益信託松尾金藏記念奨学基金編、二〇一九年「平安中期における受領と年官」『歴史学研究』983）
鳥谷智文、一九九三年「王朝国家期における近衛府府務運営の一考察」『史学研究』199
中込律子、二〇一三年『平安時代の税財政構造と受領』校倉書房
中田　薫、一九三八年「コムメンダチオ」と名簿捧呈の式」『法制史論集　第2巻』岩波書店
中原俊章、二〇〇〇年『中世国家支配構造成立史の研究』吉川弘文館
中町美香子、二〇〇五年「平安時代中後期の里内裏空間」『史林』88―4
西山良平、一九九七年「〈陵寺〉の誕生」『日本国家の史的特質　古代・中世』思文閣

野口孝子、二〇二四年『平安貴族の空間と時間』清文堂出版
野口　実、二〇一七年『列島を翔ける平安武士――九州・京都・東国』吉川弘文館
橋本義則、一九九五年『平安宮成立史の研究』塙書房
橋本義彦、一九七六年『平安貴族社会の研究』吉川弘文館
福井俊彦、一九七一年「労および労帳についての覚書」『日本歴史』283
服藤早苗、一九九一年『家成立史の研究』校倉書房
堀　裕、二〇〇八年「平安期の御願寺と天皇」『史林』91―1
前田禎彦、一九九八年「摂関期の闘乱・濫行事件――平安京の秩序構造」『日本史研究』433
美川　圭、二〇二四年『院政期の都市京都と政治』吉川弘文館
村木二郎、二〇一八年「中世京都七条町・八条院町界隈における生産活動」『国立歴史民俗博物館研究報告』210
山本信吉、二〇〇三年『摂関政治史論考』吉川弘文館
吉川真司、一九九八年『律令官僚制の研究』塙書房
吉川真司、二〇二二年『律令体制史研究』岩波書店
利光三津夫、一九六七年「奈良朝官人の推挽関係」『律令制とその周辺』慶應義塾大学法学研究会

挿図引用文献

古代学協会ほか編、一九九四年『平安京提要』角川書店
永原慶二監修、一九九九年『岩波　日本史辞典』岩波書店

コラム　古記録の読解

古代律令制国家によって編纂されてきた六国史は『日本三代実録』を以て終焉を迎え、以後の歴史を知るには、貴族らによって書かれた日記（古記録）が主要な史料となる。その初期に位置付けられる『寛《かん》平御記《ぴょうぎょき》』（宇多《うだ》天皇の日記）の文章は、いまだ六国史流の漢文から抜けきっておらず、ほぼほぼ六国史や律令格式と同じように読むことができるが［佐藤、二〇一五］、本章で扱った時期の貴族の日記は、かなり様相を異にする。

本文中で触れた大宰帥平惟仲の死去に関する、『小右記』寛弘二年（一〇〇五）四月七日の記事の原文は以下のように読み下される（〈　〉は原文割注）。

前筑前守高規朝臣の大弐（藤原高遠）の許に申し上ぐる書状に云はく、帥（平惟仲）去ぬる月十五日の申時に薨ず〈貫首秦定重の宅てへり〉と。宇佐宮、誅を降すか。最も畏るべし。僉議の間、頗る斑駮の定め有り。後日、験すべし。高田牧の雑人、悉く壱岐島に追ひ渡す。是れ帥の行なふ所なり。下官、宇佐定の間、用意無きに依り為す所と云々。極めて奇恠なり。

この記事に触れた研究は少なくないが、高規の（大弐宛の）書状の引用を最後のほうの「云々」までとする理解がまま見られる。それによれば、「下官」（貴族の自称）は高規で、「宇佐定」は九州で行われた会議の如きもののように認識されているようである。しかし、その理解が成り立たないことは明らかであろう。本文中でも言及したように、翌八日条に「礼部（源俊賢）、宇佐定の間、帥を引汲する情あり」とあり、「宇佐定」は俊賢や実資が出席していた陣定のことを指しており、「下官」が実資であることは言うまでもない。「僉議の間、頗る斑駮の定め有り」の「僉議」も陣定を指していることは、古記録に

「公卿僉議」「諸卿僉議」などの語が散見することからも明らかである。

なお史料原文は漢字の羅列で、句読点も括弧も付けられていない。このように古記録の読解には、六国史や律令格式のような比較的正調な漢文とは異なる、独特の日本式漢文を読み解く力に加え、儀式や政務に関する深い理解が必要とされる。

もう一例だけ見ておきたい。『小右記』長徳三年(九九七)一二月一六日条は、略本しか伝来していないため非常に短い記事であるが、活字本によれば「左衛門督・左大弁・外記の兀子《ごっし》、紛失すと云々。奇怪の事なり」(原文「左衛門督・左大弁・外記兀子紛失云々、奇恠事也」)である。左衛門督は参議の藤原誠信、左大弁は同じく参議の源扶義で、彼らと外記の兀子(長方形の板の四隅に脚をつけた腰掛の一種)が失くなった、という一見問題の無さそうな記事であるが、この翻刻・解釈は誤りである。

本文でも触れたように、公卿たちは新任や昇進の際に着陣・着座という儀式を行う。昇任して初めて行う聴政が凶事になることを避けるため、形だけ自分の席に座っておくというものである。着陣は陣座と宜陽殿、着座は太政官庁と外記庁で、陣座以外は倚子を置きそこに座す(座が温まらないうち、三呼吸ほどの時間)のである。

結論から言えば先ほどの記事は「左衛門督・左大弁の外記の兀子」(原文「左衛門督・左大弁、外記兀子」)とすべきである。「左大弁」の次は「・」ではなくて「、」にしなければならない。現代語訳すれば「左衛門督と左大弁の外記庁の兀子」である。つまりここで「外記」とあるのは官職(ないし人物)としての外記ではなく、外記庁の意なのである。外記庁のことを「外記」と記すのは古記録・儀式書などに枚挙に遑がない。ちなみに外記(や史)は一人一個倚子ではなく、長床子《ながしょうじ》と呼ばれるベンチ状の腰掛に複数で座った。なお、史料に頻出する「雅楽」も現代語の意味とは異なり、雅楽寮のことである。

古記録など当時の史料を読む際に留意すべきことは他にも多いが、些細なことを最後にもう一つ。本文で触れた足羽忠信は『続古事談』では忠延と記される。また、藤原斉明は『尊卑分脈』では保輔の兄弟斉光の子としているが、これは「斉光斉明」と本来「斉光」の注に「斉明」とあったものを誤ったたものである。藤原光尹と藤原明尹が同一人物であることが〔槇野編、一九九三〕、傍証となろう。

平致光に至っては、致行と同一人物と思われ〔高橋、二〇〇四〕、音読していたのではないかという可能性もある。また致行という名前は致興・棟材などと書かれることすらある。古記録の記主である貴族たちにとって、下級官人たちはその程度の存在であった。藤原実資は自家の家司である石作忠節を忠時とも記し一定しない。少し後の時期に、楽家の多氏に時助という人物がいるが、節資などはもちろん、史料によっては説佐と記す例すらある。訓トキは当然ながら、音セツにも曳かれたのであろうか。家格の固定、身分の懸隔といった様相がこのようなところにも現れている。

前章の大津透氏の論稿に示されているように、当該期を知るには律令制の知識も必須であるが、それに勝るとも劣らず、中世以降の時代相も知っておくことが不可欠である。古記録のみならず古文書、そして仮名文学や説話集など、まだ読み解かれていない史料にあふれているのが、この時代なのである。

◉佐藤全敏「宇多天皇の文体」『日記・古記録の世界』思文閣出版、二〇一五年
◉高橋昌明『清盛以前——伊勢平氏の興隆』文理閣、二〇〇四年
◉槇野廣造編『平安人名辞典』高科書店、一九九三年

「后」たちと女房文学

山本淳子

はじめに

平安時代、天皇のキサキ[1]には様々なカテゴリーがあった。そのうち、本章のタイトルに掲げた「后《きさき》」は律令制で「天皇の嫡妻《ちゃくさい》」を指す。后には中宮《ちゅうぐう》（皇后《こうごう》）・皇太后《こうたいごう》・太皇太后《たいこうたいごう》の三つの身位《しんい》があり、原則として終身で、出家しても身位は剝奪されない。公的権威を有すると共に国家に奉仕し、経済的には国家から年給《ねんきゅう》（年官《ねんかん》・年爵《ねんしゃく》）が支給された。つまり政治的にも経済的にも絶大な力を持ったキサキ、それが后であった。ただ、本章では「后」にカギカッコを付けて表す。それはこの時期「后」が大いに変質し、「嫡妻」の拠って立つ一夫一婦制という本義を失うからである。その意味で、後期摂関制の時代は「后」制度の恣意的解体の時代だった。

一方女房《にょうぼう》とは、内裏《だいり》・後宮《こうきゅう》・貴族邸宅等に居室（局《つぼね》）を与えられて住み込み、知的・美的な業務に携わった侍女をいう。内裏女房は天皇を主人とし、朝廷に属する女官《にょかん》として決められた業務にあたった。それに対して後宮女房は天皇の后妃《こうひ》を、貴族邸宅の女房は貴族やその家族を主人として、日常的には主人と外部の連絡に当たったり、文学や手習などで主人の教養を高めたり、装束の調製によって主人の美麗な衣生活を保ったりした。また行事の際には諸係を担当するなどして行事を盛り上

（1）歴史学では、天皇と継続的性愛関係にある女性の総称として「キサキ」、正式に入内《じゅだい》し手続きを経た妻の総称として「后妃《こうひ》」、后妃のうち嫡妻を「后」、嫡妻にあたらないものを「妃」として区別する。

げ、主人を支えることを職務とした。
キサキと女房はどの時代にあっても重要な存在だが、摂関政治においては、そのあり方は特に政治と密着していた。実家の先兵となって入内《じゅだい》した后妃たちは天皇の寵愛を得て次代の天皇候補を産むことを目指し、後宮女房は知性と美的感性と情報力で主人を支えた。そうしたなかから生まれたのが、後に掲げる平安中期女流文学の数々である。近来、各作品と時代・社会との関係は従来考えられていたよりもはるかに深かったことが指摘されている。

さて、『古今和歌集《こきんわかしゅう》』(2)「春上《はるのじょう》」、桜を詠む歌群の中に、次の一首がある。

染殿《そめどの》の后《きさき》のお前《まへ》に、花瓶《はながめ》に桜の花をささせたまへるを見てよめる

年ふれば　よはひは老いぬ　しかはあれど　花をし見れば　物思ひもなし(3)

詞書《ことばがき》で「染殿の后」と呼ばれている藤原明子《ふじわらのあきらけいこ》(4)は、文徳《もんとく》天皇(5)の女御《にょうご》で清和《せいわ》天皇(6)の生母である。天安《てんなん》二年(八五八)、清和天皇の即位と共に皇太夫人《こうたいふじん》(7)、貞観《じょうがん》六年(八六四)に天皇が元服すると皇太后となった。歌はその父で清和天皇のもとで摂政となった藤原良房《よしふさ》(8)のもので、娘を桜に喩《たと》えて詠んでいる。当時は花の長寿を祈って花瓶に挿した。だがその桜がいつか散ろうとも、お前という桜は咲き誇って散らない花だ、それが老いた自分を喜ばせてくれるという。新編日本古典文学全集『古今和歌

(2) 最初の勅撰和歌集。醍醐《だいご》天皇の勅命による。

(3)『古今和歌集』春上 五二 前太政大臣(藤原良房)。**(大意)**〈染殿の后様の御前に、花瓶に桜の花を挿していらっしゃるのを見て〉年月を経たから、私は年老いた。そうとはいえ、花のような我が娘を見れば物思いもないことだ。

(4) 八二八―九〇〇。

(5) 八二七―八五八。

(6) 八五〇―八八〇。

(7) 天皇の母に与えられた称号。后の一つである「中宮」を称した。

(8) 八〇四―八七二。

集』はこの和歌を鑑賞して「素朴な調べではあるが、娘の栄達を祝い、言外によくぞ自分はここまできたものだという、ほっとした気持が表明されている」と評している。「ここ」とは摂政を指すのだろう。つまりこの和歌は、国母《こくも》となった娘を「桜」と讃えると共に、娘が産んだ天皇により人臣として空前の地位に就いた自分の足跡を満足気に振り返る一首といえる。こののち良房の摂政補任は非皇族摂政の前例とされ、後代に引き継がれてゆく。

良房の和歌から百数十年後のこと、良房から数えて五代目の子孫にあたる藤原道《みち》長《なが》(9)は、次の有名な和歌を詠んだ。大意(注10)は筆者による新訳である。

この世をば　我が世とぞ思ふ　望月《もちづき》の　欠けたることも　無しと思へば(10)

本歌は従来、上《かみ》の句は字面《じづら》そのままに「この世は自分が所有する世だと思う」と道長が自らの世界支配を豪語したものと解釈されてきた。また下《しも》の句は、道長が世界支配の完全さを目前の満月に喩えたものと考えられてきた。しかしそれでは、道長が工夫した和歌特有の表現が理解されていない[山本、二〇一八]。

説明が必要だろう。藤原実資《さねすけ》(11)の日記『小右記《しょうゆうき》』によると、本歌は道長の三女・威《い》子《し》(12)が後一条天皇の中宮に立った日の夜の酒宴で詠まれた。威子が中宮になることで、三条天皇の中宮だった道長の次女・妍子《けんし》(13)は皇太后となり、太皇太后の長女・彰子《しょうし》(14)と合わせて一家三人の娘が「后」の三席を満たした。(15)道長は満悦でこの和歌を詠み、

(9) 九六六—一〇二七。

(10) 『小右記』寛仁二年(一〇一八)一〇月一六日。

(大意) 今夜のこの世は、私にとって最高の時だと思う。天の月は欠けているが、我が望月は欠けていない……姫たちという月は后の席をすべて満たし、臣下との盃《さかづき》も円満だと思うと。

(11) 九五七—一〇四六。

(12) 九九九—一〇三六。

(13) 九九四—一〇二七。

(14) 九八八—一〇七四。

(15) このように女御が中宮(皇后)になることを「立后」という。また中宮(皇后)が皇太后、皇太后が太皇太后になること

実資は返歌を乞われたが詠まず同座の人々に本歌の唱和を促した。人々は同意し幾度も唱和したという。

本歌を和歌として見、歌語《かご》や修辞《しゅうじ》(16)の先例を探しつつ解釈すると、上の句の「我が世」が「我が所有する世」の意味だった可能性は極めて低い〔池田、一九四四〕。その用例がないからである。他の和歌に用例があり意味も通る、「最高の状態・有頂天な状態」という解釈が最適だろう。また、下の句の「月」は現実の月ではない。道長が和歌を詠んだ当日は一六日で、月は欠けていたからである。ここでの「月」とは二つのもののなぞらえで、一つは当時文学で「月」に喩えられた「后」、つまりまさに当日、「后」の三席を欠けることなく満たした彼の娘たちである。そしてもう一つは、彼が宴席で人々と交わした盃《さかづき》である。(17)道長は本歌で、自家の娘たちの達成と、参会者一同の円満を喜んだ。だから人々も本歌に興じ、実資の促しに応じて何度も唱和したのである。

このように何かを別のものに見立てて本来のものとの違いを言い立てる機知的表現は、特に『古今和歌集』以来しばしば用いられ、技巧として継承された。つまり、欠ける現実の月を前に、「欠けない月」に喩えて娘たちの栄達を喜んだ道長の詠法は、散る現実の桜を前に、「散らない桜」に喩えて娘の栄達を喜んだ良房の詠法を継ぐものである。道長は良房の和歌を意識して自らの和歌を詠んだのかもしれない

を「転上」という。

(16) 和歌特有の「歌ことば」と技巧。歌作において重視された。

(17) 盃を交わしたことに着目するのは藤原清輔『袋草紙』上巻、白紙を置く作法。

し、たとえ無意識でも、道長の心内に手本たる良房の和歌があった可能性は高い。それが文学の持つ潜在的作用である。

その意味では、当時后妃であった女性たちの心内にも、この和歌はあっただろう。摂政・関白が、天皇を後見するにあたり、良房のように天皇の最も身近な外戚であることを理想形としたことは、よく知られている。后妃たちは一家のために次代の天皇候補を産むことを期待され、最前線で戦う立場にあった。またそのことを十分に理解していた。それはただ家の意志であるだけでなく、上級貴族の娘には入内前から自分を「后がね《きさき》(「后」候補)」と自覚して将来を思い描く者もおり、入内が実現すれば高い意識を持って上を目指すのが通常であった。

高い意識といえば、キサキの女房たちも同じだった。美的・知的スタッフとして女主人を盛り上げる立場にあった後宮女房たちは、職務上、世の政治情勢とその中での所属集団の立ち位置をよく弁えたうえで、様々な情報の発信・受信にあたった。女房たちの代表的な業務の一つに文学作品の制作があり、その中には実録(日記・随筆作品)や物語の形をとって、意識的に同時代の政治情勢と切り結ぼうとするものがあった[山本、二〇二二]。本章では、そうした摂関期特有のキサキのなかで特に重要な位置にあった「后」と、その女房集団の輩出した文学について見ていきたい。

1　摂関期の「后」たち

少数精鋭の后妃たち

『源氏物語』の冒頭に「女御《にょうご》、更衣《こうい》あまたさぶらひ給ひける中に[18]」とあることから、『源氏物語』の書かれた摂関期には、後宮に多くの后妃たちがいたと思われがちではないだろうか。しかし、そうではない。『源氏物語』は言わば「時代劇」で、冒頭部分の桐壺帝《きりつぼてい》[19]の世は作品が成立した一条天皇[20]の時代から百年ほど遡る醍醐《だいご》天皇[21]の時代に設定されている。確かに史実として、醍醐天皇の后妃は中宮から女御、更衣まで十数名[22]にのぼった。しかし醍醐朝には摂政・関白は立てられておらず、摂関期にあたらない。『源氏物語』の桐壺帝にも、摂関は存在しない。

　では、物語が成立した一条朝を含む摂関期はというと、実は后妃の数はそう多くない。摂政・関白が常置された後期摂関政治期の天皇である冷泉《れいぜい》天皇から後冷泉《ごれいぜい》天皇までにおいて、在位中のキサキの総数と内訳は次の通りである[23]。参考のため、摂関の置かれなかった醍醐・村上両天皇の後宮についても掲げた。

醍醐天皇17名　中宮1（藤原穏子）、妃1（為子内親王）、女御3（源和子・藤原能子・

(18)『源氏物語』「桐壺」巻冒頭。（大意）女御や更衣などが数多くお控えであった中に。

(19) 本章では、虚構作品中の天皇は「帝」、実在の天皇は「天皇」と呼んで区別する。

(20) 九八〇—一〇一一。

(21) 八八五—九三〇。

(22) 女官等との非公式な男女関係は含めない。

(23)『平安時代史事典』（角川書店）「資料編」の「歴代皇妃表」によりつつ、東宮時代だけの妻や退位後の妻、また非公式の関係は省いた。

和香子)、更衣12(源周子等)

村上天皇[24] 11名　中宮1(藤原安子)、女御4(徽子女王・荘子女王・藤原述子・芳子)、更衣5(源計子等)、尚侍1(藤原登子)

冷泉天皇[25] 4名　中宮1(昌子内親王)、女御3(藤原懐子・怤子・超子)

円融《えんゆう》天皇[26] 4名　中宮・皇后2(藤原媓子・遵子)、女御2(藤原詮子・尊子内親王)

花山《かざん》天皇[27] 4名　女御4(藤原忯子・姚子・諟子・婉子女王)

一条天皇5名　中宮・皇后2(藤原定子・彰子)、女御3(藤原義子・元子・尊子)

三条天皇[28] 2名　中宮・皇后2(藤原妍子・娍子)

後一条《ごいちじょう》天皇[29] 1名　中宮1(藤原威子)

後朱雀《ごすざく》天皇[30] 4名　中宮・皇后2(禎子内親王・藤原嫄子)、女御2(藤原生子・延子)

後冷泉天皇[31] 3名　中宮・皇后3(章子内親王・藤原寛子・歓子)

このように、後期摂関政治期ではすべての天皇において后妃は一〇名未満、最も多い一条天皇でも五名である。摂関期には、数多くの后妃が寵愛を争ったというより、少数精鋭の后妃たちがしのぎを削ったか、争いが無かったと言う方が正しい。

また、摂関政治についてしばしば説かれる、天皇と摂関は外戚関係[32]にあり天皇の母がパイプ役を担ったということも、初期には必ずしもそうではなかった。冷泉天

(24) 九二六—九六七。

(25) 九五〇—一〇一一。

(26) 九五九—九九一。

(27) 九六八—一〇〇八。

(28) 九七六—一〇一七。

(29) 一〇〇八—三六。

(30) 一〇〇九—四五。

(31) 一〇二五—六八。

(32) ここでは天皇の母方祖父、または母方伯父および叔父を指す。

皇の時代に関白、円融天皇の時代に摂政だった藤原実頼《さねより》(33)は、どちらの天皇とも外戚関係になかった(**図1**)。実頼の死後は、円融天皇の外伯父の藤原伊尹《これただ》(34)と同じく外伯父の兼通《かねみち》(35)が相次いで摂政・関白となった(**図2**)。だが、彼らの妹であり天皇の母である安子は既に亡くなっていた。また兼通の死後に関白となった藤原頼忠《よりただ》(36)は、円融天皇の外戚ではなかった。さらに花山天皇の時代、頼忠は関白を続投したが天皇との外戚関係はなかった。

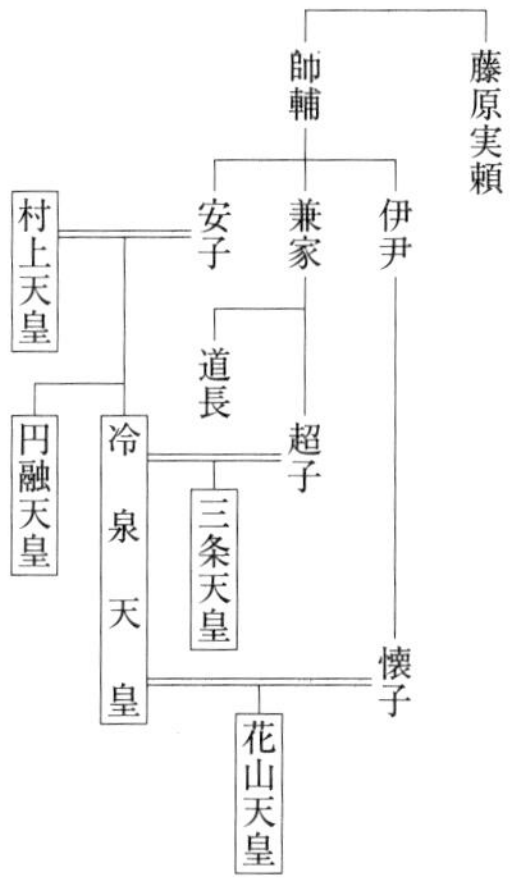

図1　藤原実頼・摂関時代の外戚関係

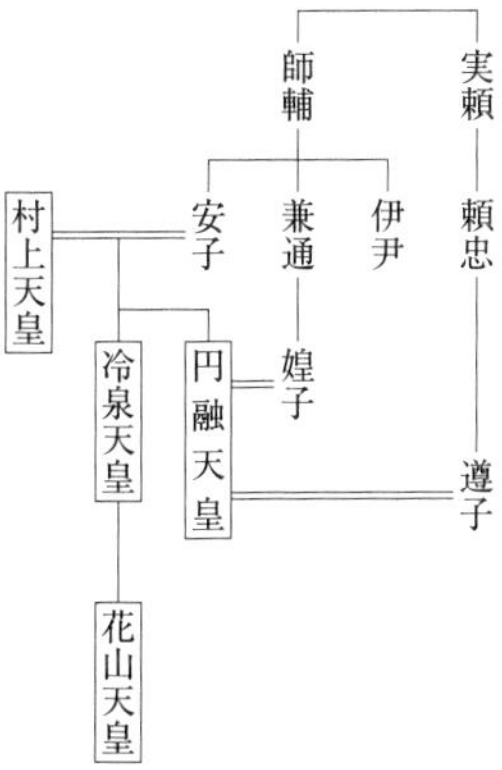

図2　藤原兼通・摂関時代の外戚関係

つまり、天皇の外戚が摂政・関白となって権力を握り、しかもその時に母キサキが生きてパイプ役を務めたという教科書的な図式が成り立つのは、一条天皇の時代以降である(**図3**)。一条天皇の時代、最初に摂政を務めた藤原兼家《かねいえ》(37)は天皇の外祖父

(33) 九〇〇—九七〇。その家系は「小野宮流」と呼ばれた。

(34) 九二四—九七二。

(35) 九二五—九七七。兼家と確執があり、薨去《こうきょ》時、兼家を排除して従兄の頼忠を関白とした。

(36) 九二四—九八九。摂政藤原実頼の二男。

(37) 九二九—九九〇。右大臣であった寛和二年(九八六)、寛和の変を起こして花山天皇を退位させ、外孫の一条天皇を即位させたことで知られる。藤原道長の父。

であり、彼の娘で天皇の母である詮子《せんし》[38]は皇太后・のち女院《にょいん》として、父娘で天皇の後見に当たった。兼家の死後、摂関となった道隆《みちたか》[39]は天皇の外伯父で兼家と同じ形を目指したが、詮子との関係がぎくしゃくしていたうえ、彼は短命だった。その後、政権の座についた道長は天皇の外叔父で、詮子との良好な関係のもと内覧《ないらん》[40]として権力を振るった。三条天皇の時代には、天皇の母の藤原超子[41]はつとに世を去り、道長は天皇の外叔父だったが（**図1**参照）、天皇から関白になるよう要請されても引き受けないばかりか露骨に自らの外孫の時代を目指し、天皇を譲位に追い込んだ。そうして実現した後一条天皇の時代には、外祖父摂政道長・外叔父摂関頼通《よりみち》[42]と共に天皇の母后彰子がおり、後一条天皇の弟・後朱雀天皇の時代にも外叔父関白頼通と母后彰子が並んで後見にあたった（**図3**参照）。次の後冷泉天皇の時代には外伯父の頼通がほぼ全期間関白を務め、天皇の母（藤原嬉子[43]）は亡くなって久しかったが、母の姉であり天皇の父方祖母にも当たる彰子が存命で、パ

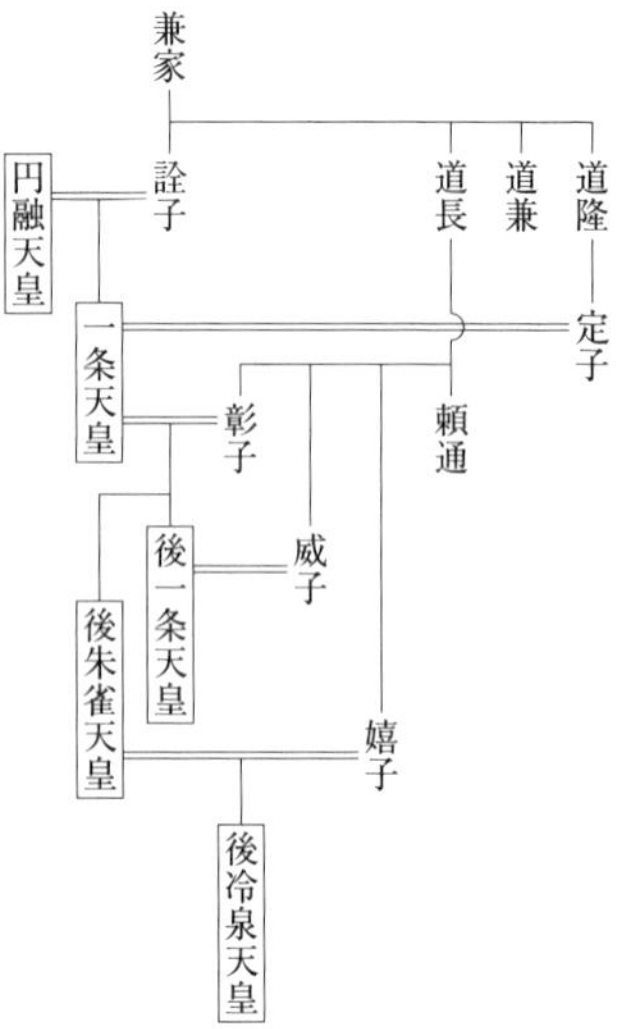

図3　一条天皇の時代の外戚関係

(38) 九六二―一〇〇一。

(39) 九五三―九九五。四三歳で飲水病により薨去。その家はのちに中関白家と呼ばれた。

(40) 天皇より前に朝廷の文書に目を通す業務・役職およびその役職にある人。

(41) ?―九八二。冷泉天皇の女御。天元五年（九八二）、突然死した。

(42) 九九二―一〇七四。寛仁元年（一〇一七）、二六歳で摂政となり、治暦四年（一〇六八）まで五一年間、摂関を務めた。

(43) 一〇〇七―二五。後朱雀天皇の東宮時代の妃。

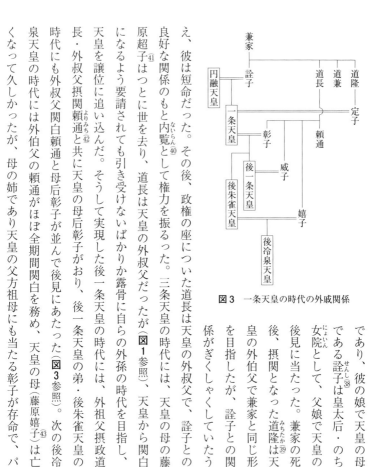

イプ役を果たした。

　こうして見ると、外戚の摂関とパイプ役の母キサキが天皇の後見・補佐にあたった時代には特定の強力な外戚ペアが存在し、摂関家に権力の集中・独占・安定という理想状態をもたらしたと言える。そのペアとは兼家と詮子、道長と詮子、道長と彰子、頼通と彰子の四組である。一条朝初期に第一ペアによる理想的状態が実現すると、間近で見ていた道長はそれを第二ペアで継承した。そして詮子の死後には後一条天皇即位後の第三ペアで再現することを自らの目標に設定し、達成した。一条天皇の晩年と三条天皇の時代、彼らと道長の間に意思の疎通が不足したのは[44]、道長の目線が目下の天皇より次代の天皇に向いていたからである。一方第四ペアは、初期には道長の後見もあり、また多くは彰子が経験者であることから、異常なほどの長期安定政権を実現した。

　こうした観点から、以下には、第一・第二ペアで理想状態を実現した藤原詮子、ペアを継承するはずであったが叶わなかった定子《ていし》[45]、第三・第四ペアを実現し後期摂関制の主役とも言える彰子という三人の「后」を取り上げる。既に様々に語られている彼女たちではあるが、その辿った人生や思い、社会に果たした役割、歴史的意義は、まだまだ語り尽くされていない。

(44) 一条天皇は第一皇子の敦康親王の立太子を望んでいたが果たせなかった。また三条天皇は道長から退位を迫られ受け入れた。

(45) 九七七(九七六とも)―一〇〇〇。

(1) 藤原詮子

失意の女御

藤原詮子は父兼家とその正妻格時姫《ときひめ》の間の二女で、一七歳だった天元元年(九七八)、二〇歳の円融天皇に入内した。[46] 後宮には既に中宮の媓子[47]と女御で関白頼忠の娘の遵子[48]がいた。しかし翌二年に媓子は崩御。中宮の座が空席となる中、翌三年、詮子は天皇のたった一人の子である懐仁《やすひと》親王(のちの一条天皇)を産んだ。世は当然、詮子が立后されると考えたという。ところが天元五年(九八二)、天皇は遵子を中宮とし、詮子は立后を逃した。

次の和歌は、彼女が夫の円融天皇に贈ったものである。

梅壺《うめつぼ》の女御、きさいになりおくれ給て、なげかせたまふころ、雨の降るに

雨もよに　降りはへとはん　人もなし　なきにおとりて　いける身ぞうき[49]

ここには詮子の生涯を貫く心の事実が明記されている。詮子には立后への積極的な意志があった。だからこそ、それを逃して死ぬほどの失意を感じた。以後の彼女の熱量の高い生き方は、ここからの雪辱《せつじょく》を目指したものと考えると理解しやすい。

詮子はなぜそこまで「后」となることを望んだのか。女御は天皇の私的な妻でいわば側室《そくしつ》だが、中宮(皇后)は嫡妻であり、少なくとも円融朝までは一帝に一人であ

(46) 入内は八月一七日(『日本紀略』同日)。

(47) 九四七―九七九。夫の円融天皇より一二歳年長。関白だった父・兼通の後宮政策により、天皇が一四歳で元服した翌年入内し、四カ月後に立后した。

(48) 九五七―一〇一七。

(49) 『円融院御集』四七番。**(大意)**〈梅壺の女御・詮子が后になり遅れてお嘆きの頃、雨が降って〉雨の降るなか、わざわざ私を訪ねて来る人もいません。死人以下の有様で生きているこの身が、私はつろうございます。

った。おそらく詮子が欲したのは、この唯一無二の正妻という格だったと考える。

では立后の要件とは何か。『栄花物語』[50](巻二)は、この時、皇子のいる詮子をさしおいて立后した遵子に子がいなかったため、世間が遵子を「素腹《すばら》の后」[51]とあだ名して批判したと記している。確かに、醍醐天皇の中宮・藤原穏子[52]は立后の時皇太子保明《やすあきら》親王[53]の母であり、村上天皇の中宮・安子[54]は皇太子憲平《のりひら》親王(のちの冷泉天皇)の母だった。皇子の存在は立后の原則のように思える。だが冷泉朝以後は違った。冷泉天皇の中宮だった昌子内親王も、また円融天皇の最初の中宮だった藤原媓子も、子の無いまま立后しており、遵子は連続して三人目の「素腹の后」だったのである。

昌子内親王の立后は、昌子の父で醍醐天皇嫡流《ちゃくりゅう》である朱雀院《すざくいん》や祖母の穏子など天皇家内部の思いによって早期に決定されていたという[土居、二〇一七]。円融天皇の女御媓子の立后は、父関白・藤原兼通が強引に行ったものだった。遵子の立后は、円融天皇が詮子の父・兼家の強大化を嫌い、遵子の父の関白・頼忠を重んじることでバランスを図ったものとされる[伴瀬、二〇〇五]。時の情勢と関係者の都合に合わせ立后がなされて、「素腹の后」が三件続いた。そのため詮子は、皇嗣《こうし》たり得る皇子を持つ女御としては史上初めて立后を逃した。詮子の激しい失意はここに理由があった。

要するに、詮子というキサキの最大の特徴は「母」であることと「失意」とにあ

(50) 四〇巻からなる歴史物語。正編三〇巻は藤原道長の栄花を主題とし、赤染衛門が作者に擬せられ、成立は道長死後の一〇三〇年前後とされる。

(51) 女性の不妊を侮蔑的にいう言葉。『大鏡』「頼忠」にも見える。

(52) 八八五—九五四。父は関白藤原基経。

(53) 保明親王は穏子の立后の直前に薨去したが、穏子は彼の子で新皇太子となった慶頼王の母儀として立后したか。

(54) 九二七—九六四。父は右大臣藤原師輔。

った。『源氏物語』には弘徽殿女御《こきでんのにょうご》という登場人物がおり、桐壺帝の東宮を産んでいる。しかし桐壺帝は彼女をさしおいて藤壺《ふじつぼ》女御を中宮とする。(55)『源氏物語』は史実に取材することが多く、この場面の弘徽殿も、悪役のキャラクターはさておき、その苦衷には詮子の例が利用されていることが明らかである。ところで『栄花物語』は『源氏物語』に強く影響されており、実在の人物を描くにあたっても『源氏物語』の視点を転用することが多い。詮子についても、実在の詮子に関わる諸史料に加え『源氏物語』で虚構化された詮子(弘徽殿女御)像を取り入れ、彼女が失意を原点として「母后」への道をひた走ったものと造型している。

事実としても、詮子は懐仁親王を連れて里に戻り円融天皇に会わせなかった。また兼家も政務をボイコットした。『栄花物語』は、それらが天皇を動かして譲位と皇子の東宮就任へと追い込んだ(56)と描いている。

母后から女院へ

次の花山天皇の時代は兼家の起こしたクーデター・寛和《かんな》の変により二年で幕を下ろし、詮子の息子の懐仁(一条天皇)が即位した。この変は兼家が花山天皇を内裏から出奔させ、山科の花山寺で出家させて退位に持ち込んだものだったが、詮子はどこまで関わっていたのか。少なくとも知ってはいたという見方[伴瀬、二〇〇五]が

(55)「紅葉賀」巻。なお、藤壺には皇子がおり「素腹」ではないので、現実よりも穏やかと言える。

(56) これについては、兼家が娘の恨みを利用して事を進めたという見方もできよう。

妥当だろう。詮子は女御時代、円融天皇から失意の目に遭わされると実家に帰るという実力行使に出た。そんな彼女がもし再び存在を無視されれば、今回は父を恨み、懐仁親王即位後に父と協力体制を組むことを拒んだ可能性が高い。だが結果的には兼家に何の支障もなく事は進んだ。そこから、詮子は謀略を知らされ納得もしていたと考える。

こうして寛和二年(九八六)六月、懐仁親王は僅か七歳という幼さで践祚《せんそ》し、兼家は良房以来百余年ぶりの外祖父摂政となった。七月、即位式に先立って詮子は皇太后の座に就いた[57]。皇太后は「后」の身位の一つで、平安時代には「后」の第一段階である中宮(皇后)を経て転上することが常となっていた[58]。しかし詮子は女御から直接皇太后となった。「后」にいわば横入りした史上初の例である。兼家が詮子のために新例を作ったとも、即位式前に詮子が内裏に入り、後見の体制を整えるためだったとも考えられている。

正暦《しょうりゃく》元年(九九〇)、一条天皇は一一歳という平安朝天皇史上最年少の幼さで元服し、兼家の長男・道隆の娘の定子が入内した。天皇は満年齢では九歳と半年に過ぎず、身体的には大人になっていなかっただろう。が、おそらく前年から病を自覚していた兼家は、存命中に道隆に政権を移譲するとともに、天皇と道隆との関係を濃くしようと図った。そのため、まだ結婚に耐える状態ではない一条天皇を元服さ

(57) 皇太后であった昌子(冷泉上皇の妻)が太皇太后に転上し、空いた皇太后の席に詮子が入った。

(58) 中宮でなく女御である者が子の即位によって皇太后になる場合は、一旦「皇太夫人」となり中宮職を持つという手続きを経た。

せ、定子を入内させたのである。さらに道隆は定子を中宮の座に就けた。太皇太后には昌子、皇太后には詮子、中宮（皇后）には遵子がおり、(59)既に三后の座は満ちていたが、中宮の位を中宮と皇后に分け遵子を皇后として、定子を中宮としたのである。中宮と皇后が別々に立つ〈二《に》后冊立《こうさくりつ》〉は前代未聞であった。

道隆の方法は強硬で恣意的と言わざるを得ない。詮子はその圧力から息子を守ろうとして、さらに息子への固着を強めたのではないか。正暦二年（九九一）二月、円融上皇が三三歳で崩御して、詮子が天皇の一人親となったことも大きかっただろう。同年九月、詮子は病により出家したが、政界から身を引かなかった。上皇に準ずる「女院《にょいん》」の初例となり、以後は「東三条院《ひがしさんじょういん》」と呼ばれる。なお、女院は時にまだ制度的に熟していなかったので、その権能は詮子が獲得していったものとされている(60)［高松、一九九八］。『源氏物語』「澪標《みおつくし》」で藤壺が女院となったことは、この詮子に取材している。藤壺は一一歳の皇子・冷泉帝の即位に際し「太上天皇《だいじょうてんのう》になずらへて」(61)女院となり、思いのままに内裏に出入りして後宮政策や文化興隆政策を進めた。

実際、詮子は強い影響力を発し続けた。特に知られるのは長徳《ちょうとく》元年（九九五）、関白道隆が持病で薨去《こうきょ》し、その弟で関白職を引き継いだ道兼《みちかね》も疫病で薨去した後の内覧人事である。詮子は道隆の子で内大臣だった伊周《これちか》ではなく、弟で権大納言《ごんのだいなごん》だった道長を推して内覧に就任させた。このことを『大鏡』は詮子が天皇の夜の御殿《おとど》に乗

(59)「后」の位は天皇と連動しないので、夫である円融天皇が退位しても遵子は中宮の座におり、次の花山天皇の時代には中宮は立てられなかった。

(60)見たように詮子の周辺では執政者が度々恣意的に「后」の制度を変えてきており、詮子も彼らの方法を学習していたと考える。

(61)**（大意）**太上天皇に準じて。

り込み涙ながらに説得したと記すが[62]、この作品独特の劇的な演出であり割り引いて読む必要がある。また詮子の行動の背景に定子との嫁姑問題があったかのように記すことにも、『大鏡』独特の女性観や中関白家《なかのかんぱくけ》蔑視が見える。ただ、詮子が道長を推し、それが道長内覧の切り札になったことは事実で、道長も周辺も認めていた[63]。彼女の影響力は、やがて彼女と疎遠な藤原実資をして「母后又朝事《ぼこうまたちょうじ》を専《もっぱ》らにす[64]（天皇の母后が朝政を主導している）」と嘆かせるに至る。

また、長保《ちょうほう》元年（九九九）一一月に道長の娘の彰子が入内し、翌月、太皇太后の昌子が崩御すると、詮子は天皇および道長と密な意思疎通をとり[65]、翌年二月、彰子を中宮に立后させた。皇后の遵子を皇太后とし、定子を皇后、彰子を中宮としたのである[66]。これによって、定子に加え彰子も「后」という〈二后冊立〉が成立した。〈二后冊立〉は既に定子が中宮となった時に始まっていたが、その時は二后がそれぞれ別の天皇の妻だった。しかしここに、史上初めて一人の天皇が二人の「后」を持つ事態が発生し、一条天皇は法的に重婚の状態となった。「正妻は一人とする律令制後宮制度を完全に骨抜きにしたもの」〔瀧浪、一九九五〕と言ってよい。

妻として「后」になれなかった詮子は、結果として「后」制度の瓦解に加担したことになる〔梅村、一九九六〕。「后」の身位に執着しながら、結果的にはその解体に道筋をつけたのが詮子であった。彼女はそんな自分に気が付いていたのだろうか。

(62)『大鏡』「道長」。

(63) 大江匡衡代作「為入道大相国謝官文書内覧表」『本朝文粋』巻四。

(64)『小右記』長徳三年（九九七）七月五日。

(65)『権記』長保元年一二月七日など。

(66) この人事が昌子の死によって可能となったことから、詮子が女院となっても「后」に空席ができなかった、つまり詮子は「后」と認識され続けていたことが分かる。また出家が「后」の身位を左右しないことは、遵子が長徳三年（九九七）に出家した後も皇后であり続け、今回皇太后に転上したことからも分かる。

なお、こうして瓦解した「后＝嫡妻」制度は、後冷泉天皇の末期には、その妻である章子内親王・藤原歓子・藤原寛子が同時に天皇の「后（皇太后・皇后・中宮）」に立つという一帝三后を見るまでになる。本章がさきに後期摂関制の時代を「「后」制度の恣意的解体の時代」と言ったのは、このことによる。

(2) 藤原定子

寵愛と政変

定子は、貞元《じょうげん》二年（九七七）(67)、藤原兼家の長男道隆と高階成忠《たかしなのなりただ》の娘貴子《きし》との間に、長女として生まれた。正暦元年（九九〇）正月に入内したが、その際、まだ一一歳と幼かった天皇を無理に元服させてまでも定子を入内させる必要が、時の摂政兼家とその長男で定子の父である内大臣・道隆にあったことは、詮子の項に記した。

定子は同年一〇月に立后して中宮となるが、そこには二つの点で問題があった。一つは七月に兼家が薨去したため喪中《もちゅう》だったこと、もう一つは既に記したようにこれが史上初の〈二后冊立〉であったことである。一般に〈二后冊立〉と言えば定子と彰子が並び立った長保二年（一〇〇〇）のことが浮かびやすいが、それはこの正暦元年の初例に倣ったものである。なお、遵子が皇后、定子が中宮とされたことには軽重

(67) 定子の生年については、享年を二四とする『権記』（藤原行成の日記）にしたがう。なお、『日本紀略』は享年を二五とする。

(68) 目新しく砕けた感

の別があり、「中宮」の方が重かった。それは「中宮」が令制で慣習的に天皇の生母＝国母の尊称として用いられてきたことによるという〔瀧浪、一九九五〕。もちろん、定子はこの時まだ一条天皇との間に子がなく、将来「天皇の生母」となり得るかも不明である。だが「后」制度は最早そうした正論の通用しない恣意的なものになっていた。

定子について特記すべきは、その個性的な人間像である。『栄花物語』(巻三)は彼女の女房集団の雰囲気を「今めかしう気《け》近《ぢか》き[68]」と評し、それは定子の母である高階貴子[69]が内裏女房上がり[70]で「奥深なること[71]」を否定したからだと批判している。確かに『枕草子』からは、定子が親しみやすさや積極性や自己主張、時にはお転婆とも言える個性を持っていたことが窺える。それらはすべて女房という職業に特有の個性であり、その意味では彼女はおそらく日本後宮史上初めての女房的行動原理を持ったキサキであった。そして『枕草子』は、その個性こそが一条天皇の心をとらえたこと、定子が自らの知性と闊達《かったつ》さで天皇を導き、彼の治世が村上天皇の時代同様に文化的な〈聖代〉となるよう日常的に貢献していたことを、数々の逸話を挙げて浮き彫りにしている。この天皇との関係性や、それが女房など周辺によって礼賛されたことは、同時代のジェンダーイメージを考える上でも重要である。

しかし、関白道隆が長徳元年(九九五)に病死すると、代わって政権を担当したの

じ。

(69) ?—九九六。

(70) 貴子は円融天皇の時代に「高内侍」の女房名で掌侍を務めていた。小倉百人一首に採られた「忘れじの行く末まではかたければ今日を限りの命ともがな(**〈大意〉**あなたは「いつまでも忘れないよ」と言ってくれるけれど、そんな将来は信じ難い。だから私は、愛されている今日、命が終わればいい)」(『新古今和歌集』恋三 一一四九)は藤原道隆との恋愛時代に詠んだもの。

(71) 正のニュアンスとしては、落ち着きと重々しさがあること。負のニュアンスとしては、消極的に引っ込んでいること。

は末弟の道長であった。定子の兄の伊周は政争に敗れ、その不満も手伝ってか、翌長徳二年、弟の隆家《たかいえ》と共に花山法皇を標的とする暴力事件を起こした。一条天皇は強い態度で臨まざるを得ず、伊周を大宰権帥《だざいのごんのそち》、隆家を出雲権守《いずものごんのかみ》として都から追放した。定子は天皇の第一子を懐妊中であったが、この「長徳の政変」の騒擾《そうじょう》の中、自ら髪を切って出家した。その間の経緯はちょうど検非違使庁別当《けびいしちょうのべっとう》であった藤原実資の『小右記』に詳しく、二人がたてこもった定子の御所の二条北宮《にじょうきたみや》を取り囲む野次馬や家宅捜索の様子、定子が伊周の手を執って守ったこと、伊周の逃走に関わる愛宕山《あたごやま》への大索《おおあなぐり》（大規模捜索）など生々しい。

政変の一カ月後には、二条北宮が焼亡した。家の財を狙った強盗による放火であろう。定子は下男《げなん》に抱かれて脱出し、母の兄弟である高階明順《あきのぶ》宅に避難した。内裏住まいから転落した定子に、実資は古人の「禍福《かふく》は糾纏《きゅうてん》の如《ごと》し」(72)という言葉を使って感慨を寄せた。(73)『枕草子』はこの秋、定子の御在所の庭に雑草がはびこっていたと記しており、(74)下仕えの者が定子を見捨てて離れたことを窺わせる。また定子はこの年末、皇女の脩子を出産したが、それは妊娠一二カ月のことだったという。(75)俄かには信じがたいが、そうした情報が流れたのである。「后」の権威とは、かくも脆いものであった。

目を社会に転じれば、都で大規模な兵乱の無かった当時、長徳の政変が庶民を含

(72) **（大意）**この世の幸運と不運は縄をより合わせたように表裏一体である。『史記』「南越伝」による。ここでは、中関白家の栄花が逆に没落を導いたことをいう。

(73) 『小右記』長徳二年六月九日。

(74) 「殿などのおはしまさで後、世の中に事出で来」。御前の庭に草が茂っており、定子付き女房は露を置かせて鑑賞するためとごまかしたという。

(75) 『日本紀略』長徳二年一二月一六日。「出家の後と云々。懐孕十二ケ月と云々（**〈大意〉**出家後ということだ。妊娠一二カ月ということだ）」と注記されている。

む都人に与えた動揺は測り知れない。政治においても、政変以前の中関白家は天皇との間に定子という強力な紐帯を持っていたが、新政権の道長はそれを欠き、天皇の自立性が増した。

天皇の妻への復活

伊周と隆家は政変の翌年、早々に流刑地から召還され、やがて定子も身柄を中宮《ちゅうぐう》職《しき》の御曹司《みぞうし》に移された。だが、これを天皇の妻としての復帰準備と見抜いた貴族たちは「天下、甘心《かんしん》せず」(76)と批判した。その理由の一つは実家の零落で、中関白家は政変後には「積悪《せきあく》の家」(77)とまで呼ばれていた。もう一つは定子が出家したことである。定子は衝動的に髪を切っただけで受戒もしておらず、正式に尼となったとは考えにくい。だが貴族社会は、政変から四年後の長保二年(一〇〇〇)に定子が崩御するまで、定子を尼と見做し続けた。神道は異教である仏教の僧尼を忌んだため、定子は中宮の務めるべき神事を務められず、これが中宮としての疵《きず》となった。しかし一条天皇は定子を愛し続け、長保元年(九九九)の正月には密かに内裏に招いて半月以上滞在させた。(78)これにより定子は再び懐妊し、同年一一月七日に一条天皇の第一皇子・敦康《あつやす》親王を出産する。同月一日に入内した道長の娘・彰子が、その六日後に女御となり、初めて天皇を迎える日のことだった。

(76)『小右記』長徳三年六月二二日。(大意)天下の誰が甘く見るものか。

(77)『小右記』長徳二年一〇月一一日。

(78)『枕草子』「職の御曹司におはしますころ、西の廂に」のみが記している。

ところで、『栄花物語』（巻五）は定子の復縁の顚末《てんまつ》を著しく虚構化している。右のように、史実では長徳三年に兄弟が召還されて定子は職御曹司《しきのみぞうし》に入り、その後キサキ復帰準備期間を一年半も持ってから、長保元年に敦康親王を産んだ。が、『栄花物語』はそれを、長徳三年に定子が第一子の脩子内親王を天皇に会わせるために参内したところ、天皇が定子への愛情を再燃させて彼女との一線を越えたため定子は懐妊し、翌長徳四年に敦康親王が誕生、それをきっかけとして兄たちが召還されたという順に変えて記している。これは誤謬《ごびゅう》ではなく、事実の意図的な書き換えと考えられる。

史実では、天皇は当初から短期間で伊周と隆家を赦《ゆる》すつもりだったと思しく、政変の幕引きを天皇主導で行った。しかし物語は、二人の召還は敦康誕生に加えて母后詮子や道長との合意を得てようやく叶ったとする。また、史実では敦康親王の誕生は長保元年で彰子の入内と同時期であり、そこには天皇の意図が窺われた。彰子が入内すれば彰子を優先的に尊重せざるを得ないが、幼い彰子には懐妊と出産は期待できない。勢い、後継となる皇子を持つことが先送りされる。天皇はそれを危ぶんで定子を懐妊させたと推測される。しかし『栄花物語』は敦康誕生の時期を史実より早めて記すことでこれを彰子と切り離し、さらに激情による予期せぬ懐妊とする。いずれも天皇の政治的主導性・主体性を消し去る改変である。

この箇所を始めとして、『栄花物語』は定子の人生を一見きわめてロマンチックな悲劇に仕立てており、そこには定子への同情のまなざしが窺える。が、その演出の本質は、中関白家と定子を蔑《ないがし》ろにし、翻って道長・彰子を礼賛するための改竄《かいざん》と言ってよい［中島、二〇一三］。ただ見方を変えれば、それはむしろ史実の重みを示唆しているのではないか。『栄花物語』正編は、定子の死から約三十年を経て成立した。だがその時においてすら、定子の史実は資料操作と虚構化を必要とした、つまりありのままに書くことができない「黒歴史」と認識されていたのだと、筆者は考える。

　史実では、長保元年、道長は彰子の入内が決まるや、定子を迫害した。彼女が敦康親王出産のため職御曹司から転居した時には、供をする公卿《くぎょう》がいなかった。道長が妨害したためである。(79) また、この時期に内裏が火災に遭ったことを、道長の側近である漢学者・大江匡衡《おおえのまさひら》は、唐王朝を一時廃した則天武后《そくてんぶこう》(80)になぞらえて定子のせいと言いふらした。(81) さらに定子が敦康親王を産むと、天皇は喜んだものの世は「横川《よかわ》の皮仙《かわひじり》(82)」と言い、これは「出家らしからぬ出家」の意味の蔭口［黒板、一九九四］と考えられている。定子は子を産んでさえ、還俗《げんぞく》(83)したと認められなかったのである。

　長保二年二月、詮子が道長の意を天皇に伝え、彰子が新しい中宮に立てられ定子は皇后になるという〈二后冊立〉が成立した。これが史上初めての一帝二后、つまり

(79) 藤原実資は「行啓の事を妨ぐるに似たり（〈**大意**〉中宮の転居を妨害するような行動だ）」と批評している。『小右記』同年八月九日。

(80) 六二三―七〇五。中国の唐の三代皇帝高宗の皇后。高宗の死後、唐を廃して周を建国し、自らが皇帝となった。

(81) 『権記』長保元年八月一八日。大江匡衡（九五二―一〇一二）は一条朝の文人。

(82) 『小右記』長保元年一一月七日。

(83) 僧尼をやめて俗人にもどること。

天皇の重婚化の開始となったことは、既に詮子の項で述べた。その際には、天皇の側近・藤原行成《ゆきなり》が道長側に立ち「日本は神国だが、中宮(定子)は尼のため神事を勤められない」「ただ天皇の私恩により、中宮を辞めず国からの経済的給付を受けている」と、定子を税金泥棒のように言い立てている。[84] これが当時の貴族社会一般の考え方であり、天皇をも動かした〈正論〉であったのだろう。

定子の死

長保二年(一〇〇〇)一二月、定子は天皇の次女(媄子)を出産し、子は無事に生まれたものの定子は難産により崩御した。

彼女の死を境に貴族社会は暗転する。道長は定子の崩御当日、怨霊《おんりょう》の憑いた女官に襲われたと妄想し、怨霊の正体は定子の父で自分の長兄である道隆か、あるいは次兄の道兼だったと憶測して恐怖に慄《おのの》いた。同じ日、僅か一年前まで定子を「尼」として非難していた藤原行成は日記に彼女を「還俗」と明記し、一転同情を示した。[85] さらに一条天皇や定子と同年代の二〇歳前後の公達《きんだち》は、定子の四九日を前に出家するなど、[86] 無常観や厭世観を示した。そして一条天皇は、定子を喪ったことで対象喪失《たいしょうそうしつ》[87]に陥り、その後の後宮は沈滞した。[88] 定子の死は彼女を生前に迫害した貴族らにとって黒い〈時代の記憶〉となり、社会は贖罪《しょくざい》と癒しを求めた。

(84)『権記』長保二年正月二八日。

(85)道長と行成の件は『権記』長保二年一二月一六日。

(86)長保三年二月四日、源成信(二三歳)と藤原重家(二五歳)が、三井寺で出家した。『権記』同日。また、定子の死の三日後に失踪したが出家を思いとどまった藤原成房(当時一九歳)も翌々年には出家を果たした。『権記』長保二年一二月一九日等。

(87)心理学用語。愛情や依存の対象を失うこと。

(88)『栄花物語』によれば、天皇は定子の妹で敦康親王の養育にあたっていた御匣殿《みくしげどの》を寵愛し懐妊させたが、彼女は長保四

そうした世に放たれたのが、清少納言による『枕草子』(89)日記的章段(90)、つまり定子回想録だったと思われる［山本、二〇一六・二〇一七］。『枕草子』は定子を美化し理想的な「后」として記しとどめており、定子は『枕草子』によって言わば不滅の存在と化した。定子の死の約百年後に成立した勅撰集『後拾遺和歌集』(91)は定子の辞世と一条天皇が定子を悼んだ哀傷《あいしょう》を載せている。また鎌倉初期の文学評論『無名草子《むみょうぞうし》』(92)は、定子と彰子のどちらが素晴らしいかという問いを立てて、「皇后宮（定子）のほうが容貌も美しく、天皇の愛情も勝っていた」と断言している。

　定子の悲劇は、それによって栄花を得た道長政権を相対化する。加えて、定子が同時代に対しても、時代を超えた私たちに対しても突きつけるのは、後ろ盾を欠いた女性が主体的に生きることの難しさである。定子は、最初は実家の没落に翻弄されて出家し、次には夫の愛執《あいしゅう》に翻弄されて俗界に戻り、さらに貴族社会の権力関係に迫害されたあげく、早世した。彼女の意志はどこにあったのか。「后」の位や天皇の寵愛は、彼女個人にとってどんな意味があったのだろうか。

年に死亡した。

(89) 段階的に成立し、当初は長徳の政変（九九六年）を契機に定子に献上され、次いで定子の崩御（一〇〇〇年）を契機に書かれ、その後、作者によって両者が合体されたと考えられている。

(90)『枕草子』の章段は研究の便宜のため、内容によって日記的章段（史実の回想）、随想的章段（自由なエッセイ）、類聚章段（事物のリスト）の三種に分類されている。

(91) 第四番目の勅撰集。白河天皇の命により、藤原通俊撰。応徳三年（一〇八六）成立。

(92) 一二〇〇―〇一年成立か。

⑶藤原彰子

母から得た「常識」

藤原彰子こそは摂関期を代表する后である。彰子は「后」史上最年少の一三歳で立后され、成長を経て身位の内実を拡充し、最終的には天皇家の家長、摂関家の顧問的存在となった。現在の研究では、院政への橋渡しをしたとも位置付けられている〔服藤、二〇一九〕。ここではまず、彰子が国母となって政治の表舞台に出る前の雌伏《しふく》期の体験に注目したい。それこそが彼女の生涯にわたる精神的基盤となったと考えるからである。父の〈人形〉として生を受けた彼女は、どのように自分の生き方を探り当てたのか。

彰子は永延《えいえん》二年（九八八）、従三位《じゅさんみ》権中納言だった藤原道長と源倫子《みなもとのりんし》の間の第一子として生まれた。倫子は、円融天皇の時代から三代続けて左大臣を務めた源雅信《まさのぶ》を父とし、宇多《うだ》天皇を曽祖父とする高貴な血筋である。実は道長は倫子よりも前に源明子と継続的関係に入っており〔東海林、二〇二〇〕、こちらは醍醐天皇の皇子・源高明《たかあきら》の娘である。道長は源氏という皇統の血をうける妻を求めていたと推測される。道長が倫子と結婚した時、一条天皇は八歳で元服前だったが、道長の長兄・道隆の娘で一一歳の定子の入内は目に見えていた。先述のように定子の母は女官だった高階貴子で、その父・成忠は受領階級の学者である。その庶民性こそが定子の魅力だったのだが、それは当時の道長の知り得る所ではなかった。したがって、道長は定子の母の出自を疵と見、血統で定子を凌ぐ娘を作ろうと計画して、貴顕の妻を選んだのだろう。

一方、源倫子は、左大臣の娘として天皇家への入内を視野に入れつつ育ったが(93)、花山天皇の突発的退位でそれが叶わず、挫折を抱えて二四歳になっていた。末男ながら兄を超えたいという野望を持つ道長と、彼に〈血〉と財力を提供する倫子とは、新興道長一家を支えて共に戦う同志と言えた[東海林、二〇二〇]。結婚の翌年、誕生した彰子は、両親の期待を一身に背負って育った(94)。

ここで注目したいのは、彰子が強い母を常識とする環境で育ったということである。これは彰子が敦成《あつひら》親王を出産した後のことだが、道長が戯言《ざれごと》で倫子のことを「男運が良かった」と言った時、倫子は怒って席を立ち道長に謝罪させた(95)。運が良かったのは倫子と結婚して後見を得た道長の方だということを態度で示し、浮かれる道長をたしなめ、自己存在を誇示したのである。これが道長家の日常的風景だったようで、女房たちは笑って見ている。後年、彰子が天皇家の強大な母となる根本には、女性のこうしたあり方——自分自身の価値を認め、それを他者にも主張すると共に、その価値を活用して主体的に生きるあり方——を生育環境の中で骨肉化し

(93)『栄花物語』巻三。父・雅信が「后がね(将来の后)」として育てたと記す。

(94) こうした両親の目論見によって生まれた彰子は、父の人形でもあり、母の人形でもあったと言えよう。

(95)『紫式部日記』寛弘五年(一〇〇八)一一月一日。

ていたことがあったろう。定子の中関白家においても、女官だった母・高階貴子が漢才や自己主張を重視する家風を作っていた。平安貴族社会は、父系・母系双方の血統が同じ重みを持つ〈双系制《そうけいせい》〉(96)であったことが既に認められている。それに加えて、家の価値観や家風の形成という点でも、母の重みに目を向けることが有効だろう。

父からの自立

彰子は長保元年(九九九)、一条天皇に入内したが、時にわずか一二歳であった。翌年、既に記したように、中宮であった定子が皇后になり、彰子は中宮になるという〈二后冊立〉が行われた。これは父・道長と伯母で女院の東三条院の思惑によるもので、彰子自身の主体性は確認できない。つまり、この時期には彰子はまだ〈人形〉の状態であった。ただ、そうした中で定子が崩御し、翌長保三年、遺児の敦康親王を彰子が養子として育てることになったのは(97)、一つの契機であった。

一条天皇は、定子の生前は定子を寵愛し、その崩御後は身代わりのように定子の妹(道隆四女)の御匣殿《みくしげどの》を懐妊させて、彰子とは疎遠だった。道長が彰子に敦康親王を養育させたのは、第一に敦康親王を御匣殿から引き離すことで天皇と御匣殿の間を断ち、第二に彰子と天皇の親密化を図り、第三に彰子が男子を産まず敦康が後継天皇となった場合に、彰子は養母、道長は養祖父という関係性を確保しておくため

(96) 人間の血統や社会的身分について、父方の血統や身分を基準とすることを父系制、母方の血統や身分を基準とすることを母系制と呼び、どちらでもないことを「双系制」と呼ぶ。日本の古代社会は、男性同様に女性が財産相続の権利を持ち、高い地位につき、地位の継承においても母方が尊重されるなど、男女に偏らない双系制の傾向がみられる。なお、近世以前の社会においては男女は別姓である。

(97) 『権記』同年八月三日。彰子は数え年一四歳、敦康親王は三歳だった。

(98) 『紫式部日記』「消息体」(注102参照)に、彰子が紫式部に漢文について知りたい意志を示し、

だった。ここからは、摂関と天皇とは血（外戚）でつながっていることが最善だが、次善としては関係性（後見）でつながっていればよかったことがわかる。

この養子縁組は、道長にメリットがあっただけではなく、敦康に強力な後見を与えるという意味で天皇からも歓迎された。つまり彰子は敦康の〈母〉となることで実家からも夫からも自己存在を承認された。当然ながら死んだ定子には敦康の養育は不可能であり、彰子は定子を超えることができた。敦康の養育は精神的に彰子を支えただろう。こうして彰子は、自らの第一子を出産するまでの七年間を敦康の〈母〉として生きることになる。

彰子が一条天皇と心のつながりを持ちたいと思い、紫式部の助けを得て一条天皇好みの漢文を学んだこと、皇子を出産すると、一条天皇が賞賛した『源氏物語』の新本を内裏への手土産としたことは、[98]『紫式部日記』[99]に詳しい。彰子は努力の人であった。

そして寛弘《かんこう》八年（一〇一一）、一条天皇の譲位にあたり次代の東宮が決定される時に、彰子は強い意志を持って父から自立するに至った。この日道長は一条天皇から譲位の意志を聞くと、代替わりの手続きに取り掛かるため即座に次期天皇（居貞《おきさだ》親王、のちの三条天皇）のもとに向かい、彰子には何も知らせなかった。その父を、「自分を遠ざけようとしている」と彰子は怨んだという。[100]彰子は、天皇の譲位を国家の大

紫式部は白居易の連作『新楽府』をテキストとして、二年間教えているとある。また、『紫式部日記』寛弘五年（一〇〇八）一一月に、物語の新本制作のことが記されている。

(99) 紫式部による回顧録。現行のものは寛弘五年秋―七年正月。彰子の敦成親王出産など職場の晴事を中心に記しながら、自身の苦悩や批評なども盛り込まれている。

(100) 『権記』寛弘八年五月二七日。彰子の言葉「若し隔心無くんば示さるるべきなり、しかうして隠避せんがため示し告げらるるの趣無し（**〈大意〉**もし父上に私への隔心がなければ、教えてくれるはずです。父上は私

事と受け止めつつも、そこに自分も関与するのが当然だとの意思を示したのである。なお、道長が彰子を遠ざけようとした理由は敦康親王の処遇にあったとの推測が、今や定説化している〔服藤、二〇一九〕。この時彰子には既に二人の皇子がいた。が、『栄花物語』(巻九)は、彰子はわが子より敦康をまず立太子させてほしいと道長に懇願したと記す。その真偽については諸説あるが、道長の栄花を記す『栄花物語』が道長に対峙する彰子の姿を書き留めていることは看過できない。

　ところで、彰子が道長を怨んだという情報は、事後に流布したもの[101]らしい。情報を流出させるのは、おおかた女房の仕事である。おそらく彰子が女房に命じ、この情報が貴族社会に広まるように仕向けたものと推測できる。『紫式部日記』はこの前年の寛弘七年に執筆されたと考えられるが、その「消息体《しょうそくたい》」[102]には、彰子は長く女房不信の状態にあり、女房の働きに期待しなかったこと、一方女房はそれに甘えて消極的になり、両者の意思疎通は円滑でなかったとある。しかし一方で、彰子は後宮のあるべき姿を理解すると共に、女房たちの個々の資質を把握していたともある。寛弘八年に彰子が指導力を発揮し、女房を意のままに動かした土台には、試練と熟考を経た成長があったのだろう。天皇交代という重大時に、彰子は〈もの言う后〉を宣言し、彰子女房集団はそれを支えたのである。

に隠すために、告げなかったのです)」が記されている。

(101)『権記』は当日の日記の最後に「後に聞く」と断って付記している。

(102)『紫式部日記』の寛弘六年正月と七年正月の記録の間にある随筆的な箇所。清少納言批判などを含む。手紙文(消息)に似た文体から、便宜的に「消息体」と呼ばれている。

伝説的存在へ

長和《ちょうわ》五年(一〇一六)に息子・後一条天皇が即位すると、彰子は母后、やがて女院として大きな権力を発揮した。そのあり方は詮子が先鞭をつけたものだが、彰子は詮子の路線を継ぐとともに、八七年という長寿を全うする中でそれを大きく広げたと言える。

まず彰子は後一条天皇の即位式で息子の天皇と共に高御座《たかみくら》に登った(103)。これは、幼帝の即位式で母后が高御座に登壇したことが史料で確認される初例とされている[末松、一九九九]。また、同年の大嘗会御禊《だいじょうえごけい》(104)で天皇と同じ輿《こし》に乗った。これは寛和二年(九八六)、皇太后詮子が七歳の一条天皇と同輿《どうよ》した例に次ぐ。彰子は即位式では公卿ら百官の前、大嘗会御禊では庶民を含めた大衆の前に、母皇太后の権威を劇場的に見せつけた。

また、寛仁《かんにん》二年(一〇一八)に後一条天皇の元服式が挙行されるに先立って、道長に太政大臣就任を要請したのも彰子だった(105)。天皇の元服式で最も重要な加冠《かかん》役は太政大臣が務めることになっていたためで、道長はこの時既に摂政を頼通に譲っていたが、皇太后の仰せは断れぬと受け入れた。太政大臣は太政官の最高職であり、その重要な人事を彰子は自ら発議し実現したのだった。

同年三月、彰子は後一条天皇に妹の威子を入内させた。元服したばかりで一一歳

(103) 即位式で使用される重要な設備。式中、天皇はこの中に神器とともに籠り、それによって天皇という特殊な存在になるとされた。

(104) 天皇の代替わり後、初めて行われる新嘗祭。

(105) 『御堂関白記』寛仁元年一一月二七日、彰子からの消息(令旨)を頼通が道長に伝えた。

の天皇と、その叔母で二〇歳になる威子との結婚には無理があるとも思われたようだが、威子は六年前の長和元年（一〇一二）には既に尚侍《ないしのかみ》(106)になっており、入内は織り込み済みだった。そして入内後間もなく威子の立后を提案したのも彰子だった(107)。彰子は道長に「立后は早い方が吉でしょう」と言い、道長は「宮がいらっしゃるので憚られます(108)」と遠慮したが、彰子は「前例もあり慶事とすべきです」と促した。前例とは彰子自身の例である。長保元年（九九九）、彰子自身が入内した時、「三后」の席には〈二后冊立〉のため四人がおり、満席だった。だが間もなく太皇太后の昌子内親王が崩御したので、空きができたと解釈され翌年彰子は立后した。今回は、威子の入内前の寛仁元年に太皇太后の遵子が崩御している。后の数は四人から三人に自然減したことになり、このままもとの「三后」に戻すやり方もあったかもしれない。しかし彰子はそうせず、自らの例を吉例として威子の立后を進めたのである。

　かつて彰子が立后した時には、道長がそれを策謀し、彰子は父の〈人形〉的な存在に過ぎなかった。だが約二十年を経て、彰子は妹の立后という道長を驚かす大胆な提案を自ら行うまでに至った。こうして道長家にもたらされたのが、中宮（威子）・皇太后（妍子）・太皇太后（彰子）がすべて道長の娘という未曽有の栄花「一家三后」だった。威子の立后の日、道長は感極まって和歌を詠んだ。先に掲げた「この世をば」の和歌である。三人の娘が三后（＝月）を満席にし、息子は摂政として公卿たち

(106) 内裏の女官を統括する内侍司の長官。実質的には東宮の妻やその候補が就く役職となっていた。

(107) 『御堂関白記』寛仁二年七月二八日。

(108) この時の「后」は、彰子が太皇太后、彰子の妹の妍子が中宮、妍子と同じ三条院の妻だった娍子が皇后だった。道長は娘である彰子と妍子の二人が既に「后」であることから、さらにもう一人の娘を立后することを躊躇っていた。

と「さかづき」を交わした。道長家の欠けない月とは、家を継承する子どもたちだった。同座の人々も安定した世を自分ごととして祝い、幾度も復唱した。

このように、彰子は天皇家と摂関家の将来に関わる重要事に加え、朝廷の人事についても積極的な姿勢を示し、度々介入した。彰子の関わった政務は後の院政期において先例とされており、そこから先述のように彰子を院政のさきがけと位置付ける見方がなされている［服藤、二〇一九］。やがて彰子は出家して女院・上東門院となったが、最晩年においても影響力があった。

最後に、彰子の姿が聖典化された二つの説話を挙げたい。一つは鎌倉時代の説話集『古事談《こじだん》』から[109]。治暦四年（一〇六八）、七七歳の頼通は関白を辞して子の師実《もろざね》に譲りたいと考え、彰子に相談した。だが彰子は異を唱え、道長の遺命として頼通の弟の教通《のりみち》を関白にさせたという。ここには、道長の遺志の伝道者である彰子の姿がある。そしてもう一つは藤原忠実《ただざね》の語りを書き留めた聞書き『中外抄』から[110]。彰子は、一条天皇が寒い夜に「日本国の人民が寒がっているだろう」と、わざと暖かい夜具を脱いでいたことを、頼通の子・師実に語ったという。忠実はこれを「帝王・一の人は、慈悲の心を以て国を治むべきなり」と受け取った。ここには、一条天皇の仁の政治を伝える彰子の姿がある。彰子はあたかも道長と一条、つまり摂関家と天皇家双方の語り部のように伝説化されたのである。

(109) 巻第二、臣節六一話。

(110) 上、四話。

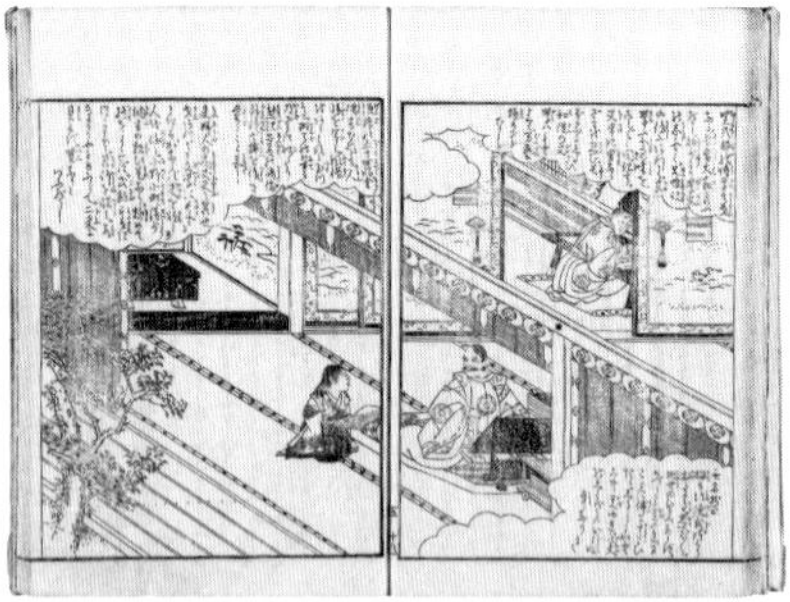

図4　漢文を学ぶ幼少期の紫式部（尾崎雅嘉ほか『百人一首一夕話』9巻，天保4年〈1833〉より，国立国会図書館デジタルコレクション）

2　女房たちの文学

定子のもとには清少納言がいて『枕草子』を書き、彰子のもとには紫式部がいて『源氏物語』を書いた（図4）。二つの作品は現在に至るまで平安文学の双璧と評価されている。

平安中期に長大な文学作品が生まれた背景には、もちろん仮名の発達ということがあった。だがここでは、当時高価だった紙や墨など原資を供給した後援者の存在に目を向けたい。そこからは、書き手と後援者の関係性、政治的状況、情報の発信と管理における諸々の社会的ニーズなどを視野に入れた「時代・社会と切り結んだ作品制作」というテーマが浮かび上がってくる［山本、二〇二二］。特に摂関期には、各サロン(11)に所属する女房たちによって多数の文学作品が生まれた。歌集などの史料からは、現存するもの以外にも多くの作品や文化活動があり、名を残さない無数の「層をなす書き手」がいたことが窺える［平野、二〇一七］。ここでは「后」の女房集

(11) 一七世紀フランスの文化活動を指す用語。ここでは便宜的にこの語を借りて、日本の貴族社会で高度な文化活動を行った集団およびその場を言う。

団から世に問われた三作品をとりあげ、それらがいかに社会との相互関係のもとにあったかを述べたい。

(1)『枕草子』

戦術としての『枕草子』——定子の生前

『枕草子』は初段冒頭の一節「春はあけぼの」が人口に膾炙し、花鳥風月の書としての印象が強い。しかし、これは定子後宮の意図を反映して政治的に創出された作品であった。

『枕草子』の跋文《ばつぶん》には[112]、この作品が定子から下賜《かし》された紙を使って書かれたこと、定子は当初『古今和歌集』を書写するつもりであったのを変更して清少納言にこの新作を作り書かせたことが記されている。ここから本書が「作者個人としての述作ではなく、女房清少納言としての述作」であり、「中宮に代って清少納言が筆作した」ものにあたることは、早くから指摘されていた[石田訳注、一九七九]。

ただ、本格的な執筆が行われたのは長徳二年(九九六)、定子の実家・中関白家が没落した長徳の政変の後であった。この時、清少納言は同僚たちから政敵の藤原道長への内通を疑われ自宅にひきこもった[113]。そんな彼女を定子は咎めず、再び大量の

(112) あとがき。

(113)『枕草子』「殿などのおはしまさで後」。

上質の紙を与えて励ました。そこで清少納言はその紙を「草子」にして定子に献上した。[114] これが最初の『枕草子』であったと思しい。おそらくこの「草子」には、絶望的状況にあった定子を鼓舞する内容が書かれていただろう。現存の『枕草子』に見える初段の「春はあけぼの」など個性的で美しい内容、「〜もの」で始まる〈類聚《るいじゅ》章段《しょうだん》〉の楽しい内容などがそれにあたると思われる。実際「嬉しきもの」には紙を得ることが嬉しいとも書かれており、定子からの紙への返礼として気が利いている。また、「〜は」という類聚の形式は女房集団における知的な遊戯の在り方を写した[115]可能性もあり、ならば女房たちに中関白家盛事の文化活動を思い出させ、自負心を掻き立てる効果を持ったと想像される。つまり本作品は、定子の政治的逆境から生まれ、定子とその女房集団の意気を喚起することを目的とする作品であった。

(114)『枕草子』「御前にて人々とも、また物仰せらるるついでなどにも」。

(115) 誰かが「〜は」というお「お題」を出し、互いにそれに見合うものを応え合うといった遊びが想定される。

戦略としての『枕草子』——定子の死後

ところが、『枕草子』には定子が鬼籍に入ったことを示唆する章段もある。このことから、前項の『枕草子』は第一次のものであり、定子の死後、第二次『枕草子』が書き継がれたことになる。現行の『枕草子』は第一次と第二次の二つの『枕草子』を、後に作者自身が合体・編集・推敲したものである。

現行『枕草子』で定子後宮の思い出を語るいわゆる〈日記的章段〉を見ると、定子は最晩年までよく笑い、知性や風流を忘れなかったとしている。ここから、定子の死後に記された第二次『枕草子』は、第一に定子への鎮魂、もう一つは定子を不遇に追いやった時代への反骨を意図していたと推測される。一方、定子を襲った政変やその後の道長による迫害という事実は、具体的には記していない。これは定子という庇護者をなくした第二次『枕草子』を同時代社会から守るための方策だったと考えられる。結果として作品は明るく美しいものとなり、かつて定子を迫害した者たちの罪悪感をも癒し、潰《つい》えた定子の文化を世に永久保存するものとなった。

その配慮は、約二百年後の『無名草子』からは「宮のめでたく盛りに時めかせ給ひしことばかりを、身の毛も立つばかり書き出でて、関白殿失せ給ひ、内大臣流され給ひなどせしほどの衰へをば、かけても言ひ出でぬほどのいみじき心ばせ[116]」と高く評価された。『枕草子』は時代の状況を乗り越えて定子後宮の美しき記憶だけを世に伝えることを試み、その戦略は成功したのである。

漢詩文素養のジェンダー偏向

ただ、定子の個性は『枕草子』以外の世界においては必ずしも評価されず、むしろ彼女の悲劇性ゆえに忌避されたようである。定子は漢詩文に長け、漢詩文は平安初期までは男女を通じた教養で女性詩人[117]もいた。が、一〇世紀中葉以降は男性を中

(116) **(大意)** 中宮(皇后)定子様が素晴らしく寵愛されていたことだけを、鳥肌が立つほど書き記し、関白道隆様が薨去し、内大臣伊周様が流罪となった時などの衰退の様子は一言も口にしないほどの見事な配慮。

(117) 嵯峨天皇の娘・有智子内親王(八〇七—八四七)など。

心とする公的世界のものと限定されてゆき、私的世界を主な居場所とする女性は漢詩文とは疎遠になっていった。そんな中で、定子の母・高階貴子は公的世界に生きる女官で、漢詩も作ったという[118]。いきおい定子は漢文に親しみ、清少納言をはじめ定子女房は漢文を日常の知的遊具とした。ところが定子は没落、以後女性にとって漢文の教養は禍々しいものとされ、漢籍を読む紫式部は家の女房から「だから薄幸なのだ[119]」と批判された。和泉式部は和歌に漢詩文素養を盛り込む能力があった[120]が、敦道《あつみち》親王[121]との恋では「漢文の作文を習いたい[122]」と無知を演じて媚態とした。このジェンダー偏向は、『大鏡』ではまさに定子の母・高階貴子についての「女のあまりに才かしこきは、もの悪しき[123]」という評言となり、中関白家没落時に失意のうちに亡くなった彼女の悲運と結び付けられている。とはいえ、彰子は紫式部に要請して『白氏文集』[124]の進講を受けたし[125]、『栄花物語』は漢詩の訓読文を文章中に盛り込んでいる[126]。定子文化への忌避感には人や場、時勢による濃淡があったと言える。

(2)『源氏物語』

学びの書としての『源氏物語』

紫式部の『源氏物語』が彼女の仕えた中宮彰子の父・藤原道長の後援を得ていた

(118)『大鏡』「道隆」。

(119)『紫式部日記』「消息体」。

(120) 例えば「夜もすがらなにごとをかは思ひつる窓打つ雨の音を聞きつつ」(『和泉式部日記』長保五年五月五日)は、『白氏文集』「上陽白髪人」の「蕭々たる暗雨　窓を打つ声」に依拠した表現。

(121) 九八一—一〇〇七。

(122)『和泉式部日記』長保五年一一月ついたちごろ。「いとまなみ君来まさずはわれ行かん文作るらん道を知らばや(〈**大意**〉あなたが漢詩文の会で忙しくて私の所にいらっしゃれないのなら、私があなたの所に参りましょう。漢詩文を作る方法

ことは『紫式部日記』に明らかだが、本作品は恋物語であるだけではなく極めて政治的な内容を持っている。特に、ストーリーや設定に史実を利用する「準拠《じゅんきょ》」の方法を諸所で用いており、中には表面的な利用にとどまらないものもある。ここでは、光源氏の母・桐壺更衣《きりつぼのこうい》が中宮(皇后)定子に準拠しているとする説[新間、二〇〇三／清水、二〇一四／山本、二〇二四]について述べる。

物語の桐壺更衣は、父の按察使大納言《あぜちのだいなごん》を亡くし后妃中では低位の更衣だったが、帝の寵愛を独占し、他の后妃や廷臣たちの顰蹙《ひんしゅく》を買い迫害される。やがて皇子・光源氏を産むが彼が三歳の時に若くして亡くなり、帝は悲しみに暮れる。一方、史実としての定子は父の関白道隆を亡くし実家が没落、自らも出家するなどキサキとしての正当性を欠いたが、一条天皇の寵愛を独占し、道長など貴族社会から迫害された。やがて皇子・敦康親王を産むが、親王が二歳の時に二四歳で崩御した。この、キサキとしての非正当性・寵愛の独占・迫害・皇子出産・早世・天皇の悲嘆という点において、桐壺更衣と定子が酷似することが、準拠説の根拠である。

では、なぜ作者はこうした人物造型を行ったのか。『源氏物語』の後援者の藤原道長にとって生前の定子は敵方であり、実際彼は定子を迫害もした。『源氏物語』が主人公の母という主要登場人物を定子に似せて描き、その哀話で読者の同情をかきたてるのは、道長にとって不都合ではないのか。

を知りたいわ)」。

(123)『大鏡』「道隆」。**(大意)** 女であまりに学才のある者は、禍々しい。

(124) 中唐の詩人白居易(白楽天、七七二—八四六)の詩文集。

(125)『紫式部日記』「消息体」。進講は寛弘五年(一〇〇八)から同七年のこと。人目を避けて行われたが、やがて道長や一条天皇の知る所となった。両者から咎めはなく、むしろ道長は応援している。

(126) 巻一三。藤原延子が夫・小一条院に見捨てられた状況を、「春往き秋来たれども年を知らず」と『白氏文集』「上陽白髪人」の訓読を引用して表している。

これについては、先に記した定子崩御後の世相を想起されたい。定子をいじめた道長は怨霊を恐怖した。道長に同調していた貴族たちは罪悪感を覚え、一転して定子に同情した。若者たちは無常観をかきたてられて連鎖的出家騒動を起こし、一条天皇は悲嘆のため心を閉ざした。やがて『枕草子』定子回想章段が流布すると、暗い世相は幾分回復したものと思われるが、道長にしてみればそれで満足はできなかっただろう。より大きな安心と利益を得るために、彼は自分の管理のもと『枕草子』を上回る作品を創出したいと考えたと想像され、それが紫式部の雇用と『源氏物語』の制作につながったと考える。

清水婦久子は「源氏物語は、不特定多数の読者のためや紫式部自身のために作られたものではなく、道長文化圏の活動の一環として捉えるべき」として、次のように述べている(127)［清水、二〇一四］。

没落した中関白家の人々を忘れない一条天皇の寵愛と信頼を得るため、光る君と境遇を同じくする、彰子が愛する義理の皇子・敦康親王を励まし慰めるため、道長の娘たちが后にふさわしい女性になるための手引き書として、さらには道長の孫たちが東宮・天皇にふさわしい人になるために、それぞれの理想の姿、生き方をわかりやすい形にして描いてみせる一大プロジェクトが、源氏物語だったのだろう。

(127) 清水は桐壺更衣には定子だけではなく、その妹で東宮・居貞親王妃であり長保四年(一〇〇二)に早世した原子も重ねられていると見ている。

一方、一条天皇にも『源氏物語』は学びの書であったと思われる。定子への純愛は天皇には甘美なものだったろうが、後宮の秩序を破壊し、貴族社会を不安に陥れた。『源氏物語』では同じ状況を廷臣たちが「楊貴妃の例《ためし》」を持ち出して批判している。楊貴妃は白居易の「長恨歌」[128]で有名だが、「長恨歌」は恋愛の浪漫を主題とする一方、玄宗と楊貴妃への批判をも主題としていた。文学に託して政治批判を行うことを「諷喩《ふうゆ》」といい、『源氏物語』は「長恨歌」の諷喩に倣って一条天皇と定子を批判したことになる。実は、諷喩は一条天皇の理想でもあった。彼は漢学を愛好し、特に儒教精神を重んじて、貴族たちには自分を「諷喩」で批判するように求めていた[129]。作者は父などを通じてそれを知った上で創作したのだろう。つまり『源氏物語』は、道長の娘である「后」たちのみならず天皇にも「学び」という利をもたらす作品だったと考える。一条天皇が『源氏物語』を読み、作者の漢学素養を称賛したことは『紫式部日記』自身が記している。

文化規範としての『源氏物語』

『源氏物語』は既に一条朝において貴族社会に知られ、やがてその表現などが他作品に引用されるようにもなった。例えば寛弘八年(一〇一一)の一条天皇の辞世「露の身の草の宿りに君を置きて塵《ちり》を出でぬることをこそ思へ」[130]は『源氏物語』「賢《さか》

(128) 白居易作の長大な叙事詩。玄宗皇帝と楊貴妃が愛し合うも安禄山の乱の勃発により引き裂かれた悲劇を描く。『白氏文集』「感傷四」に所収。

(129) 御製「清夜月光多」(『本朝麗藻』夏)。

(130) 『御堂関白記』寛弘八年六月二一日。**(大意)**人という露のようにはかない身の住処《すみか》である、草のようにはかない俗世にあなたを置き去りにして、私は一人俗界を離れてしまった。それが気がかりでならない。

『権記』同日や『栄花物語』巻九、『古事談』巻第三、『新古今和歌集』「哀傷」にも載るが、すべて異同がある。

木《き》」の光源氏歌「浅茅生《あさぢふ》の露の宿りに君を置きて四方《よも》の嵐ぞ静心《しづごころ》なき(131)」を本歌とすると考えられている。

もっと言えば、一条天皇が敦康親王の立太子を欲しながら、親王の身に不穏の起きることを案じて断念したことは、『源氏物語』で桐壺帝が光源氏の立太子を欲しながら断念した論理と酷似している。だがこの件では、物語が天皇に直接の影響を与えたとみる必要はなかろう。両者の類似性の理由は『源氏物語』が掘り当てた普遍性という水脈によると考えられるからである。だからこそ、以後も同様に、『源氏物語』に類似した史実は現れ続ける。

『源氏物語』はやがて舞台を都から宇治や比叡山麓・小野に移し、ほぼ政治的内容を離れる。そこで問われるのは、一人勝ちした光源氏の死後、栄花を相対化し救いを求めてさまよう人の心である。実際、道長家によって権力が独占されると貴族社会は閉塞感を漂わせるようになり、文学や隠遁に逃げ場を求める者が現れ始めた。知られるように、その思想は中世に入ると顕著になる。そこからは、『源氏物語』宇治十帖は中世的精神を先取りしていると言ってもよいだろう。

(131) **(大意)** 雑草の上の露のようにはかない俗世にあなたを置いて、私は今、寺に籠っている。ここで四方の風の音を聞くにつけ、あなたの身が案じられてならない。

(3)『栄花物語』

女房が歴史を語るということ

『栄花物語』は、宇多天皇以降の歴史を語り手による「物語」の手法で記した文学作品である。著者に赤染衛門《あかぞめえもん》(132)が擬せられるが、その当否はさておき、道長の妻・倫子や娘・彰子、妍子などの女房らが収集したり表わしたりした記録を土台に、やはり集団の作品として制作されたと推測されている。またそこには、「自家〔道長家〕の繁栄を今後も継続させるべく、将来入内・立后が期待される姫君達に歴史を教える」という目的があったとも考えられている〔星山、二〇一八〕。

『栄花物語』には史実との齟齬が多く、そのため史料としての信頼性を欠くとされてきた。だが右のように考えると、むしろその齟齬こそが教えの書としての狙いを示しているとも言える。つまり、作品は当初から事実による客観的な歴史の記述を追求したものではなく、資料や伝承の取捨選択により、道長家にとって教える価値のある〈歴史語り〉を目指していたのではないかということである。

「物語」という方法は、人物を物語内世界に帰属する〈登場人物〉として設定し、性格づけし、言葉を語らせ、時にはその心内にまで入り込んで思いを吐露させる。特に心中思惟は、読者の心に共感や同情、時には敵方への反感といった感情をかき

(132) 天徳年間(九五七—九六一年)の生まれか。平安時代中期の女流歌人。文人大江匡衡の妻。源雅信邸に仕え、藤原道長の妻・倫子と娘・彰子の女房。

たてるので「歴史を読者に内面的に把握させるための装置」となる［横溝、二〇一八］。道長家の姫を始めとする読者たちは、これを事実あるいは真相と受け止めて心に刻んだだろう。このように考えれば、『栄花物語』はむしろ史実と乖離した箇所にこそ固有の価値を持つと言っても過言ではない。

ここで思い出すのは、彰子のもとに、寛弘二年（一〇〇五）の紫式部を皮切りに、伊勢大輔《いせのたいふ》(133)、和泉式部ら文学の才女たちが女房として次々と雇用された事実である。また時期は多少ずれるが、清少納言の娘・小馬命婦《こまのみょうぶ》も彰子に仕え、清少納言の「草子」を人に貸していた。(134)道長家は文化の世界の領導と管理を意図していたと考える。

文化だけではない。道長家の娘たちには、女房として、道長の長兄・故関白道隆の孫（伊周の娘を含む）や次兄・故関白道兼の娘を始め、錚々《そうそう》たる家の姫君たちが雇用された。これは一般には、彼女たちを女房にすることで道長家の家格を引き上げ、他の家との差別化を図ったものと理解されており、肯《うなず》ける。が、その一方で、彼女たちが一人ではなく大勢の熟練女房付きで参集したことを見逃してはならない。熟練女房たちはそれぞれの関係先の情報に精通している。そんな女房集団を抱えることで、道長家は質・量ともに貴族社会を圧倒する情報を掌握し、またそれを管理することが可能になったはずである。姫君女房の雇用と熟練女房の雇用はセットであり、これは家格の序列化と共に情報の一極集中を目指した企てでもあったと考える。

（133）生没年不詳。平安時代中期の女流歌人。曽祖父大中臣頼基《おおなかとみのよりもと》に始まる累代歌人の素質を買われ、寛弘四年（一〇〇七）頃から彰子に仕えた。

（134）小馬命婦は生没年不詳。清少納言と夫・藤原棟世《むねよ》の娘。上東門院彰子の女房。『範永集』一〇九番の詞書に「女院に候ふ清少納言がむすめこまがさうしを借りて、返すとて（〈大意〉上東門院様に仕えている「小馬」という清少納言の娘が持っている草子を借りて、返す時に）」とある。

その中心には、当初は道長と妻・倫子、やがて彰子がいたと見て間違いないだろう。『栄花物語』の〈歴史語り〉は、こうした企てから生まれた成果の一つと言えよう。

おわりに

天皇の持つ権力を得たいなら、天皇を殺害して自分が成り代わればよい——平安貴族はそのようには思考しなかった。世界的には易姓革命による権力奪取が多数派であるなか、日本の摂関政治はユニークであり、その意味はもっと深く考えられてよい。

摂関政治が信じたのは、天皇の命を奪う暴力ではなく、天皇のキサキへの寵愛、つまり命を生み出す性であった。また、その「産む性」を期待されたキサキたちは、産めば使い捨てでは決してなく、強い権力をも有した。キサキをとり囲む女房たちも、文化・情報・係累など諸方面にネットワークを持ち、力を発揮した。その意味で、摂関政治期は女性の性とジェンダーに支えられた時代だったと考える。

引用・参考文献

池田亀鑑、一九四四年「御堂関白私考——「この世をばわが世とぞ思ふ」の歌を中心として」関西学院大学国文科

開設記念論文集『日本文藝論』昭森社
石田穣二訳注、一九七九年『新版　枕草子』上、角川書店
梅村恵子、一九九六年「天皇家における皇后の位置——中国と日本との比較」伊東聖子・河野信子編『女と男の時空——日本女性史再考Ⅱ』藤原書店
黒板伸夫、一九九四年『藤原行成』吉川弘文館
清水婦久子、二〇一四年『源氏物語の巻名と和歌——物語生成論へ』和泉書院
東海林亜矢子、二〇一八年『平安時代の后と王権』吉川弘文館
東海林亜矢子、二〇二〇年「正妻源倫子」「道長が愛した女性たち」服藤早苗・高松百香編著『藤原道長を創った女たち』明石書店
新間一美、二〇〇三年「桐壺更衣の原像について——李夫人と花山院女御忯子」『源氏物語と白居易の文学』和泉書院
末松　剛、一九九九年「即位式における摂関と母后の登壇」『日本史研究』447
高松百香、一九九八年「女院の成立——その要因と地位をめぐって」『総合女性史研究』15
瀧浪貞子、一九九五年「女御・中宮・女院——後宮の再編成」後藤祥子ほか編『論集平安文学3　平安文学の視覚——女性』勉誠社
土居奈生子、二〇一七年「〈大宮〉考——古記録・史料に見る昌子内親王」『名古屋大学国語国文学』110
中島和歌子、二〇一三年「最晩年を中心とする『栄花物語』の定子の人物造型をめぐって——紫のゆかり、かぐや姫、『産経』」『語学文学』52、北海道教育大学語学文学会
伴瀬明美、二〇〇五年「東三条院藤原詮子「母后専朝事」」元木泰雄編『古代の人物⑥　王朝の変容と武者』清文堂
平野由紀子、二〇一七年「中古文学と女性——層をなす書き手」『中古文学』99
服藤早苗、二〇〇五年「九世紀の天皇と国母——女帝から国母へ」『平安王朝社会のジェンダー　家・王権・性愛』校倉書房

服藤早苗、二〇一九年『藤原彰子』吉川弘文館
古瀬奈津子、二〇一一年『シリーズ日本古代史⑥　摂関政治』岩波新書
星山　健、二〇一八年「『栄花物語』正編、後宮運営に関わる者の系譜上における道長」桜井宏徳・中西智子・福家俊幸編『藤原彰子の文化圏と文学世界』武蔵野書院
村口進介、二〇一八年「『栄花物語』の立后と「一の人」　歴史認識の形成」高橋亨・辻和良編『栄花物語　歴史からの奪還』森話社
山本淳子、二〇〇七年『源氏物語の時代　一条天皇と后たちのものがたり』朝日新聞出版
山本淳子、二〇一六年『紫式部日記と王朝貴族社会』和泉書院
山本淳子、二〇一七年『枕草子のたくらみ　「春はあけぼの」に秘められた思い』朝日新聞出版
山本淳子、二〇一八年「藤原道長の和歌「この世をば」新釈の試み」『国語国文』87―8
山本淳子、二〇二一年「〈新しい歴史読み〉の登場　時代・社会・歴史と切り結ぶ作品読解――『枕草子』積善寺章段試論」『国語と国文学』98―5
山本淳子、二〇二四年「『源氏物語』桐壺更衣の準拠の意味――紫式部の視点から」『中古文学』113
横溝　博、二〇一八年「『栄花物語』と平安朝物語の関係――『うつほ物語』の影響、成熟する歴史語り」『日本文学研究ジャーナル』6

引用史料および作品の本文は、次に拠った。
『古今和歌集』『源氏物語』『栄花物語』『枕草子』小学館、新編日本古典文学全集
『円融院御集』『範永集』角川書店、新編国歌大観
『古事談』『中外抄』岩波書店、新日本古典文学大系
『小右記』『御堂関白記』岩波書店、大日本古記録
『権記』臨川書店、増補史料大成

コラム　女房という生き方

山里の秋の風景（図1）。脛《すね》をむき出して木の実を拾う庶民を後目《しりめ》に、豪華な袿姿《うちぎすがた》の女性たちが紅葉を見る。彼女たちは多分女房で、仕事中である。后妃や上流貴族の奥方や姫君は、行動が制限されていて外出もそうそう許されなかった。女房たちは女主人のために外出し、女主人の見られない花鳥風月を代わりに愛でたのである。

『枕草子』「五月《さつき》の御《み》精進《そうじ》のほど」で清少納言は京の郊外・松ヶ崎に時鳥《ほととぎす》の声を聞きに行く。主人の定子が中宮職に牛車を用意させ、事後には様子を尋ねているから、私的な物見遊山ではなかった。定子の「さていづら、歌は（さて、和歌はどこなの？）」という言葉からは、出先の様子を詠んだ和歌が出張報告書の役も兼ねていたと窺われる。『源氏物語』「胡《こ》蝶《ちょう》」では、光源氏の豪邸・六条院の春の町で紫の上が船楽《ふながく》を催すと、秋の町の梅壺《うめつぼ》中宮の女房たちがや

図1　小堀鞆音・寺崎広業「扇面古写経」(模本，明治時代，原本は四天王寺．Image: TNM Image Archives)

ってくる。中宮は同じ邸宅内の隣の区画にさえ気軽に足を運べないので、見物好きの若女房が選ばれ、中宮の目と耳の役を担うべく派遣されたのだ。一見楽し気だが、仕事は仕事。主人の都合次第で、女房は二四時間勤務といっても過言ではない。

このように、女主人と女房は生き方が全く違っていた（図2）。そこから生まれる行動様式も正反対である。女主人は自宅や後宮の殿舎に住み、部屋の奥に座り、立つことさえあまりなく、小さな声でゆっくりと話す。家族以外の者とは御簾《みす》越しにしか会わない。一方、女房は自宅を出て主人のもとに住み込んで立ち働き、客の受付や主人への言伝《ことづて》を果たす。必要となれば誰とでも会い、顔もさらす。「恥ずかしがってなどいられない」とは清少納言の言葉だが（『枕草子』「生ひ先なく」）、彼女も初出仕の時は半べそをかいて夜にばかり伺候していた。紫式部も里の女（自宅住まいの女性）の価値観がなかなか抜けず、五《ご》節《せち》の舞姫が衆目を集めるのを見て「自分も似たようなものだ」と胸を詰まらせた。ただ、清少納言は数カ月で勤務に慣れたが、紫式部は慣れるのに三年かかっている。これには、清少納言が女房を多く輩出した下級貴族層、紫式部は曽祖父が公卿という出自の差があるだろう。家の零落。外で働くこと。どちらも〈そうありたい自分〉ではない。紫式部は階層の移動と就職による二つのアイデンティティ違和に耐

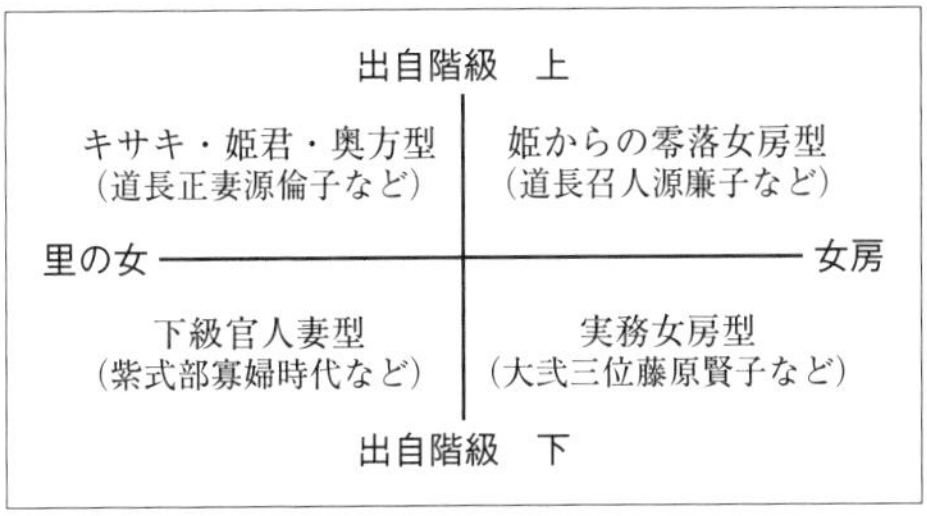

図2　摂関期貴族女性の4分類
ゾーン毎に価値観が相違した．ゾーン移動には流動性もあった．

えなくてはならなかったのである。

紫式部には女房の性の緩さも受け入れにくかった。夜更けに男性が女房を訪う靴音が続き、同僚女房が「やっぱり内裏は家とは違うわね」と笑った時は、自分の居場所ではないと感じた（『紫式部日記』寛弘五年一二月二九日）。女房は男性の職場や自宅などにいて声をかけやすい。局《つぼね》は忍び込みやすい。主人格の男性から性関係込みで使われる「召人」という女房もいる。紫式部の同僚にも道長の召人がいて、苦しさを歌に詠み紫式部に打ち明けた。もとは姫君、父が出家し夫と離別して彰子に出仕した源廉子である。この頃は高家から零落した女房が多い。こんなはずではなかったという挫折感を抱きながら生きた女房は少なくなかっただろう。

だが紫式部は女房になったからこそ文才を発揮し得た。宮仕えは実はチャンスの場でもあった。問題は、どう主体的に自分を生きるかだ。紫式部の娘・藤原賢子（大弐三位《だいにのさんみ》）は二〇代半ばで道長の甥・兼隆《かねたか》の婚外子を産んだ。折しも春宮妃・嬉子の産んだ皇子の乳母が疫病となり、母乳の出る賢子に白羽の矢が立った。二〇年後、皇子が即位し後冷泉天皇となると賢子は典侍となり従三位の位を受けた。夫となった高階成章《なりあき》が大宰大弐の職を得たのも、賢子の縁故がものを言ったか。ワンチャンスにかけ、清少納言が「宮仕えで運をつかもう」（前掲『枕草子』「生ひ先なく」）と鼓舞したとおりに賢子は生きた。運だけではない。後冷泉朝は賢子の教えに支えられて雅やかだったと『栄花物語』（巻三六）は記している。自分の能力を世に活かしたのだ。母の紫式部が生きていれば、どんなに娘を褒めただろうか。

受領の支配と奉仕

小原嘉記

はじめに

受領のイメージ

受領というとどのようなイメージが想起されるだろうか。高等学校の日本史の教科書や参考書などでは、平安時代の地方支配に触れた部分で二人の受領の名前をよく目にする。一人は、転落した谷底からたくさんの平茸を掴んで現れ、「受領は倒るる所に土をもつかめ」*と述べた信濃守《しなののかみ》藤原陳忠《のぶただ》(1)、もう一人は永延《えいえん》二年(九八八)に郡司・百姓等から訴えられた尾張守《おわりのかみ》藤原元命《もとなが》である(2)。彼等から受ける印象は強欲で苛酷な収奪を行う悪吏というものであるが、そうした受領像が一般のイメージとして定着しているのではなかろうか。

私利私欲に走って暴政で百姓を苦しめながら、その一方で権力者に追従して賄賂にふけるといったような古典的な受領像は戦前の研究に遡るが、戦後に平安時代の社会経済史研究を牽引した王朝国家体制論(3)においても、中央政府から任国支配を委ねられた受領が恣意的な支配を行ったことで、一〇世紀末から一一世紀中葉にかけて百姓等が受領を訴える国司苛政上訴《かせいじょうそ》が頻発したと説かれており[坂本、一九七二、〈受領＝悪吏〉のイメージは容易には払拭されなかった。こうした受領に対する否定

*(大意) 受領は転んでもただでは起き上がらない。

(1) 『今昔物語集《こんじゃくものがたりしゅう》』(巻第二八、第三八)「信濃守藤原陳忠、御坂に落ち入る語」。なお、『今昔物語集』の成立は一二世紀前半である。

(2) 永延二年一一月八日尾張国郡司百姓等解《おわりのくにぐんじひゃくしょうらげ》(『平安遺文』三三九号)。

(3) 一九八〇年代まで平安時代史の通説であった。一〇世紀初頭の「国政改革」で国司に大幅に国内支配権を認めたことに第一の画期を置き、国司の恣意的な支配に対する百姓の抵抗が頻発することをうけて一〇四〇年代に太政官が直接的に地方支配に関与するようになる点を第二の画期とし

的なイメージは文学研究にも少なからぬ影響を与えてきた。というのは平安女流文学の担い手の多くが受領の妻や娘であり、[4]彼女たちの文学的営為は受領の精神と関連付けて説明されてきたからである。そこでみられる受領の評価は、貪欲で成り上がり根性をもった存在であるとか、上流貴族に対する憧憬の一方で彼等に追従せざるを得ないことへの鬱屈した感情も抱く不安定な存在であったというように［西郷、一九五五］、ネガティブな形で論及されるのが常であった。

しかし、現在の平安時代史研究では上述のような古典的なイメージは既に一新され、受領は平安後期の国家支配機構の中に正当に位置付けられている。たとえば任国で富を貪るとされてきた受領の行為は単なる私的な蓄財ではなく、朝廷から随時に賦課される恒常・臨時の必要経費に柔軟に対応するためのものであったと評価されているし［寺内、一九九四b］、貴顕への経済的奉仕も単なる賄賂とみるべきでないことが指摘されており［中込、二〇一三］、受領は摂関政治を経済的に支える存在として積極的に捉えられている。また、受領は中央で行われた新しい仏神事の方式を地方に移入するなど、宗教的・文化的な側面で果たした役割も注目されており［上島、二〇〇一］、悪政という言葉のみで彼等を特徴付けるのはあまりに一面的だといえる。

ただ、近年までの研究が明らかにした受領の姿は必ずしも一般に共有されている

て評価する。政策論的観点から近代的国政観が投影された議論といえる。

（4）たとえば、紫式部《むらさきしきぶ》・清少納言《せいしょうなごん》・和泉式部《いずみしきぶ》・赤染衛門《あかぞめえもん》・菅原孝標女《すがわらのたかすえのむすめ》など。

とはいえず、今なお根強くある〈受領＝悪吏〉というイメージとのギャップは大きい。そこで本章では最新の研究成果を踏まえながら摂関期の受領の実像を多面的に論じたいと思う。

1　受領の展開

受領専権の確立

受領という名称は、国司交替の際に前任の国司から分付《ぶんぷ》された官物《かんもつ》(5)を後任の国司が受領するという手続きにちなむもので、官物を受領する国司（通常は赴任する国司の官長）が受領国司で、それ以外を任用《にんよう》国司と呼んだ［泉谷、一九七四］。もともと令制下の地方支配は中央派遣官である複数の国司(6)が共同で行うのが原則であったが、九世紀後半より受領への権限集中が段階的に進められていった。

その制度的な始まりは中央財源となる調庸《ちょうよう》（絹・布・糸や諸国の特産品）の未《み》進《しん》や粗悪化が常態化するのを改善するため、仁和《にんな》四年（八八八）に朝廷が受領に任中分の調庸納入の責任を請け負わせたことにあり、寛平《かんぴょう》八年（八九六）にはさらに例進雑物《れいしんぞうもつ》・封物《ふうもつ》(7)の任中分の貢納も受領の義務に加えられた(8)［北條、一九七五］。そして延喜《えんぎ》一五年（九一五）から公卿《くぎょう》会議において受領の成績を財政的な観点から判定する受領功過《ずりょうこうか》

(5) 主に地方行政の経費に使われた正税《しょうぜい》や、国《こく》衙《が》の管理下にある什器《じゅうき》・施設等の資産。

(6) 令制の国司は守・介・掾・目の四等官で構成され、多くの場合は守が受領であった。

(7) 例進雑物は正税の交易で朝廷に進上するように定められた種々の物品のことと考えられる。封物は寺社・貴族に給与された俸禄である封戸《ふこ》から得られる収入（定数の課戸の調庸全部と租の半分）のこと。

(8) 仁和四年七月二三日太政官符、寛平八年六月二八日太政官符（『類聚三代格』巻五、交替幷解由事）。

定《さだめ》が開始され(9)、受領はこれをパスしないと加階《かかい》を受けたり次の官職に就いたりすることはできなくなった。このように進官物《しんかんもつ》(調庸・雑物等)の確保という財政的な見地から受領に権限と責任を集中させることが政策的に行われたのである。

ただ、一〇世紀前半には令制的な籍帳(戸籍《こせき》・計帳《けいちょう》)支配はまがりなりにも維持されており、任用国司も損田《そんでん》調査(10)などの国務に責任をもって携わっていた。中央貢納物に対して受領の責任が明確化されたとはいえ、国司間の分業体制はいまだに機能していたのである。こうした状況に大きな変化が起こるのが一〇世紀末であった〔佐藤泰弘、二〇〇一〕。この頃には籍帳に基づく支配は最終的に放棄され、公田《こうでん》に田率の所当官物を賦課する新たな徴税方式が採られるようになった(11)。実務面においても受領は京下《きょうくだり》の郎等《ろうとう》(従者)を田所《たどころ》・調所《ずしょ》(12)等の目代《もくだい》や検田使《けんでんし》・収納使《しゅうのうし》に任じ、彼等に現地スタッフである在庁官人《ざいちょうかんじん》・郡郷司《ぐんごうじ》を指揮させて任国支配を遂行する体制を整えた。こうして任用国司は国衙行政に不可欠の存在ではなくなっていった。

受領が編成した人員によって令制とは異なる地方支配を行うあり様は、まさに受領専権の確立を示すものである。そして受領の国内支配が強化される一〇世紀末頃から百姓等が受領を訴える国司苛政上訴が頻繁に見られるようになる。ただし、これを単純に受領の暴政の表れと評価するのみでは、事の真相を見誤ることになる。

(9) 延喜一五年一二月八日宣旨《せんじ》(『類聚符宣抄』第八、受領功課)。開始当初の功過定は任中の調庸・雑米の進納状況と正税帳の審査を対象にしていた。本書、大津透「古代政治としての摂関政治」および本章第2節を参照。

(10) 国司等が現地に下向して、災害等によって収穫の減少した田を調査・確認した。

(11) 平安中期の公田は、不輸租《ふゆそ》の荘田(租税が免除された田)に対して国衙が支配する輸租田のことを指す。受領は公田の面積を基準に所当官物(単に官物ともいう)を賦課した。官物は令制の諸税目に系譜する諸賦課の総称であったが、一一世

「尾張国郡司百姓等解」の史料批判

国司苛政上訴で何が訴えられたのかを知ることができる唯一の史料が永延二年（九八八）一一月八日付の「尾張国郡司百姓等解」（解文《げぶみ》）である（図1）。著名なこの史料には尾張守藤原元命がいかに不法な政治を行っていたかが極めて具体的に述べられており、受領による恣意的な支配を示す実例とされてきた。ただここで注意しなければならないのは、これは郡司・百姓等の一方的な主張を書き連ねた訴状であって、元命が悪吏であることを意図的に印象付けるための文章だという点である。訴訟文書では一方の当事者によって主観的かつ作為的な批判が過剰に開陳されるのが通例であるため、客観的な事実の記録という前提で尾張国解文を読み解くのは非常に危険である。この点は従来の研究でもあまり注意が払われてこなかったところであり、解文の史料批判は今なお重要な検討課題だといえる［小原、二〇一六］。

幾つか例を挙げてみよう。解文には、元命が国衙から支出すべき経費（賑給《しんごう》料(13)、駅《うま》家《や》雑用《ぞうよう》料、池溝修理料、渡船料）を税帳《ぜいちょう》に計上しておきながら、実際には料物（経費）を下行《げぎょう》（支給）していないことを摘発した条文がみられる（第一〇・一二・一三・一九条）。しかし、国衙財政をチェックする税帳勘会《かんかい》(14)は一〇世紀中頃から形骸化が始まり、国内諸経費の収支は監査の対象から外れて過去の帳簿の数値を機械的に書き継ぐだけになっていた［寺内、一九九四a］。つまり解文が作られた頃には税帳は現実の財政運

紀には一個の税目となり、後の中世年貢の直接的な前提を形作った。

(12) 国衙内には政務を分掌する分課的な「所」が設置され、郎等・在庁官人等が業務を行った。田畠の支配を管掌する田所や絹・綿・布等の収取に関わる調所をはじめ、種々の「所」の存在が知られている。

(13) 疫病・災害・飢饉に際して高齢者や病人・貧窮者に稲穀等を施すための経費。

(14) 諸国から年度ごとに京進された正税帳（正税の管理・運用状況を記した公文）は、主税寮において監査が行われた。

用を反映しなくなっており、その記載を根拠にした非難は言い掛かりに近いものといわざるを得ないのである。

また第二六条では元命が部内巡検を実施しないことを訴えているが、風俗を問うための国司巡行は九世紀後半には既に諸国でも実施されておらず、時代錯誤の主張である。この非難は『戸令』の規定を前提にしたものだが[15]、解文は当時の時代状況

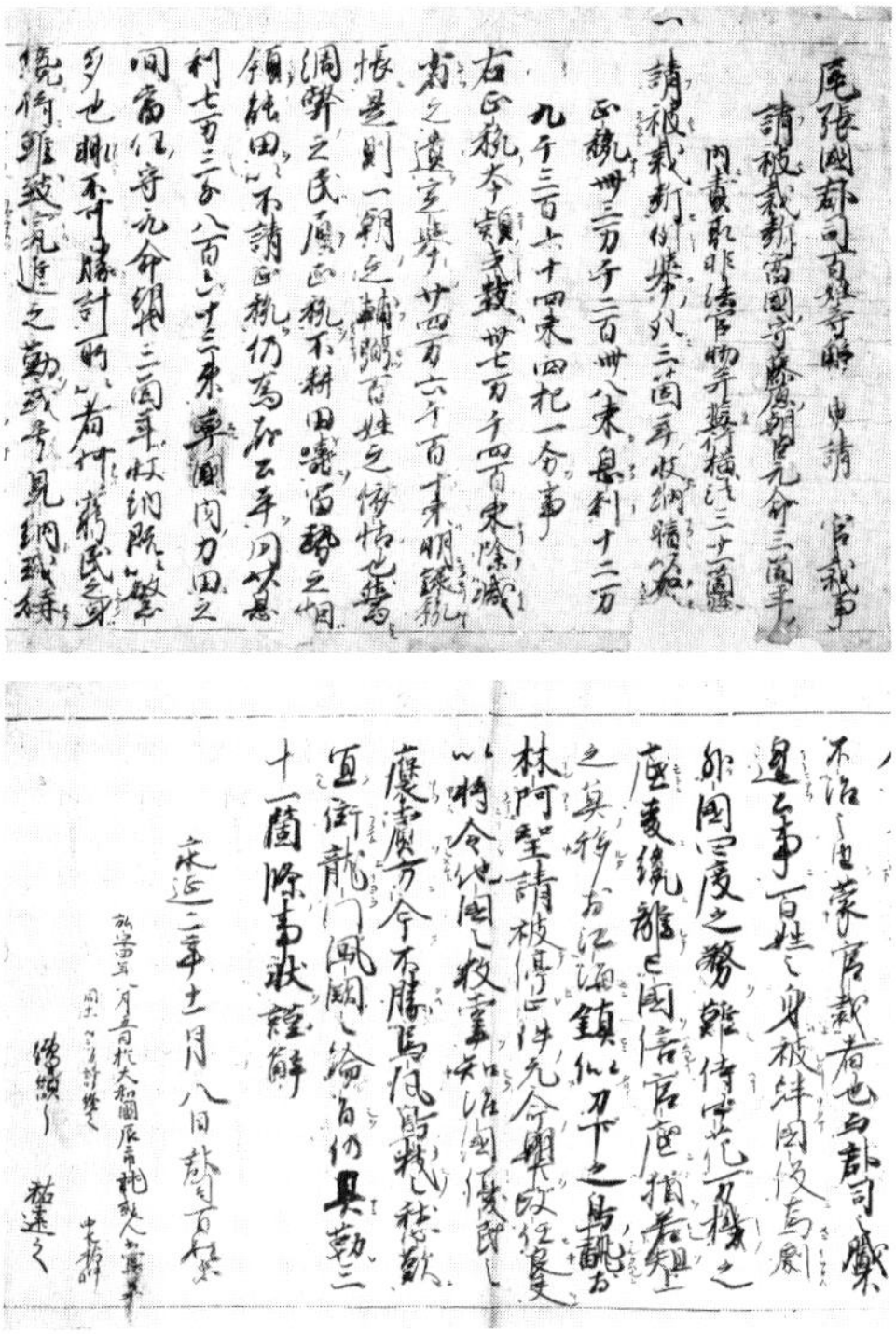

図１　「尾張国郡司百姓等解」の冒頭と末尾(弘安４年〈1281〉書写本，所蔵＝早稲田大学図書館)

(15)『養老《ようろう》戸令』(国守巡行条)には、国守は年ごとに国内諸郡を巡って視察するように規定されている。当該条文は大宝令とほぼ同文であった。

からかけ離れた律令の原則を殊更《ことさら》に持ち出して元命の違法を際立たせる論法を採っているのである。そのほか解文では元命が任用国司の俸料《ぼうりょう》や国分尼寺《こくぶんにじ》の修理稲を下行しないことを訴えた条文がみられる(第二〇・二四条)。しかしこれらは郡司・百姓等の利害に直接結びつくものではなく、彼等が訴えなければならない案件ではない。解文では批判材料に使えるのであれば訴人とは無関係な論点も構わずに盛り込んで悪政を強調しようとする印象操作が意図的に行われているのである。

以上のように解文が多弁に糾弾する「新儀非法」は、ためにする批判という性質が濃厚にあり、そうしたバイアスを排して史料を読み直すと、元命の行為は概ね当時の受領が合法的に行っていた徴税方式の枠内に収まるものと評価することも十分に可能である。

訴えられる受領

では元命はなぜ訴えられたのだろうか。この点に関して注意すべきは解文の作成時期である。永延二年一一月八日は元命の任期の三年目が間もなく終わろうとする頃、つまり任終年《にんしゅうねん》の直前に当たる。尾張国の住人が本当に彼の暴政に苦しめられていたのなら、任終年になるまで待って受領を訴えるというのは極めて奇妙な行動である。郡司・百姓等が三年もの間ひたすら堪え忍んでいたとみるよりも、彼等はも

表1　尾張国の苛政上訴・善状上申

年代	受領	状況	備考	出典
天延2年（974）	藤原連真	愁訴→解任	新司藤原永頼が補任される	6-1002
永延2年（988）	藤原元命	愁訴→解任	新司藤原文信が補任される	7-1460
寛弘5年（1008）	藤原中清	愁訴	留任	7-8
長和元年（1012）	藤原知光	善状		7-129
長和5年（1016）	橘経国	愁訴	任期を全うするヵ	7-137
長元5年（1032）	藤原惟忠	善状		7-217

出典は『愛知県史 資料編6』『同7』の番号

とから任終年を狙って訴えたと考えた方が自然だろう。実際に「任修（終）の務、苛酷極まり無し」*(16)といわれたように、国司苛政上訴は受領の任終年に起こる傾向にあった。これは受領が三カ年の間に累積した官物の未進を任終年に回収しようとして例年以上に厳しい徴税を行っていたからだと考えられる。これにより百姓等の負担は確かに増大して苦しくなるだろうが、受領にとっては任中の官物結解《けちげ》(17)を根拠にした正当な取り立てであるわけで、必ずしもそれは恣意的な収奪ではなかった［小原、二〇一六］。

ところで摂関期の尾張国では受領をめぐって国人等が上訴を行う事例が多く確認できる。**表1**は百姓等による苛政上訴・善状（善政）上申の事例を挙げたものだが、ここから訴えられる受領についての特徴をみることができる。愁訴を受けたのは藤原連真・藤原元命・藤原中清・橘経国《たちばなのつねくに》の四名であるが、このうち解任されたことが確実なのは前二者で、後二者のうち中清は

***（大意）** 任終年の受領の支配（徴税）はこの上なく苛酷になる。

(16)『小右記《しょうゆうき》』治安三年（一〇二三）一二月二三日条。同書は藤原実資の日記である。

(17) 官物の収納後に郡郷ごとに作成された納入状況の報告書で、未進分は次年度に追徴されたりした。

任国に下って対処するように訓告を受けただけで終わっており、経国は愁訴とは関係なく離任している(任期を全うしたか、病気による辞任のいずれかだろう)。

　この二組の違いは何かというと、権力者との関係の有無であった。中清は、叔父知光《ともみつ》と息男範永《のりなが》がそれぞれ藤原道長《みちなが》・頼通《よりみち》の側近であり摂関家《せっかんけ》と近い距離にあったと考えられるし[寺内、一九九九]、経国も道長に近侍していたことが知られる。それに対して連真・元命は摂関家などとの関係は史料から見出すことはできない。権力者の庇護があれば愁訴による政治的なダメージも避けることができたのである。

　一方、国人から善状が出された人物には藤原知光・同惟忠《これただ》の二人がいたが、知光は先述したように中清の叔父で道長に近い人物であった。惟忠は子息則経《のりつね》が道長の近習であった藤原公則《きんのり》の養子になっており、やはり摂関家との繋がりが看取できる。『西宮記《さいきゅうき》』「殿上人《てんじょうびと》事」に「外国《げこく》受領の吏、殿上の寄《よさし》を以て国中の威を得る」*(18)とあるように、殿上受領(19)は天皇の権威をもって在地勢力を効果的に懐柔できると認識されており、国人の側も忖度を働かせて天皇・摂関家にコネを持つ殿上受領・家司《けいし》受領(20)に取り入ろうとする動きを示すことはあったと思われる。善状上申もそうした文脈の中で捉える必要がある。

　このように苛政上訴で致命的なダメージを蒙るのは主に殿上人や摂関家の家司ではない受領であった。そうした点を踏まえると、荘園史研究で著名な東大寺領伊賀

＊(大意) 畿外諸国の殿上受領は殿上人の威光で国内勢力を従わせることができる。

(18)『西宮記』(巻一〇)。同書は源高明《みなもとのたかあきら》が著した宮廷儀式書。

(19) 内裏《だいり》清涼殿《せいりょうでん》の殿上の間への昇殿を許された四位・五位の天皇の侍臣を殿上人といい、彼等の中で受領に任じられた者は殿上受領と呼ばれた。

(20) 親王家・摂関家や三位以上の貴族の家に設置された家政機関(政所《まんどころ》)の職員として働く中流貴族を家司と呼ぶ。その中で受領に任じられて主家に経済的奉仕を行ったのが家司受領である。

国黒田荘《くろだのしょう》で天喜《てんぎ》年間（一〇五三―五八）に起こった国司と荘園（東大寺）側の武力衝突事件（通称「天喜事件」）についてもその見方は変わってくる。両者の抗争が激化した時に伊賀守であった小野守経《おののもりつね》は有力者の後ろ盾のない弱小貴族であり、東大寺側からすると容易に攻撃を仕掛けられる相手であった。つまり権門《けんもん》との繋がりが希薄で政治的影響力に乏しい受領が苛政上訴、さらには過激な形での政治攻勢にさらされやすかったのである。

受領巡任

一口に受領といっても、その社会的地歩が一律でなかったことは以上に述べた通りであるが、そもそも受領はどのようにして任じられる官職だったのだろうか。その任官システムを確認しておきたい。

毎年正月に行われる恒例除目《じもく》で受領に選任されたのは、主として「旧吏《きゅうり》」と「新《しん》叙《じょ》」の官人であった（このほか「別功《べっこう》」や「院分《いんぶん》」もある）[21]。旧吏とは受領経験者で、定められた期間内に任中の財政帳簿の監査を終え（公文《くもん》勘済）、受領功過定で「無過」の判定を受けた者のことをいう。一方、新叙とは新たに従五位下《じゅごいげ》に叙された者のことで、特に顕官《けんかん》（要職）の六位蔵人《ろくいくろうど》・式部丞《しきぶのじょう》・民部丞《みんぶのじょう》・外記《げき》・史《し》・検非違使《けびいし》を経て叙《じょ》爵《しゃく》した官人を順番に受領に任じる特別枠があった（新叙巡《しんじょのじゅん》）。これには劇務をこなし

(21) 別功は造営等の特別な奉仕による功績で受領に任じられること。院分は上皇・女院の推挙権によって任じられる受領のこと。

た官人を収入の多い国司職に任じて報いるという側面もあっただろうが、ただ旧吏・新叙巡は国司としての治績があった者や実務能力に長けた要官経験者を優先的に受領に任じるというところに眼目があるわけで、彼等の行政手腕を積極的に地方支配に活かすことを狙った制度と考えるべきだろう。旧吏や新叙を年労《ねんろう》(長年の勤務の功労)・臈次《ろうじ》(任官年数の順番)の順でシステマチックに任じる受領巡任の方式は国司の受領化が始まる九世紀末頃から始められたものであった[玉井、一九八一]。

しかし、こうした当初の巡任の制度的な意図は一〇世紀後半になると早くも失われていく。その理由は受領任官の有資格者数が受領の欠員を大きく上回ることが常態化したからである。たとえば天延《てんえん》二年(九七四)一二月に複数の旧吏が連名で提出した奏状《そうじょう》(22)(天皇への上申書)では、この七、八年の間に新叙が累増して旧吏の任官が滞積する事態になっているため、除目では受領の欠員を折半して旧吏・新叙を同数ずつ任じて欲しいと述べている。新叙が増加した原因は冷泉《れいぜい》天皇・円融《えんゆう》天皇の践祚《せんそ》・大嘗会《だいじょうえ》(23)によって臨時《りんじ》叙位《じょい》が立て続けに行われたことにあると奏状には記されている。ただ旧吏に対して新叙の方がスムースに任官できていたかというと、必ずしもそうではなかった。たとえば外記を経て叙爵した人物は康保《こうほう》元年(九六四)頃から受領ではなく権守《ごんのかみ》・介《すけ》といった宿官《しゅくかん》(受領になるまでの仮の官)に任じられることが通常となり、そこから数年ほど待機してようやく受領になれた。これは他の顕官にも共通す

(22) 天延二年一二月一七日散位藤原倫寧等連署奏状(『本朝文粋』巻第六、奏状中)。

(23) 天皇即位後最初に行われた新嘗祭《にいなめさい》(天皇が神に新穀を供する神事)のこと。冷泉天皇は安和元年(九六八)、円融天皇は天禄元年(九七〇)に挙行された。

ることであり、しかも待機期間は一一世紀に入る頃には一〇年を超えることも珍しくなくなっていた。このように天延二年の奏状以前から新叙巡に関しても既に不具合は生じていたのである。

さらに付け加えると、一〇世紀後半以降、新叙は西海道《さいかいどう》(九州)等の遠方の不利な国(不人気の国)に多く任じられ、相対的に旧吏が近国や縁海熟国《じゅくこく》(瀬戸内沿海の諸国)などの受領となる傾向がみえ始める。旧吏・新叙の間で任国の有利・不利の差が生じているのである。もはやこの段階の受領巡任に才用《さいよう》主義に則った官僚制的要素をみることはできない。

受領挙

除目に際し旧吏・新叙の有資格者は任官を求める申文《もうしぶみ》を提出した。その申文の中から誰をどの国に任じるかは、公卿による推薦の手続き(受領挙《ずりょうのきょ》)を経て天皇が最終決定を行った。受領挙のやり方は恒例除目と臨時除目では多少異なるところはあったが[玉井、一九八〇]、ともかくも受領の選任に公卿が関与する形の制度設計がなされていたのである。さきほど旧吏・新叙で任国に格差が生じる傾向にあることを指摘したが、そのような状況が起こる背景の一つには公卿による推挙の影響があったと想定することができる。

たとえば先述した天延二年の奏状には「受領は一生一度の官栄なり」とあって、一般的に受領の再任が容易でないことが述べられているが、奏状に名を連ねた旧吏をみるとこの言葉とは幾分違った様相も窺える。連署者で氏名が分かるのは藤原倫《とも》寧《やす》・橘伊輔《これすけ》・藤原為雅《ためまさ》・源順《したごう》の四名だが、このうち倫寧は天延二年以前に陸奥・河内・丹波の国守を歴任していて、奏状提出後には伊勢守の官職を得た。それに対して他の三名は奏状以前に複数回にわたる受領の経歴は確認できず、奏状後も再任できたか否かが不明な人物もいる。倫寧と他三者の違いは大きく、「一生一度」の言葉とは裏腹に彼は突出した受領歴を既に有していた。そこには人選の際に意図的な力が働いていたとみるのが自然である。倫寧は殿上人・蔵人を務めた一方で、藤原実頼《さねより》家の別当《べっとう》(24)に就いており、さらに娘は藤原兼家《かねいえ》の妻(藤原道綱母《みちつなのはは》)になっていた。こうした天皇・摂関家との繋がりが公卿による推挙の局面で有利に作用し、数カ国の受領を歴任する結果になったのだろう。当然、彼も朝廷・貴顕への奉仕に励んだはずである。

ちなみに受領挙について補足しておくと、恒例除目での公卿の推薦は一一世紀初頭には実効的な意味が無くなっていた。ただ、推挙手続きが形骸化したとはいえ、そもそも旧吏は公卿の合議による受領功過定をパスしているので、その点で間接的ながらも公卿による人選という要素は残っていたということはできる。しかも功過

(24) 院司・家司の上級職員を別当と称した。

定では摂関家に近しい人物に便宜を図るようなことも少なくなく〔増渕、二〇〇三〕、家司受領を持続的に生み出すことが可能な構造になっていた。

　これに対して臨時除目における受領挙は一一世紀前半でも一定の実効性を保っており、公卿の推挙権がより直接的に人事に反映されていた。その人選でもやはり貴顕に近しい人物が再任される傾向にあったことは確かである。たとえば藤原元命の解任後に臨時除目で尾張守になった前筑前守藤原文信《のりあきら》の娘は一条《いちじょう》天皇の乳母《めのと》で、母も冷泉天皇の乳母であった可能性があり、天皇・上皇と近い位置関係にあったといえる。受領の人選は、年労や実務能力などの評価に基づく官僚制的原理から外れたところで動かされる部分が多分にあり、それが数カ国を歴任するような受領を生み出したのである。

「県歩」と「古受領」

　天延二年の奏状に連署していた藤原倫寧は娘（藤原兼家妻、道綱母）から「あがた《（県》ありき《歩）》」（国を渉り歩く人）と呼ばれている(25)。彼はまさに「あまた国に行き、大弐《だいに》や四位・三位などになりぬれば」*(26)といわれたタイプの受領の走りといえる。

　一方、新叙巡や老齢に至って叙爵した侍《さむらい》(27)層から受領となった場合は、「受領は一生一度の官栄」の言葉通り、再び受領になるのは稀であった。『今昔物語集』には、

(25)『蜻蛉日記《かげろうにっき》』。天延二年以後の成立とされている。

*（大意）多くの国の受領を歴任して、大宰大弐や四位・三位へと昇任する。

(26)『枕草子』「位こそなほめでたきものはあれ」。

(27) 平安中期の貴族社会では、三位以上の昇進を約束された公達層（上流貴族）、四位・五位クラスの諸大夫層（中流貴族）、六位以下の侍層（下級官人）の三つの家格が形成されつつあった。なお侍は武士を意味する語ではない。

七〇歳を過ぎてようやく尾張守に再任された「旧《ふる》受領」の話がみえるが、(28) それまで彼は「官も成らで沈み居たる」と不遇を託《かこ》っていた。また『源氏物語』「松風」においても、任国で出家して明石《あかし》の浦に隠棲していた明石入道(前播磨守)が、「古受領の沈めるたぐひにて……公私にをこがましき名を弘め*」と述べているように、古受領という語には侮蔑的なニュアンスも含まれていた。

　このように受領は裕福だという通念は必ずしも全般的に成り立つものでないことには注意が必要である。「県歩」型のキャリアを歩む者と「古受領」型ではその官歴には雲泥の差が生じるわけで、受領層と呼ぶべき人々は前者に限定して考えるのが適当である。次の受領ポストが比較的容易に狙える「県歩」型と比べると、「古受領」型の人々は新たなポストを得られる可能性は小さく、その分、任中の受領収益の回収を必死に行おうとすることもあったろう。後ろ盾のない「古受領」型だからこそ任終年に未進官物の厳しい取り立てを行い、それが苛政上訴に繋がりやすかったとみることもできるかもしれない(29)。

　また、「県歩」型と「古受領」型では郎等編成の点でも大きな差異が生じたと思われる。『枕草子《まくらのそうし》』には、このたびの除目で受領に任じられそうな旧吏の家にあちこちから従者が集まって来る様子が描かれているが(30)、再任の期待が抱かれるということは「県歩」型であり、そうした人物のもとには郎等となる人材も豊富にいたこ

(28)『今昔物語集』(巻第二八、第四)「尾張守□の五節所の語」。

***(大意)** 落ちぶれた古受領の一類とみられて、公私にわたり馬鹿にされてしまう。

(29) むろん「県歩」型では苛酷な収奪や苛政上訴が起こりづらかったというわけではない。「県歩」型の藤原惟憲(後一条天皇の乳父)は道長の家司として知られる人物だが、任地で露骨な収奪を行い「貪欲者」と評されている。

(30)『枕草子』「すさまじきもの」。

とが分かる。数カ国の受領を歴任した藤原知章《ともあきら》は筑前守であった時に現地で「子息及び郎等従類三十余人」が疫病で死亡したといわれているが、(31) 多数の郎等を随伴して下向していたことが分かる。一方、尾張守藤原元命は「有《う》官散位《かんさんに》従類」を引率して下向したことが解文で訴えられているが、その人数は八人に過ぎず、藤原知章との差は歴然としている。受領の手足となる郎等の多さは国人統制の強弱にも直結する問題であり、郎等が少ない元命のような後ろ盾のない受領は国人から侮られ、上訴の標的にされやすかったのではなかろうか。

郎等の人材確保という点では、「県歩」型は一族・縁族もまた受領層として活動していたケースが多いことにも注意する必要がある。たとえば**表1**の藤原中清(尾張・周防・河内・備中を歴任)の叔父が藤原知光(摂津・尾張・駿河・備中を歴任)であることは先述したが、さらに付け加えると中清の母は藤原倫寧の娘、妻は藤原永頼《ながより》(美作・尾張・伊勢・讃岐・大和・丹後・近江を歴任)の娘で、まさに親族あげての受領一家であった。こうした一族・縁族によって任国支配のための郎等や京庫《きょうこ》・納所《なっしょ》等(32)の人材が共有・融通されるようなこともあっただろう。郎等の人材確保・編成という点では藤原中清のような受領一族は好条件の境遇にあったといえる。

郎等は任国では検田使や収納使などになって国務に携わったが(33)[大石、一九七三]、それには十分な役得(得分)が伴っており、下級官人層には受領郎等への希望者も多

(31)『小右記』正暦元年(九九〇)八月三〇日条。

(32) 官物は受領が設置した在国の納所(倉庫)等に納められ、随時京進された。京上物を保管するために京近郊に設置された倉庫を京庫といった。

(33)『今昔物語集』(巻第一七、第五)「夢の告に依《よ》りて泥の中従り地蔵を掘り出す語」、同(巻第二四、第五六)「播磨の国の郡司の家の女、和歌を読む語」。

かった。郎等には家人タイプの者と、「若かりける時より受領に付て国々に行くを役として有ければ」*(34) とあるように専業的に国々を渡り歩くタイプの者がいた。後者の人々は断続的に受領のポストが巡ってくる「県歩」型の受領層との関係構築を積極的に進めていただろうが、逆に受領の側もこうした専業的な人々を自らの郎等集団にうまく取り込んで私的（家産的）に編成することが円滑な任国支配のためには必須だったのである。

2　財政構造の転換と受領

調庸雑物の再編

令制下の主たる税負担としては租調庸や雑徭《ぞうよう》(35)があったが、このうち中央に納められる進官物が調庸であった(36)。進官物は基本的には大蔵省《おおくらのしょう》に納められて集権的に管理・運用された。そのあり方は〈集中管理と計画的分配〉という言葉で表現できると思う。

しかし八世紀末以降、調庸の違期・未進・粗悪化が常態化し、中央財政の窮乏化が進行すると、朝廷は田租の稲穀を中央に送る年料租舂米《ねんりょうそしょうまい》・年料別納租穀《ねんりょうべつのうそこく》(37)の制度を設けたり、正税《しょうぜい》(38)による交易の規模を拡大したりして必要物資を中央に貢進させて、

*（大意）若い時から受領に付いて諸国に下り、受領の支配を支える仕事を行っていたので。

(34)『今昔物語集』（巻第二九、第六）「放免共、強盗と為り人の家に入りて捕へらるる語」。

(35) 国司が正丁（二一―六〇歳の良民の成年男子）に課した労役で、年間六〇日以内で種々の公役に駆使された。

(36) このほか「諸司常食」として大炊寮に納められた年料舂米や、「大弁以下年料米」や列見・定考禄（注61参照）等のために太政官に送られた諸国公田地子などもある。

(37) 庸米に代わり諸司の衛士《えじ》・仕丁の大粮《たいろう》（食

地方財源たる正税・不動穀《ふどうこく》(39)を食い潰していった。ただそれもやがて限界を迎え、一〇世紀後半には財政構造の縮小再編を進めざるを得なくなった。それは摂関期の受領の貢納制度の形成とも表裏のものであるが、本節では中央の財政制度再編の概要について大津透氏の研究[大津、一九九〇]を参照しながら、その歴史的意義を考えてみたい。

① 正蔵率分

諸国が納める一年分の主たる進官物(調庸・中男作物《ちゅうなんさくもつ》(40)・交易雑物《こうえきぞうもつ》)のうち一〇分の一(後に一〇分の二)を大蔵省ではなく率分所《りつぶんしょ》(41)(率分堂)に別納する制度が天暦《てんりゃく》六年(九五二)に定められた(42)。これを正蔵《しょうぞう》率分制という。率分所の勾当《こうとう》(43)には通常は左中弁《さちゅうべん》(弁官《べんかん》局《きょく》の事実上の事務方トップ)が就くことになっており、率分は太政官《だいじょうかん》が大蔵省を介さずに直接的に運用できる財源となった。その用途は「止《や》んごと無き公用(44)」とされ、宮廷仏事の費用や諸社の幣物《へいもつ》(神前に捧げる供物)に充てられたほか、官方《かんかた》行事の装束《しょうぞく》料や饗禄《きょうろく》(饗応と禄物)の費用としても使われた[吉江、二〇〇四]。なお、別納を命じた天暦六年の太政官符によると、諸国は別納分を毎年一度にまとめて率分所に進納することが原則とされていた。この点においては物資をクラに備蓄して運用する従前の理念自体が放棄されたわけではなかった。

料)に充てたのが年料租舂米、官人の位禄・季禄・衣服料等とするために京進させたのが年料別納租穀である。

(38) 諸国の郡家の正倉で管理された稲穀。正税は公出挙《くすいこ》によって運用し、その利稲が国衙行政経費等に充てられた。

(39) 田租は非常の備えのために不動穀として備蓄にまわされるのが原則であった。

(40) 中男(一七—二〇歳の男子)を使役して郷土の産物を生産・調達させていた。

(41) 大内裏内の北部にあった大蔵省正倉院のうち東南に位置したクラ。

② 永宣旨料物

正蔵率分制が行われて間もなくすると、諸国の受領は率分の完済のみに意を注ぎ、残り一〇分の八の年料の納入を疎かにするようになった。そこで朝廷は天禄《てんろく》元年（九七〇）九月に九通の官符(45)を発し、御斎会《ごさいえ》・春秋季御《きのみ》読経《どきょう》や京中賑給《しんごう》・施米等の特定の行事(46)に必要な料物を一部の国々に割り当てて、以後毎年納入することを義務づけた。これを永宣旨《えいせんじ》料物と呼んでいる。長保《ちょうほう》二年（一〇〇〇）には春秋二季の臨時仁《にん》王会《のうえ》(47)の料米もこの方式で調達するようになった。永宣旨料物は主として宮中仏事の用途（費用）確保に主眼があったが、注意すべきは各料物の進納時期がそれぞれの行事の約一カ月前に設定されていることである。中央のクラに備蓄・保管するという原則論が放棄され、必要なタイミングで随時に取り立てるという方針が読み取れる。財政運用は〈集中管理と計画的分配〉から〈臨期的調達〉にシフトしていったのである。なお永宣旨料物以外に、調庸雑物の年料を徴収する方法に切下文《きりくだしぶみ》があったが、これについては後述する。

③ 料国制

大蔵省納物の減少によって、同省から用途を受給して官司運営を行う従来の方式は困難となっていったが(48)、天皇と関わりの深い内廷《ないてい》官司（主殿寮《とのもりょう》・造酒司《みきのつかさ》）(49)に関しては一一世紀中葉に必要物資を直納させるための料国《りょうごく》が定められ［勝山、一九七六］、

(42) 天暦六年九月一一日太政官符（『別聚符宣抄』）。

(43) 特定の職務を専門的に担当する役職のことを一般的に勾当といった。

(44) 『江家次第』（巻第四、定受領功課事）。

(45) 天禄元年九月八日太政官符（『別聚符宣抄』）。

(46) 御斎会は毎年正月八―一四日に大極殿等で行われた仏教儀礼。春秋季御読経は毎年二月・八月に一〇〇人の僧侶を宮中に召して大般若経の転読を四日間行った行事。京中賑給は困窮者等に米・塩を支給するもの、施米は京周辺にある寺院の貧窮の僧侶に米・塩を施す行事で、平安中期に

大蔵省を経由しない形での用途調達が行われた。これを料国制と呼んでいるが、こうしたやり方自体は一〇世紀後半に遡るものであった。初期の事例は斎院禊祭料《さいいんけっさいりょう》(50)で、応和《おうわ》三年(九六三)の宣旨《せんじ》には「年来の間、国々に分配し、二月卅日以前に彼の院に奉るべきの由、毎年官符《かんぷ》を給ふ」*(51)とあり、これ以前から料国制は採られていたようである。その後、一一世紀初頭には大炊寮《おおいりょう》・修理職《しゅりしき》・穀倉院《こくそういん》(52)においても料国制による用途調達が行われるようになった。

ところで料国制によって受領が特定官司に規定額の用途を直納《じきのう》する方式は、当該期の封戸《ふこ》納入のあり方と極めて近似している。その点で料国制は諸司済物《さいもつ》と封物の同質化(諸司と諸家の同質化)をもたらす施策であったと捉え直すこともできると思う。

臨時召物制

以上にみてきたのは恒常的な行事等の財源確保策であったが、臨時に行われる大規模な行事(大嘗会・神社行幸など)の費用に関しては臨時召物《めしもの》によって用途の調達が行われた。召物は行事に必要な物資を少量ずつ諸国に賦課するもので、国司の過重な負担にならないように配慮した形になっているが、その狙いは個々の負担量を軽くすることで円滑に用途調達を行うことにあったと考えられる。

召物には行事所《ぎょうじしょ》召物と蔵人所召物の二種類があり、前者は太政官に臨時に設けら

は毎年五月に行われる儀礼的行事になっていた。

(47) 臨時とはあるが毎年二月・七月に一〇〇の高座を設けて宮中で行われた法会。護国経典として重んじられた仁王般若経が講じられた。

(48) なお、九世紀末には畿内にある四〇〇〇町の官田が諸司田として分割され、官人給与について諸司の独立財源化が進められていた。

(49) 主殿寮は宮中諸殿舎の清掃や灯火管理などを担当し、造酒司は朝廷で用いる酒・酢の醸造に当たった。いずれも宮内省に属する官司。

(50) 賀茂祭に先だって行われる斎院御禊や祭当

れた行事担当組織である行事所(53)が官宣旨《かんせんじ》(54)を発給して諸国に物資の供出を命じたもので、その早い例は寛和《かんな》年間(九八五―九八七)の「大嘗会悠紀所《ゆきしょ》召物」が知られている(55)。一方、蔵人所召物は天皇の家政機関である蔵人所が取り仕切る宮中行事等の用途確保を目的に行われたもので、催促は蔵人所牒《ちょう》(56)によって行われた。

ところで臨時召物制が行われる以前の一〇世紀前半に臨時用途の調達方法として史料上に散見するものに臨時交易・臨時舂米《しょうまい》があった。これは公用に充てるため正税・不動穀を用いて舂米・交易絹布等を諸国より進上させる制度で、年一回、比較的多量の物資が一括して徴収された。朝廷は調庸の不足を補うために地方財源への依存を強めていき、それにともなって諸国の正税・不動穀の減少は急速に進んだ。それでも朝廷は康保元年(九六四)に新委《しんい》不動穀の制度を設けて中央用途のために一定量の不動穀の確保を命じており、諸国の稲穀に依存する姿勢は変わらなかった[渡辺、一九八九]。しかし正税・不動穀が無限にあるはずもなく、一〇世紀後半までに正税・不動穀は使い尽くされ、天禄二年(九七一)を最後に臨時交易・臨時舂米による用途調達方式は史料上から姿を消し(57)、それに代わるようにして現れたのが臨時召物であった。この点から臨時召物制の成立は九七〇―九八〇年頃と考えられている。

臨時召物制は正税等の制度的な裏付けが無いまま一方的に受領に賦課される新た

日の料物のこと。

＊(大意) 近来は国々に禊祭料の負担を割り当てて、二月三〇日以前に斎院に用途を納めるよう命じた官符を毎年下している。

(51) 康和(応)三年四月一〇日宣旨(『朝野群載』巻第二八、諸国功過)。

(52) 大炊寮は宮内省に属し、京進された舂米・雑穀を管理した。修理職は宮城の造営・修理を担当した。穀倉院は無主位田・職田等の米穀の収納・保管に当たった令外官司。

(53) 行事上卿・行事弁・行事史で構成され、朝廷行事の準備・運営を掌《つかさど》った。

なタイプの負担であった。かつての臨時交易が特定の行事とは無関係に中央のクラに物資を収納させる原則であったのに対し、召物は行事日程に合わせて随時に任意の受領に行事所への用途納入を命じるものとなっており、そうした点に〝取れる所から取る〟という召物の特徴がよく示されているといえる。

切下文

進官物のうち一〇分の二は率分所に納められ、残りの年料は永宣旨料物等を除いて大蔵省に進納するのが原則であったので、その限りでは貢納物をクラで管理・運用するやり方は一定程度持続していたように思えるかもしれない。しかし、実態は必ずしもそうではなかった。たとえば、大蔵省は諸国からの運上物を待つだけでなく、諸国宛の切下文を発給して年料を進納させた[川本、一九八八]。大蔵省切下文は同省が料物を下行する代わりに行事担当者に渡された手形《てがた》文書であり、行事担当者はこれをもって切下文の宛所の国司と交渉して用途を調達した。大蔵省はクラへの納入を前提とせずに文書によって年料を随時に差配しており、〈集中管理と計画的分配〉からかけ離れた財政運用を行い始めたのである。しかも切下文ではそれなりにまとまった額が諸国に割り当てられており、その分を進納さえすれば本来年料として納入すべき額には達していなくても当年ないし翌年分を完納したという扱い

(54) 太政官から出された下達文書で、内印・外印の押捺手続きを経ずに迅速に発給できた。

(55) 『北山抄』(巻一〇、古今定功過例)。同書は藤原公任が著した儀式・公事の故実書で、一一世紀前半に成立。

(56) 蔵人所が諸官司等に対して発給した文書。

(57) 天禄二年七月一九日太政官符(『別聚符宣抄』)。

となった。こうした措置は年料の輸納額の縮小に他ならず、大蔵省の財政的機能の低下を示すものといえる。

切下文は大蔵省だけでなく、率分所や年料舂米を保管する大炊寮などの収納官司からも発給された。大蔵省切下文の史料上の初見は長保二年(一〇〇〇)、率分所切下文は長徳三年(九九七)、大炊寮切下文は長保元年で、(58)一〇世紀末期までにその使用が一般化していたようである。一一世紀以降もクラへの納物が全く無実化するわけではないが、率分・年料の両方とも切下文によって受領が直納するやり方が多用されていった。

ところで切下文に先だって手形の機能を有する文書として利用されていたものに「俸料官符《ぼうりょうかんぷ》」があった。これは諸国の公田地子《こうでんじし》(59)を収納する太政官厨家《ちゅうけ》(60)が列見《れけん》・定考《こうじょう》禄《ろく》(61)等の支給対象者に現物に代わって渡したもので、官符の受給者が直接宛所の諸国より「俸料」を調達する仕組みになっており、その成立は一〇世紀前半に遡ると考えられている[渡邊、二〇〇五]。ただし、官符の発給は外記政による請印《しょういん》(62)など厳格な手続きを要するものであり、迅速かつ柔軟な財政運用を行うとなると官符の類は不向きである。経費調達面における手形文書の本格的展開は各保管官司の裁量で発給される切下文の登場にあったといえる。

(58)『権記』長保二年三月一九日条、長徳三年七月一九日条、長保元年七月一三日条。

(59) 令制下に公田と呼ばれたのは口分田等の班給後の剰余田(乗田)のことで、その地子(田地の賃貸借料)は太政官に送られた。注11で述べた公田とは異なる。

(60) 太政官の厨房で、諸国の公田地子も管理した。

(61) 律令考課制度に関わる儀礼で、列見(式日は二月一一日)は大臣が叙位候補者を点検する儀式、定考(式日は八月一一日)は太政官の長上官の勤務成績を定めて大臣に上申する儀式。

受領の統制

一〇世紀後半の財政制度の縮小再編によって、官司や行事担当者は受領からの直納によって用途を確保するようになったが、こうした形の財政運用を維持するにあたっては受領が貢納を怠らないように統制を行う必要があった。それは受領功過定において新たな貢納制度に対応した審議項目を追加することでなされた。もともと受領功過定は、主計寮大勘文《しゅけいりょうだいかんもん》によって調庸・年料舂米の進納を、主税寮《しゅぜいりょう》大勘文によって正税等の運用状況と封戸の田租の納入状況を審査していた。その後、天慶《てんぎょう》八年（九四五）に勘解由使《かげゆし》大勘文が審査書類に加えられて国司交替時の正税・不動穀等の欠失や不正の有無が確認されるようになり(63)、功過定の審議項目の基本的枠組みが整った。

ここにさらに新財政制度に関わる諸勘文等が審査のために付け加えられていった。たとえば、率分については率分所・主計寮が作成した破立《わたて》勘文(64)、料国制に関わるものとしては斎院禊祭料勘文や修理職・大炊寮・穀倉院の各納畢《のうひつ》勘文(65)の提出が必要となったし、永宣旨料物の進納や新委不動穀の貯蓄にしても既存の二寮・勘解由使大勘文においてチェックできるようになっていた。功過定をパスすることは次の任官のための必要条件であるため、受領はそこでチェックされる納官済物の弁済には極めて熱心に取り組んだだろう。その点で受領功過定が受領の済物進納を促す効果を

(62) 官符に官印を捺す手続き。

(63) 天慶八年正月六日宣旨（『政事要略』巻二八、年中行事一二月上）。

(64) 官が作成した勘文で、率分の応輸額と納入額を対照・確認した資料。

(65) 料物を受納する各組織が作成した進納・未進状況を報告した資料。

有していたことは確かである。

ただ、功過定が受領の貢納の全体をカバーするものではない点にも留意する必要がある。律令税制に由来しない臨時召物はそもそも所定の年額などはないため、朝廷が個々の受領の納入状況を統一的に把握することは不可能であり、そのような勘文も作りようがなかった。伊勢神宮造替などの重要な召物を勤めない受領を功過定にかけないこともあったが(66)、それ自体は功過定で召物の審査があったことを意味するものではない。

また摂関期の受領功過定では公卿が熱心に議論を交わしていることから財政監査機能を重視する見解も存在するが〔大津、一九八九〕、受領は功過申文を提出する以前に既に各収納機関との間で決算を済ませているのが通例であり、公卿会議の場に出される書類(諸勘文等)は一種の済物完納証明というべき内容のもので、それらの必要書類が揃っていれば功過定の場で納官済物について改めて議論すべき事柄は殆ど無かった。では、公卿等は何を議論していたのかというと、不与解由状《ふよげゆじょう》(67)に記された正税等の留国官物《りゅうこくかんもつ》(68)に関する事柄であった〔中込、一九九五/佐々木、一九八七〕。ただ、正税帳等の公帳の数値は一〇世紀中頃以降は実態を反映するものではなくなっていたので、いかに熱心な議論が行われていたとしても、客観的にみればそれは税財政構造の現実から乖離した空疎な議論といわざるを得ない。公卿等の評議の内容

(66)『小右記』治安元年(一〇二一)正月二〇日条。

(67) 受領の交替時に後任国司が前任国司に解由状(交替事務の完了を認めた文書)を出せない理由を記した文書で、太政官に提出された。

(68) 国に所在した正税等の稲穀類や諸物資、国衙管理下の什物・諸施設など。

自体は必ずしも当該期の財政制度の実態とリンクしたものにはなっていないのである。

たとえば功過定の審議の内容を詳細に記した「吏途指南《りとしなん》」(69)(『北山抄《ほくざんしょう》』巻一〇)をみると、議論に際して先例や基準として引かれているのは一〇世紀中期まで(醍醐《だいご》朝・朱雀《すざく》朝・村上朝前期)の元号を有するものが多く、一一世紀前半の公卿等が規範として認識していたのは延喜から天暦時代の施策であった[坂上、二〇一五]。財政制度の再編によって一〇世紀後期には貢納のあり方が大きく変わっているにもかかわらず、なおも一昔前の制度下で受領に求められていたあり方が議論の基準となって功過定が行われていたことになる。公卿等の理念的で守旧的な姿勢が目立っていると評すべきだろう。

受領功過定が加階や次の任官の前提になっていた以上、その人事統制上の効果は十分に評価されるべきである。しかし一方で、会議では縮小再編された最小限の進官物の輸納額をチェックするだけで、召物等を含めた受領の貢納を総体的に審査することなどはできず、議論の内容も形骸化した留国官物の数値に執着する傾向にあった。その点で功過定の財政監査機能を過大視することはできず、公卿等が現実の財政状況に対して厳格な審査を行って官僚制的に受領制を運用していたと評価することも困難とすべきである。

(69)「吏途指南」は太政官で行われる地方関連政務や受領功過の審議・裁許について判断の基準となる先例などをまとめた故実書である。

受領の徴税と京庫

一〇世紀後半の財政制度の再編によって、収納官司による〈集中管理と計画的分配〉という令制的理念は後退し、受領からの〈臨期的調達〉という現実的手段が採られるようになったが、それは受領による徴税や貢納のあり方の変化と密接に関係するものであった。その変化は具体的には律令税制の解消と京庫の形成の二点にまとめられる。

まず税制からみていこう。一〇世紀前半はまだ令制的な税目での徴税が行われ、戸籍・計帳に基づく個別人身支配は完全には放棄されていなかったが、その維持は困難となりつつあった。そこで受領は国衙領を「名《みょう》」(徴税単位)に編成し、堪百姓《かんひゃくしょう》を(70)「負名《ふみょう》」(名の納税責任を負った者)として把握し課税を行い始めた。それにより租税・地子だけでなく調庸も作田数を基準にした賦課に移行していき、一〇世紀末までに公田官物率法《こうでんかんもつりっぽう》(71)が成立して令制的税目の区分を取り払って一つの帳簿(官物結解)で収税物の決算を行う方式が定着した[小原、二〇一六](**図2**)。こうして摂関期の国衙領の負担体系は令制税目をまとめた「官物」と力役の「臨時雑役《りんじぞうやく》」に収斂し、律令税制の枠組みは解消されたのである。

この税制の変化は受領収益(得分(72))にも変化をもたらした。地方財源である田租・

(70) 税負担をするだけの力がある百姓。

(71) 公田に課される官物の品目と段別賦課額を定めたもので、その内容は見米《げんまい》三斗を基本に、非水田生産物を収取する准米などから構成された。

(72) もともと国司は公《く》廨稲《がいとう》を得分として取得していたが、正税・不動穀と同様に一〇世紀に入る頃には国衙にあった稲穀は大幅に減失していたはずである。

正税が「官物」として進官物に組み込まれたことで、国内において稲穀を管理・備蓄する必要が無くなり、大量の米が京進されて受領の裁量で運用されるようになった。しかも率分・年料等の年輸額は財政再編によって必要最小限に縮減されていたので、結果として貢納に備えて京庫に運上された官物の多くが受領の手元に残って受領得分となったのである。中央財政と地方財源（留国官物）の縮小が受領収益の増大化をもたらしたといえる。

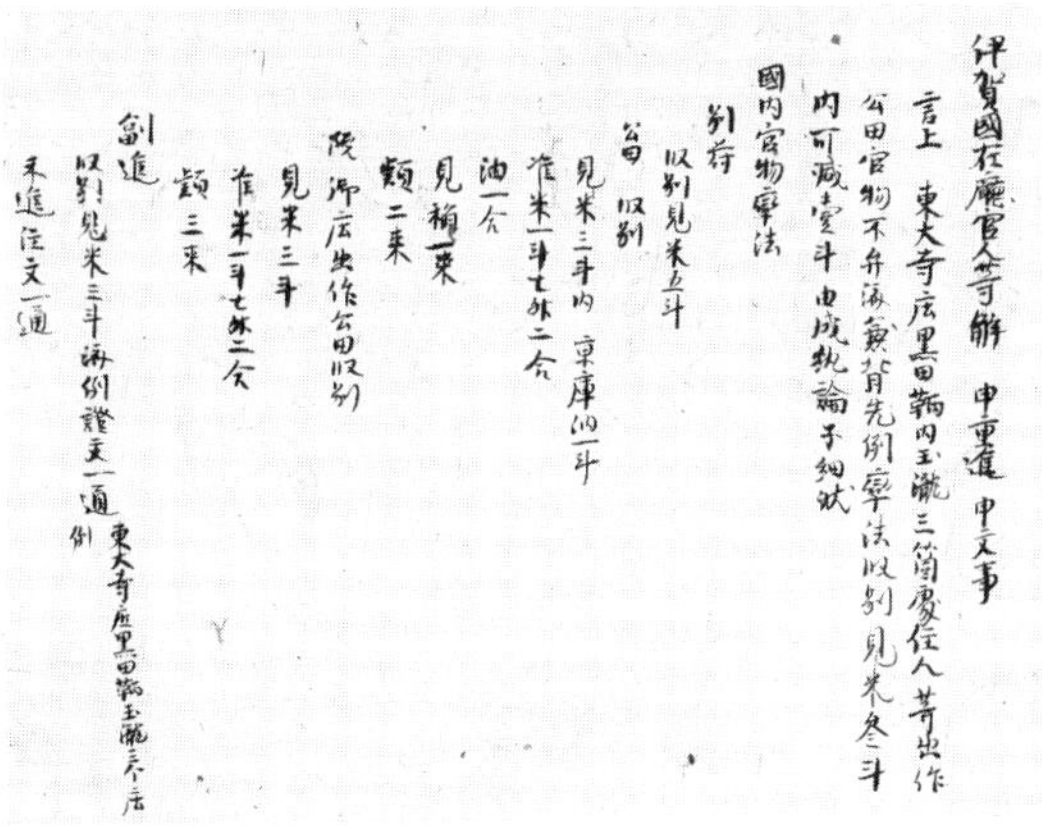
伊賀國在廳官人等解　申請進　申文事
言上　東大寺庄黒田杣内玉瀧三箇處住人等出作
公田官物不弁済兼背先例率法収納見米参斗
内可減壹斗由成執論子細状
國内官物率法
別符　収納見米五斗
公田　収納
見米三斗内　東庫納一斗
准米一斗七升二合
油一合
見稲一束
頴二束
於御庄出作公田収納
見米三斗
准米一斗七升二合
頴三束
副進
収納見米三斗済例證文一通　例　東大寺庄黒田杣玉瀧三个庄
未進注文一通

図2　伊賀国の公田官物率法（「保安3年〈1122〉2月日伊賀国在庁官人等解案」東大寺未成巻文書〈1-1-216〉，所蔵＝東大寺）

そして京進された官物を京庫で管理したのが受領が私的に設置した弁《べん》済使《さいし》である。弁済使の初見史料となる天暦元年（九四七）の太政官符(73)では、弁済使は進官物の大蔵省納入を妨げる存在として指弾されているが、実はこれ以前から大蔵省のクラに納入されていない段階の貢納物を便宜的に行事用途に充用することは行われ

(73)　天暦元年閏七月二十三日太政官符（『政事要略』巻五一、交替雑事）。

ていた。具体的にいうと大蔵省に納めずに別の場所にプールされた「在下《ざいげ》」の進官物を、受領と結託した在下史生《ししょう》が管理・出納して随時に公用に充てるという財政運用法である［寺内、一九九八］。この在下史生が弁済使の前身であったと考えられるが、弁済使に財政関係官司の下級官人が多いことに鑑みると、在下史生も同様と思われ、特に在下の発生経緯からして受領と結びついた大蔵史生等がその中心であった可能性が高かろう。たとえば『宇津保物語《うつほものがたり》』には質屋業を営む富裕な大蔵史生が見えるし、[74] 史生ではないが『小右記《しょうゆうき》』には大蔵録《おおくらのさかん》の子で敦明《あつあきら》親王[75]家の家人である安倍真弘が宮の仰せと偽って備中守から絹を催徴しようとした出来事が記されており、[76]大蔵省の下級官人やその家族が金融業や料物督促の交渉を受領と行っていることが知られる。受領は彼等を家産機構の中に組み込んで弁済使に任じ、京庫の管理と貢納実務を担わせるようになったのである。

摂関期の柔軟な財政運用のあり方、すなわち行事用途等の〈臨期的調達〉方式の一般化は、弁済使と京庫の展開を前提にしたものであった。かくして諸国から京進された官物は個々の受領の管下にある京庫に分散して管理され、諸司・諸家に済物・封物を支払って残った分が受領私富となり、それが諸権門への奉仕のためにも使われたのである。

(74)『宇津保物語』「吹上上」。同書は天禄二年(九七一)から永観元年(九八三)までに成立したとされている。

(75) 三条天皇の第一皇子で後一条天皇即位時に東宮に立てられた。後に東宮の位を自ら辞退したが、准太上天皇として小一条院の号が授けられた。

(76)『小右記』長和四年(一〇一五)閏六月一四日条。

財政再編の背景

当初は朝廷から禁止されていた弁済使であるが、一〇世紀後半になるとその存在を前提にした形での財政再編が行われた。では何故この時期に財政構造と貢納形態が変化したのだろうか。ここでは一つの可能性として度重なる内裏《だいり》焼亡を挙げたい。平安宮《へいあんきゅう》内裏は天徳四年(九六〇)に初めて焼失したのを皮切りに、一〇世紀後半に計五回の火災が起こった。天徳四年の再建時には二七カ国に造内裏《ぞうだいり》役《やく》を国充《くにあて》[77]して造営が行われたが[上島、二〇〇六]、建造のための造宮役を直接割り当てられなかった国々も朝廷の恒例用途に加えて新造内裏に必要な種々の調度品《ちょうどひん》等を用意するための臨時用途を負担することはあっただろうから、膨大な物資が短期間のうちに諸国から京に集まる状況が生じた。機能低下の著しい保管官司ではそれらを管理することは難しく、多くは受領管下の施設に集積されて造営の進展状況に応じながら必要なタイミングで物資が供出されていたと考えられる。これにより必要なものを随時に調達できるシステムの簡便さが朝廷内でも肯定的に認知されていき、さらに貞《じょう》元《げん》元年から天元《てんげん》五年(九七六―九八二)の短期間に起こった三度の火災によってそうした用途調達法の一般化がより進んだものと思われる。弁済使はこうして実質的に公認された存在になったのだろう。

天徳の再建事業直後の応和三年(九六三)には諸国が率分のみを納めて残りの年料

(77) 大規模造営における経費調達法として一〇世紀後半から採られ始めたもので、諸国の受領に各殿舎の造営負担を割り当てた。

を勤めないと述べられているが(78)、これには内裏造営の過重な負担が諸国を圧迫していたことも影響しているだろう。実際、天徳年間頃から正税帳の監査の形骸化が進むが、それは造内裏等の膨大な出費のために帳簿上において留国官物が消失してしまうような事態を防ぐためであったと思われる。この点は、正税等を用いる臨時交易制が間もなくして消えることや、税帳に立用《りゅうよう》せずに(税帳上で正税を支出していない形にして)済物等を勤めることを求め始める朝廷の姿勢からも明らかである。一方、九六〇年代に料国制や新委不動穀の制度が設けられ、九七〇年代以降に永宣旨料物制や臨時召物制が行われ始め、国家財政は特定の行事用途のみを確保する方向へと縮小再編された。内裏火災の財政上のインパクトがコンパクトな財政構造と融通性を備えた貢納形態への移行を促したと評価できるのではなかろうか。

(78) 応和三年閏一二月二八日太政官符(『政事要略』巻五一、交替雑事)。

3 貴族社会と受領の奉仕

受領と院宮

前節では国家財政という公的制度との関わりから受領をみたが、しかしそれは当該期の受領が貴族社会の中で果たした役割のうち、ほんの半分のものに過ぎない。本節ではもう半分の側面、具体的にいうと受領が貴顕に対して行った経済的奉仕に注目し、受領収益が国家財政の枠外で非制度的に運用されるあり方を積極的に評価していきたいと思う。

権門への経済的奉仕というと、現在は諸国所課《しょか》(79)をめぐる議論が盛んであるが、それらの多くは院・摂関家といった特殊な権門が行った準国家的行事のための召物という性格が強く、朝廷の経費調達制度の亜種と捉えることもできないわけではない。ここではそうした諸国所課はいったん脇に置き、より私的な奉仕としての性格が強い貴顕の後見《うしろみ》を軸にして摂関期の受領層の位置付けを考えることにしたい。

表2　摂関期の院分受領

年代	院	受領	出典
延喜8年(908)	宇多院	信濃守源恵	古今和歌集目録
延喜18年(918)	宇多院	武蔵守高向利春	古今和歌集目録
天延3年(975)	冷泉院	相模介平惟仲	公卿補任
貞元3年(978)	冷泉院	石見守藤原在国	公卿補任
永延3　(989)	円融院	(加賀)源重文	小右記
正暦2年(991)	東三条院		扶桑略記
寛仁元年(1017)	小一条院		扶桑略記
万寿3年(1026)	上東門院		扶桑略記
長元4年(1031)	小一条院	加賀権守藤原師成	公卿補任

まずは受領と院宮《いんぐう》(80)に関わる論点として院分受領をみよう。院分受領とは上皇・女院《にょいん》が有する申任権によって任じられた院司《いんし》受領のことで[時野谷、一九六二]、封戸や年官年爵《ねんかんねんしゃく》(81)のような直接的な給与とは異なり受領収益をもって経済的な後見を院司(82)に行わせることを眼目にしたものであった。文献上の初見は延喜年間(九〇一―九

(79) 権門が受領に充て課した個別的な負担のこと。済物賦課権の個別権門への委譲説[井原、一九八六]、王権による特殊賦課説[上島、一九九二]、貴族社会の贈与慣行説[遠藤、二〇〇八]などの説が出されている。

(80) 「院」は上皇・女院、「宮」は后宮(中宮など)や東宮を指す。

(81) 天皇・院宮王臣(給主)が位階・官職の希望者を独自に推挙して叙任させる制度で、給主は官位希望者から叙任料を得ることができた。

(82) 院庁・女院庁の家政職員。

二三）の宇多《うだ》上皇による申任事例であるが、院分受領が本格化するのは円融朝以降と考えられる（**表2**）。受領の申任権は、小一条院の特例を除くと、「帝の御親ならでは受領などはえさせたまはじ*[83]」とあるように天皇（皇太子も含む）の父母に限定されるもので、皇嗣《こうし》のいない花山《かざん》上皇は封戸・年官年爵は与えられても「受領までこそ得させたまはざらめ*[84]」のごとく認められなかった。また、一条朝の冷泉上皇は皇太子居貞《おきさだ》親王（三条《さんじょう》天皇）の父ではあるが現天皇の直系尊属ではないため、「あやしき国をも院分と選《え》りたてまつらせたまへれば*[85]」と収益の少ない下国が充てがわれていたらしい。このように院分受領は極めて政治的な性質を帯びるものでもあった。

同様のことは中宮《ちゅうぐう》・皇太子でも確認される。すなわち中宮職《しき》・春宮坊《とうぐうぼう》[86]の亮《すけ》（二等官）・進《しん》（三等官）による受領兼帯である。**表3**をみると醍醐朝・朱雀朝に散発的に三例がみえるが、院分受領の事例と同じく円融朝あたりから宮司《ぐうじ》（中宮職官人や坊官《ぼうかん》）による兼帯が本格的に展開していくことが分かる。これも宮司が后宮《こうぐう》・皇太子を経済的に後見できるようにするための措置であったと考えられる。院宮の家政経営の財源を制度的に増補するのではなく、院司・宮司による有形無形の奉仕体制を拡充させることに力点がある施策といえる。

このように一〇世紀末には受領収益を院宮の後見の原資として構造化する動向が明確になった。貴族社会における奉仕者としての受領の立ち位置が象徴的に示され

＊（大意） 天皇の親でなければ院分受領（の申任権）を得ることはできまい。

（83）『栄花物語』巻三九「布引の滝」。

＊（大意） 院分受領（の申任権）までも得るというわけにはいくまい。

（84）『栄花物語』巻四「みはてぬゆめ」。

＊（大意） 収益の乏しい下国に院分受領を充てられていたので。

（85）『栄花物語』巻一〇「ひかげのかづら」。

（86）中宮・東宮の家政機関で、れっきとした律令官司。

ていると思う。摂関家の家司受領もこの延長上に現れた変種として捉えられるのではなかろうか。なお少し次元は異なるが、一〇世紀末より受領が内蔵頭《くらのかみ》[87]を兼任する傾向がみえ始めるが[森田、一九七八]、これも非制度的に受領収益を官司運営に充当するためであった。内蔵寮《くらりょう》は天皇の御服調進を職務とするため、こうした方策が

(87) 内蔵寮は天皇に関わる財政を担当する官司。内蔵頭はその長官。

表3　摂関期の宮司受領

治世	后宮・皇太子	宮司	国名(受領)
醍醐朝	太皇太后宮(藤原明子)	亮	讃岐(藤原枝良)
	春宮(保明親王)	亮	備前(藤原菅根)
朱雀朝	中宮(藤原隠子)	権亮	近江(小野好古)
円融朝	春宮(師貞親王)	亮 大進	播磨(源惟正) 甲斐(藤原時光)
一条朝	春宮(居貞親王)	亮 大進 権亮	摂津(源正清) 備前(源頼光) 丹波(高階業遠)
	中宮(藤原彰子)	亮 大進	近江(源高雅) 摂津(橘為義)
三条朝	皇后宮(藤原娍子)	亮	伊予(藤原為任)
後一条朝	春宮(敦成親王)	亮 亮 亮	近江(藤原惟憲) 播磨(藤原惟憲) 播磨(藤原泰通)
	中宮(藤原威子)	権大進 亮 亮 権大進 亮	三河(源為善) 但馬(橘則隆) 丹波(源経頼) 三河(藤原保相) 丹後(藤原兼房)
	太皇太后宮(藤原彰子)	大進 大進	美濃(藤原頼明) 備中(源行任)
後朱雀朝	春宮(親仁親王)	亮	近江(藤原隆佐)
	中宮(禎子内親王)	権大進 権大進	阿波(藤原泰憲) 伊賀(藤原資国)
後冷泉朝	中宮(章子内親王)	権大進 亮	周防(藤原隆方) 美濃(源某)
	皇后宮(藤原寛子)	亮 亮 権亮	播磨(藤原隆佐) 讃岐(藤原隆佐) 丹波(藤原資良)

宮崎康充編『国司補任』(続群書類従完成会)をもとに作成.

採られたのだと考えられる。

家司受領

摂関や公卿の家司が受領となって主家に多大の奉仕を行っていたことはよく知られているが、その中でも藤原道長に仕えた家司受領の数は圧倒的であった［佐藤堅一、一九六四］。家司受領はおそらく院分受領や宮司受領のあり方を追蹤する形で展開したものと推測される。一〇世紀末成立の『落窪《おちくぼ》物語』には、衛門督道頼《えもんのかみみちより》が三条邸を占有するために「家司なる但馬守・下野守、政所《まんどころ》の別当なる衛門佐《すけ》、雑色《ぞうしき》など」を派遣したことが記されているが、[88] 権勢ある貴族の家司には複数の受領がいるという認識が既に生じていたことが知られる。また『宇津保物語』には「国々の受領」が左大将源正頼家の上巳《じょうし》の祓《はらえ》[89]のため六艘の船を調進したり、中納言藤原仲忠の京極《きょうごく》邸造営で対屋《たいのや》一棟ずつを分担したりしていたことがみえている。[90] これらも家司受領による奉仕の実態を念頭において叙述されていると考えられる。

摂関家で家司受領が本格化する以前の状況も一瞥しておきたい。道長の祖父師輔《もろすけ》や父兼家の正妻は受領クラスの中流貴族であった。これは道長の妻が左大臣源雅信《まさのぶ》女《むすめ》（倫子《りんし》）、頼通は具平《ともひら》親王女（隆姫女王《たかひめじょおう》）であったのと比べると格段に身分が低いが、ただそうであるからこそ兼家段階では受領が親族のうちに抱え込まれるようなケー

(88)『落窪物語』巻之三。

(89) 三月初めの巳の日に水辺で行われた邪気を払う行事。

(90)『宇津保物語』「菊の宴」「蔵開上」。

スがみられるのである。たとえば、兼家の妻藤原時姫《ときひめ》（摂津守藤原中正《なかまさ》女）の兄安親《やすちか》は天徳元年（九五七）に摂津守になったのを皮切りに大和守・相模守・伊勢守と「県歩」型のキャリアを辿ったが、彼は時姫を介して兼家一家とは親密な関係を保ち、藤原守仁《もりひと》（安親の子）女と道隆《みちたか》の間には道頼《みちより》（兼家の養子となる）も誕生した（図3）。また伊賀・備中・播磨の受領を歴任した守仁の兄陳政《のぶまさ》は冷泉院とその皇子居貞親王に仕えたが、それも兼家・時姫夫妻との関係によるものと考えられる。兼家一家を受領が外戚として支える状況が看取できると思う。

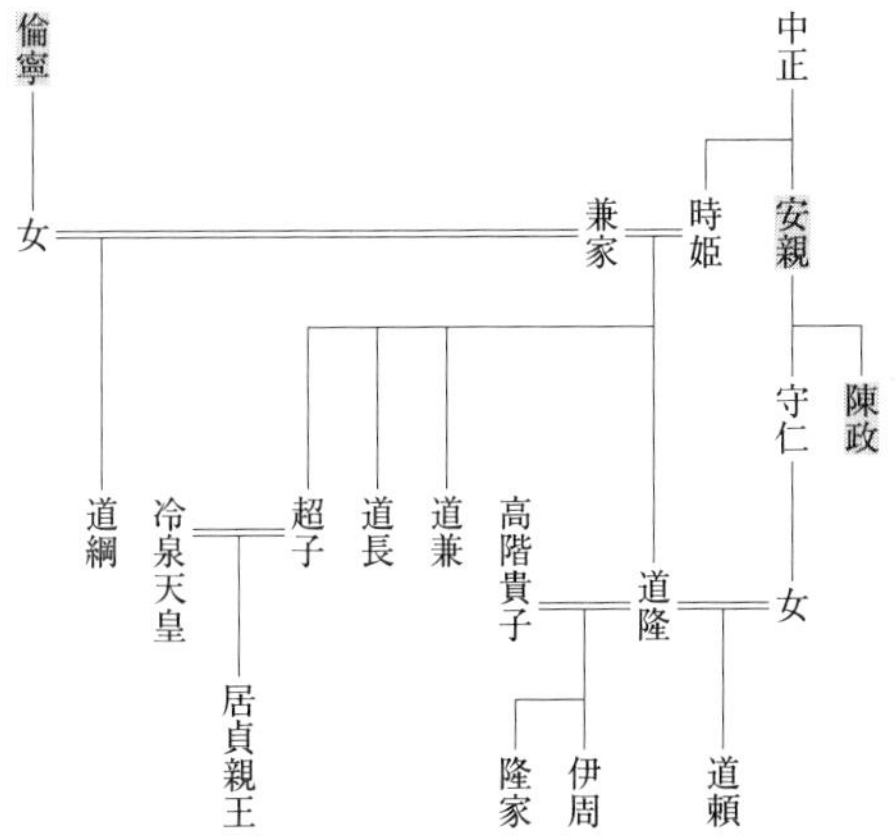

図3　藤原兼家周辺の関連系図（網掛け部分は「県歩」型の受領）

『栄花《えいが》物語』では、道隆の正妻高階貴子《たかしなのたかこ》の父成忠《なりただ》は「国々治めたりける」のように受領層とされており、さらに道隆が彼女の兄弟たちを「さべき国々の守どもにただなしに」*任じたと叙述されている。(91)高階成忠が国々の受領を歴任したという史料的徴証はないためこの記述は必ずしも信頼できないもの

＊**（大意）**しかるべき国々の受領にやたらと。

（91）『栄花物語』巻三「さまざまのよろこび」。

の、受領を輩出する妻方の高階家が中関白家《なかのかんぱくけ》を後見するという話のモチーフは、先述した兼家一家の様相が投影されたものとして理解することも可能である。

いずれにしても一〇世紀末になると、親族関係により外戚の受領が摂関家を扶助するあり方から、主従関係に基づき家司受領が奉公する体制へと変化が生じたことが窺えると思う。摂関家の妻の身分が高くなると当然前者のタイプは無くなるのであるが、ただ上流貴族層において若い公達《きんだち》が受領の婿となるケースは一一世紀以降も普通にみられるもので、受領の後見が貴族社会において有した意義についてはいま少し注意深くみておく必要があるだろう。

受領による後見

『源氏物語』「帚木《ははきぎ》」にみえる「雨夜の品定め(92)」では、受領の娘には器量の良い女性が見られ、彼女たちが宮仕えに出て貴顕の子息との良縁という幸運を引き当てることも珍しくないと述べられている。また同「東屋《あずまや》」では、受領は婿となった「君(公達)たち」を主君のようにかしずき大切に「後見たてまつる」ので、それをあてに受領の娘と縁組みする公達もいると語られている。高い身分にある公達との結婚は受領の娘にとっては幸運なことであったが、公達の側からすると、それは自らの生計に関わる問題でもあった。

(92) 光源氏《ひかるげんじ》とその友人頭中将《とうのちゅうじょう》・左馬頭《さまのかみ》・藤式部丞《とうしきぶのじょう》が雑談の中で交わした理想の女性像に関する議論。

(93) 藤原北家のうち藤原実頼を祖とする一流を実頼の邸宅にちなんで小野宮流と呼ぶ。頼忠・実資・公任等の公卿を輩出した。

＊**(大意)** 衣食等の様々なことは、全て経相の世話

小野宮流《おののみや》(93)の藤原資房《すけふさ》（実資《さねすけ》の孫）は受領層である源経相《つねすけ》の娘との結婚後は岳父の邸宅（富小路第《とみのこうじてい》）で暮らし［服藤、一九八五］、経相の死去までの一八年間、「衣食等の雑事の巨細、皆かの人の養顧に在り」*(94)と語っている。衣食住に関して経相の献身的な後見があったことが知られる。婿とは少し異なるが、道長に仕えた家司受領の藤原泰通《やすみち》は、妻小式部《こしきぶ》が藤原嬉子《きし》（後朱雀《ごすざく》天皇女御《にょうご》）の乳母であったことから、嬉子のもとに「はかなき魚、果物、何の物も見ゆるをば、夜夜半わかずまづまづと運びまゐらせし」*(95)のように食料をはじめとする種々の物資を送り、養君《ようくん》の世話に励んでいた。

また受領層ではないものの、次の事例も参照したい。実務に長けた能吏として知られる権中納言藤原行成《ゆきなり》(96)は寛仁《かんにん》二年（一〇一八）に道長六男の長家《ながいえ》を婿とし、その翌年に大宰権帥《だざいごんのそち》を兼任した。権帥は実益が多いので競望者は多数いたが、行成は「三位中将（長家）の御扱ひの心もとなさに」*(97)任官を希望し、それが容れられたのだという。彼は結局赴任しないまま一年後に権帥の官を辞すのだが、実入りの多い外官《げかん》を求める動きが貴顕の後見とリンクして語られている点が注目される。受領収益は貴顕の後見という個別的な形で上流貴族層に回収されており、そうした体制が貴族社会の存立を可能にしていたのである。

受領による後見に関しては住環境の整備も挙げられる。資房夫妻は経相の死後に富小路第を伝領して同邸の造作・修理を行ったが、その費用は「故参州（経相）存生の時、

になっている。

(94)『春記《しゅんき》』長暦三年（一〇三九）一〇月七日条。同書は藤原資房の日記である。

***（大意）** ちょっとした魚・果物や何なりとも、真夜中であっても真っ先に運び申す。

(95)『栄花物語』巻二六「楚王のゆめ」。

(96)摂関期の公卿。政務に通じた人物で、道長にも近く仕えた。能書家としても知られる。

***（大意）** 長家殿のお世話をするのが（経済的に）心もとないので。

(97)『栄花物語』巻一六「もとのしづく」。

図4 「国司の館」(『松崎天神縁起絵巻』巻5第4段18紙，所蔵＝山口県防府天満宮)

兼ねて給はる所なり」*(98)のように経相から与えられたものであった。公達に相応しい家を用意しようとする経相の姿勢が窺える。また『宇津保物語』には左大将藤原兼雅《かねまさ》が近江守の所有する邸宅を所望したエピソードが記されているが、(99)その屋敷は近江守が宮あこ(右大臣源正頼息)を婿に迎えることを企図して新たに用意したものであったという。

このように受領の邸宅(**図4**)は貴人を迎え入れる機能も具備していた点に留意したい。これは公達の婿だけの問題ではなく、家司・宮司の邸宅をその主人が方違《かたたがえ》・土《つち》忌《いみ》(100)等で利用したようにある程度一般化して考えてもよいものといえる。長元《ちょうげん》三年(一〇三〇)には受領による一町家《いっちょうや》(一町〈一二〇メートル四方の区画〉の邸宅地のこと)の造営を規制する過差禁制《かさきんせい》が出されたが、(101)これは裕福な受領が身分不相応な豪邸を建設していたという単純な話ではなく、貴顕を

＊(大意) 故経相が生きていた時に、あらかじめ与えていただいたものです。

(98)『春記』長暦三年一二月六日条。

(99)『宇津保物語』「蔵開下」。

(100) 方違は陰陽道で悪いとされる方角を避けて他所に移動する行為で、土忌は特定の方角や場所での穴掘りや造営など土を犯す工事を忌むこと。

(101)『日本紀略』長元三年四月二三日条。

後見する受領の奉仕形態に根ざしたところから生じた問題として捉え直せるのである［小原、二〇二四］。

受領のイエ

藤原為頼《ためより》は孫娘が誕生した際に、「后《きさき》がねもししからずは良き国の若き受領の妻がねかもし」*と詠んだように、[102] 経済力のある受領との結婚は中流貴族の娘にとって幸福なことであった。ただ裕福な生活の希求という点のみに受領との婚姻の目的をみるのは不十分である。というのは、受領の妻となった女性には天皇・キサキ・摂関家の女房《にょうぼう》・乳母であった人物が多くみられるからである［吉川、一九九五］。宮廷・権門諸家に女房として出仕する女性が職場で殿上受領・家司受領と出会って結婚に至ること自体は極めて自然な成り行きだといえるが、彼女たちも貴顕に仕える働く女性であり、経済力の保持はそのキャリアにも大きく関係する事柄であった。たとえば道長は自身の子女や外孫の皇子女の乳母を決める際に信頼のおける家司受領の妻を選定しており、夫の経済力に頼んだ奉仕が彼女たちに求められていたことが分かる。権門諸家に仕える家司・女房は経済的な実務や奉仕を役務の一つとしているわけで、私富の集積・管理は貴顕と主従関係を結び種々の奉仕を行う諸大夫《しょだいぶ》層[103]の活動にとって必要条件となるものであった。

*（大意）后妃になるか、そうでなければ良い国の若い受領の妻となるのが良いだろうなあ。

（102）『為頼朝臣集』。藤原為頼は一〇世紀後半の歌人で、紫式部の伯父。丹波・摂津・陸奥の受領を歴任した。

（103）注27参照。

また「雨夜の品定め」で頭中将《とうのちゅうじょう》は、受領の娘は生半可な上達部《かんだちめ》（公卿）の娘よりも品位・器量・才識に優れていると語っているが、これは受領の娘も母同様に宮仕えに出て廷臣等と日常的に交流していたことから出てくる評価であった。受領は宮仕えに備えて十分に費用をかけて娘を大切に教育しているのだと頭中将が述べるように、受領のイエでは子女に対して宮廷に出仕するために必要な教養・作法を熱心に教えていたはずで、その中心的な役割を担ったのは、自身も女房として宮廷等に出仕する受領の妻であった。彼女たちが平安女流文学を生み出した才識溢れる女性であったことは今更いうまでもない。受領のイエでの教育を通じて家司・女房が再生産されていく構造に鑑みると、受領と女房の婚姻は貴族社会を下支えする階層の安定的存続には不可欠のものであったと評することができる。

受領の妻の奉仕

受領の妻が在国する夫にかわって京庫・京宅に保管された受領収益を管理し、朝廷・諸権門への貢納品の差配を行っていたことはよく知られているが、(104)ここでは受領の妻が独自に行う経済的奉仕についてみていきたい。

『落窪物語』の少将道頼と落窪の姫君の結婚に関する場面では、姫君の侍女阿漕《あこぎ》が婚姻に必要な品々を叔母である和泉守の妻を頼って入手したことが描かれている。

(104) たとえば、大和守藤原保昌に対する召物を、妻の和泉式部が京宅から進納している（『栄花物語』巻二九「たまのかざり」）。

和泉守の妻が阿漕に対して、夫からは様々な物を貰っているので「何事もなほのたまへ*」と言い送っているように、受領の妻は夫から与えられた豊富な品々を自らの私財として自由に運用・処分していたことが分かる。このように夫を通じて確保した富は、女房として権門に奉仕する際の原資の一つになっていただろう。

受領の妻の経済的奉仕が窺える例としては『落窪物語』にみえる中納言源忠頼《ただより》（落窪の姫君の父）の七十賀の召物を挙げることができる。[105] この行事を主催した大将道頼（姫君の夫）は任国にあった三河守惟成《これなり》（道頼の乳母子）に絹の進上を命じたところ、惟成は絹一〇〇疋《ぴき》を奉った。これとあわせて三河国に下向していた惟成の妻阿漕（姫君の侍女）も「茜《あかね》に染めたる絹二十疋」を姫君の許に進上した。彼女に召物の命令があったわけではないので、これは主人である姫君に対する自主的な奉仕と考えられる。また『宇津保物語』に描かれた中納言源涼《すずし》家の産養《うぶやしない》[106]では、紀伊守神南備《かんなび》種松《たねまつ》（源涼の外祖父）が鮭・鯉等の豪華な食料品を献上してきたが、同じく紀伊守の北の方も衝重《ついがさね》（食器類をのせる脚付の配膳具）以下の品々を奉った。[107] 親族の祝儀に関する話だが、ここでも受領とその妻が別々に献物を行っていることが分かる。

しかも受領の妻の収入源は夫からの私富の分与だけとは限らなかった。受領の妻が夫とともに任国に下向する事例は枚挙に遑がないが、彼女が国司《こくし》館《たち》に出入りする国人と接触していたことは、『朝野群載《ちょうやぐんさい》』所収「国務条々事《こくむじょうじょうのこと》」に、「左道の事を愁

*（**大意**）何でも（必要なものを）おっしゃって下さい。

(105)『落窪物語』巻之三。

(106) 新生児が誕生した三・五・七・九日目の各夜に行われた祝宴で、子供の無病息災を祈った。

(107)『宇津保物語』「蔵開下」。

ふの輩、ややもすれば内房に属託する」*ことを禁じる条文があることからも明らかであるし、国司館には国人の妻・娘も雑仕《ぞうし》となって出仕していたと思われ、彼女たちを介して受領の妻が国人との意思疎通役を果たすこともあっただろう。『源氏物語』「玉鬘《たまかずら》」では長谷寺《はせでら》に参詣する大和守の妻の様子を「いかめしく勢ひたる」*と表現しているが、これは彼女の下に多くの男女が参集していたことを示している。そうなると北の方(大和守の妻)が国人やその妻・娘から引出物・贈物・献物などを受けていたことは容易に想像され、受領の徴税とは無関係な形での妻独自の私財形成も想定できる[小原、二〇二四]。権門諸家の女房が受領の妻として下向することは、主人への経済的奉仕の一環であったとみなすことも決して的外れな理解ではないと思う。(108)

このように日常的な貴顕の後見という観点から受領の奉仕をみる際は、受領の妻にまで視野を広げて考える必要がある。受領層のイエが家司・女房のイエである以上、受領の奉仕とは、家司・女房層による権門への奉公という形で捉え直すのがよく、そうすることによって貴族社会の存立基盤を総体的に理解することが可能になるのである。

＊(大意) 不正なことを訴える輩が往々にして受領の妻に(受領へのとりなしを)依頼する。

＊(大意) たいそうな威勢である。

(108) 皇后定子の乳母が夫の任国である日向に下向するエピソードが『枕草子』「御乳母の大輔の命婦、日向へくだるに」にみえるが、この行為は零落した皇后宮から逃げ出すというよりも、主人を経済的に支えるための奉公として読み直すことができる。

おわりに

院政期の受領

承暦《しょうりゃく》元年（一〇七七）に落慶供養が行われた白河《しらかわ》天皇の御願寺《ごがんじ》法勝寺《ほっしょうじ》を筆頭に六勝寺《りくしょうじ》(109)の造営では院近臣の受領層による成功《じょうごう》(110)が盛んに用いられており〔上島、一九九四〕、院政期の大規模造営は受領の財力が存分に活用されていた。白河院や鳥羽院《とばいん》の院《いんの》庁下文《ちょうくだしぶみ》(111)には多くの受領が名を連ねており、院によって受領層が編成されていた様子が明瞭に窺える。受領の財政面での活動はいまだ顕在であったようにみえるかもしれない。

しかし、受領をめぐる状況が大きく変化することにも注意する必要がある。一つは院近臣となった受領層は鳥羽院政期には中納言を極官《きょっかん》とするまでに家格を上昇させたことである。彼等は公卿層の仲間入りをして知行国主《ちぎょうこくしゅ》(112)へと転成していき、それによって受領層という社会的存在は姿を消すことになった。そして、もう一つは荘園制の展開である。一二世紀には六勝寺などの王家の御願寺の所領として多くの王家領荘園が成立するが、その立荘を推進したのが院近臣の知行国主であった。それらの荘園では院・女院に近侍して奉仕する廷臣・女房が預所《あずかりどころ》(113)に任じられ、彼等が

(109) 白河の地に建立された天皇・女院の御願寺（法勝寺・尊勝寺・最勝寺・成勝寺・延勝寺・円勝寺）の総称。

(110) 造営事業の請負の見返りとして任官・叙位に与ること。

(111) 院庁から王家領荘園等に下された下達文書。

(112) 国の知行権を与えられた上流貴族を知行国主と呼んだ。知行国主は子弟や家司を名目上の国守（名国司）に申し任じて、任国の収益を得ていた。

(113) 本家から補任される所職で、荘園の経営実務を担った。

領家⑭となって所領を相伝知行していった。摂関期の貴族社会を支えた受領のイエは荘園制下の領家へとシフトしたと捉えられよう。地方からの富の多くは領家の家産として管理・運用されるようになり、受領の官職はもはや富裕の象徴として競望の対象ではなくなったのである。

(114) 本家の下で荘園を知行したのが領家で、預所職を有する場合が多かった。

引用・参考文献

泉谷康夫、一九七四年「受領国司と任用国司」『日本歴史』316(のちに『日本中世社会成立史の研究』高科書店、一九九二年に収録)
井原今朝男、一九八六年「中世国家の儀礼と国役・公事」『歴史学研究』560(のちに『日本中世の国政と家政』校倉書房、一九九五年に収録)
上島 享、一九九二年「平安後期国家財政の研究」『日本史研究』360(のちに改題して『日本中世社会の形成と王権』名古屋大学出版会、二〇一〇年に収録)
上島 享、一九九四年「受領成功の展開」上横手雅敬監修『古代・中世の政治と文化』思文閣出版(のちに同右書に収録)
上島 享、二〇〇一年「中世宗教支配秩序の形成」『新しい歴史学のために』242・243(のちに同右書に収録)
上島 享、二〇〇六年「大規模造営の時代」鈴木博之他編『シリーズ都市・建築・歴史3 中世的空間と儀礼』東京大学出版会(のちに同右書に収録)
遠藤基郎、二〇〇八年「非公家沙汰諸国所課と貴族社会——慣行から「制度」へ」『中世王権と王朝儀礼』東京大学出版会
大石直正、一九七三年「平安時代の郡・郷の収納所・検田所について」豊田武教授還暦記念会編『日本古代・中世史の地方的展開』吉川弘文館

大津　透、一九八九年「摂関期の国家論に向けて――受領功過定覚書」『山梨大学教育学部研究報告』39（のちに改題して『律令国家支配構造の研究』岩波書店、一九九三年に収録）
勝山清次、一九七六年「便補保の成立について」『史林』59―6（のちに『中世年貢制成立史の研究』塙書房、一九九五年に収録）
大津　透、一九九〇年「平安時代収取制度の研究」『日本史研究』339（のちに同右書に収録）
川本龍市、一九八八年「切下文に関する基礎的研究」『史学研究』178
小原嘉記、二〇一六年「平安後期の官物と収取機構」『日本史研究』641
小原嘉記、二〇二四年「受領をとりまく女性たち」『日本歴史』911
西郷信綱、一九五五年「宮廷女流文学の開花」『日本文学の方法』未来社
坂上康俊、二〇一五年『日本古代の歴史5　摂関政治と地方社会』吉川弘文館
坂本賞三、一九七二年『日本王朝国家体制論』東京大学出版会
佐々木宗雄、一九八七年「十～十一世紀の受領と中央政府」『史学雑誌』96―9（のちに『日本王朝国家論』名著出版、一九九四年に収録）
佐藤堅一、一九六四年「封建的主従制の源流に関する一試論」、安田元久編『初期封建制の研究』吉川弘文館
佐藤泰弘、二〇〇一年『日本中世の黎明』京都大学学術出版会
玉井　力、一九八〇年「「受領挙」について」『年報中世史研究』5（のちに『平安時代の貴族と天皇』岩波書店、二〇〇〇年に収録）
玉井　力、一九八一年「受領巡任について」『海南史学』19（のちに同右書に収録）
寺内　浩、一九九四年a「律令制数的支配の崩壊――大帳・正税帳制度の解体を中心に」『日本史研究』388（のちに改題して『受領制の研究』塙書房、二〇〇四年に収録）
寺内　浩、一九九四年b「摂関期の受領と私富蓄積」『日本歴史』551（のちに改稿して同右書に収録）
寺内　浩、一九九八年「弁済使の成立過程」『続日本紀研究』315（のちに同右書に収録）
寺内　浩、一九九九年「国司苛政上訴についての一考察」薗田香融編『日本古代社会の史的展開』塙書房（のちに

改題して同右書に収録)
時野谷滋、一九六二年「知行国制の起源」坂本太郎博士還暦記念会編『日本古代史論集　下巻』吉川弘文館(のちに『律令封禄制度史の研究』吉川弘文館、一九七七年に収録)
中込律子、一九九五年「中世成立期の国家財政構造」『歴史学研究』677(のちに『平安時代の税財政構造と受領』校倉書房、二〇一三年に収録)
中込律子、二〇二二年「日本古代・中世移行期の「賄賂」」『歴史評論』861
服藤早苗、一九八五年「摂関期における受領の家と家族形態」『日本歴史』447(のちに『家成立史の研究』校倉書房、一九九一年に収録)
北條秀樹、一九七五年「文書行政より見たる国司受領化」『史学雑誌』84―6(のちに『日本古代国家の地方支配』吉川弘文館、二〇〇〇年に収録)
増淵徹、二〇〇三年「藤原道長執政期の受領功過」笹山晴生編『日本律令制の展開』吉川弘文館
森田悌、一九七八年「平安中期の内蔵寮について」彌永貞三先生還暦記念会編『日本古代の社会と経済　下巻』吉川弘文館(のちに『平安時代政治史研究』吉川弘文館、一九七八年に収録)
吉江崇、二〇〇四年「平安時代の儀礼運営と装束使」『ヒストリア』192(のちに『日本古代宮廷社会の儀礼と天皇』塙書房、二〇一八年に収録)
吉川真司、一九九五年「平安時代における女房の存在形態」脇田晴子他編『ジェンダーの日本史　下』東京大学出版会(のちに『律令官僚制の研究』塙書房、一九九八年に収録)
渡辺晃宏、一九八九年「平安時代の不動穀」『史学雑誌』98―12
渡邊誠、二〇〇五年「俸料官符考」『史学雑誌』114―1

コラム　受領の祈り

受領というと厳しい徴税吏というイメージがつきまとうが、彼等が地方文化の展開において果たした役割も大きかった。たとえば摂関期の受領が国内で主催した仏神事《ぶっしんじ》は、一〇世紀中頃に朝廷で行われ始めた講経法会《こうきょうほうえ》や臨時《りんじ》祭《さい》の形式を模しており、しかも令制下に国分寺《こくぶんじ》・定額寺《じょうがくじ》を舞台に行われた仏事とは異なり、国鎮守《くにちんじゅ》(後に一宮・二宮等になる有力な神社)の社頭において催行される新たなタイプの法会が現われていた[上島、二〇〇二]。

『今昔物語集』(巻第二〇、第三五)には美濃守によって同国南宮社《なんぐうしゃ》(後の一宮)の社頭で百座仁王講《ひゃくざにんのうこう》が執り行われた説話がみえる。この仏事は「其の国に大疫発《おこり》て病死する者」が続発し、攘災のために催されたものとされているが、実際に正暦四年(九九三)と長徳元年(九九五)には全国的に疫病が大流行しており、そうした史実を下敷きにしたエピソードであった可能性も十分に考えられる。ここで注目したいのは受領が主催する社頭の仏事には国内から一〇〇人もの僧侶が召集されていたことである。平安後期の地方では天台《てんだい》宗の聖《ひじり》(遁世僧《とんせそう》)を中心に顕密《けんみつ》諸宗を兼学する山林寺院が展開しており、受領はそれらの中で国《こく》衙《が》周辺の有力なものを「国衙の寺」として編成し、国司主催の仏事に参勤させる体制を構築していった。中世の播磨国では天台六箇寺(円教寺《えんきょうじ》・随願寺《ずいがんじ》・一乗《いちじょう》寺《じ》・八葉寺《はちようじ》・神積寺《じんしゃくじ》・普光寺《ふこうじ》)が国衙の最勝王経講讃《さいしょうおうきょうこうさん》・仁王会等を勤修したり、三宮《さんのみや》の酒見《さかみ》大明神の神前で論義を行ったりする行事が定着していた(『峰相記《みねあいき》』)。これも受領が仏事の場となる国鎮守と国内寺僧を統制下に置いて国内仏神事の再編を行った結果のものであったと捉えられるだろう。

受領が国内寺社に及ぼした影響の痕跡は他の事例からも窺うことができる。摂関期の受領は任初に国《こく》庁《ちょう》で百座仁王会を挙行したが、一一世紀末の甲斐国仁王会呪願文《じゅがんもん》には「任中の公文《くもん》は合期《ごうご》に勘畢《かんひつ》す、……昇進光華《こうか》、天下に独歩す」とみえ（『朝野群載《ちょうやぐんさい》』巻第二二）、任中の公文勘済《かんさい》や任後の官位昇進が祈願されている。その内容からするとこの文言は摂関期に遡り得るものと判断されるが、興味深いのはこれと同様の表現が中世の地方寺社が行う仏神事の祭文《さいもん》に見出せる点である。尾張国の熱田社《あつたしゃ》で正月に行われる踏歌《とうか》神事は現在まで続く祭礼として知られているが、神前で読み上げられる頌文《しょうもん》のうち文永七年（一二七〇）の奥書をもつ古写本（田島家文書）には、「四度《よど》の返抄《へんしょう》、擁《とどこお》り無くして……放還《ほうかん》の日は誉《ほま》れしめて紫台《しだい》に繋がれ給ひて」とあり、四度公文の勘済と官位昇進を祈る文句が記されていて、甲斐国仁王会呪願文と内容面で変わるところはない。おそらくこれは受領が国鎮守に捧げた祭文等を取り込む形で国内寺社の行事が再構成された結果だと思われ、受領が国内寺社に強い影響を与えていたことの証左とみなすことができる［小原、二〇二四］。

受領が行う神事としてよく知られているのが任初の国司神拝《こくしじんぱい》（国鎮守等の主要神社への巡拝）である［水谷、一九八三］。従来これは、在地神祇《じんぎ》から国司就任の承認を得るための儀礼であるとか、国人等の精神的紐帯となる国鎮守に参拝することで在地勢力との融和を図る意図があったなどと説かれてきたが、先の願《がん》文《もん》等にみえる受領の祈りや、次に述べる大江匡衡《おおえのまさひら》の事例に鑑みると必ずしも妥当な理解とはいえない。尾張国の受領大江匡衡は熱田社で臨時祭を執行して息子挙周《たかちか》の蔵人補任を祈願したが（『朝野群載』巻第三）、その内容は極めて私的なものであり、国鎮守が在地勢力の結集の場になっていたという側面よりも、むしろ受領の守護神としての性格を持ち始めていた点を読み取るべきである。神社側のそうした動向には受領から官物《かんもつ》免除などの経済的優遇措置を引き出そうとする目的があったものと思われる。

　では国司神拝とは結局どういう儀礼なのだろうか。平安後期の受領就任マニュアルとでもいうべき内容の「国務条々事《こくむじょうじょうのこと》」（『朝野群載』巻第二二）や、『時範《ときのり》記《き》』(一一世紀末の因幡守平時範の日記)では、受領は国司神拝をしてから国務を開始することになっており、最初の政務では「諸郡神社修理符幷池溝修理符」という吉書《きっしょ》の国符《こくふ》が作成された。この一連の手続きは『延喜《えんぎ》交替式《こうたいしき》』に規定された「凡そ諸国官舎・正《しょう》倉《そう》・器仗《きじょう》・池堰《いけせき》・国分寺・神社の類、交替の日、有る所の破損は後任をして修造を加へしめよ」という九世紀の国司交替手続き(新司による諸郡巡検と国衙資財等のチェック)に淵源するものと考えられる。官舎・正倉等は一〇世紀の間に無実化が進むが、朝廷の神祇重視の影響を受けて受領が巡検対象を神社に絞って新たな宗教儀礼として仕立て直したのが国司神拝であったとみなせよう[小原、二〇一三]。つまり国司神拝は国司交替の実務が宗教面に特化して儀礼化したもので、国司による神社の管理というところに本来の意義があること、そして神事化の過程で受領が巡拝対象を選択し得る点からして、受領による国鎮守の統制と序列化を可視的に表現する儀礼であったと評価することができるのである。従来のように在地側の思惑を重視するよりも、受領の能動的な宗教政策をすくい取るべきではなかろうか。

●上島　享「中世宗教支配秩序の形成」『新しい歴史学のために』242・243、二〇〇一年(のちに『日本中世社会の形成と王権』名古屋大学出版会、二〇一〇年に収録)

●小原嘉記「国衙の儀礼と政務」遠藤基郎編『生活と文化の歴史学2　年中行事・神事・仏事』竹林舎、二〇一三年

●小原嘉記「中世寺社の胎動」生駒孝臣編『東海の中世史1　中世東海の黎明と鎌倉幕府』吉川弘文館、二〇二四年

●水谷　類「国司神拝の歴史的意義」『日本歴史』472、一九八三年(のちに『中世の神社と祭り』岩田書院、二〇一〇年に収録)

高麗前期の統治体制の変容と対外関係

豊島悠果

はじめに

本章にあたえられた課題は、日本で摂関政治が行われていたころ、半島ではどのような統治体制がとられていたのか、そして唐朝崩壊後の大陸との外交関係がどのように展開されたのかを論じ、海を隔てた日本と朝鮮半島の史的展開のちがいを描き出すための基礎を築くことである。そこで以下では、新羅末期から高麗顕宗朝、すなわち九世紀末から一一世紀前葉にいたるまでの統治体制、特に中央官制と地方支配体制および支配層の変容について、同時代の対外関係とあわせて述べていくこととしたい。本書のコンセプトを踏まえれば、摂関政治期を相対化する視座を提供するという面では、日本の政治体制との対比により焦点をあてるべきかもしれない。しかし、同時代の両国の状況はあまりに異なるので、直接的な比較よりは時代像を把握することに重点をおきたいと思う。

1　高麗王朝による再統一と初期体制

統一新羅の動揺

三国統一期に活躍した新羅の武烈王(在位六五四―六六一年)・文武王(在位六六一―六八一年)父子の後およそ一〇〇年間、王統はこの武烈王系の王子によって継承された。しかし恵恭王(在位七六五―七八〇年)が幼少で即位すると、当初は王母による摂政が行われたが、貴族の反乱や地震などで王権は困難に直面した。ついに金良相《キムヤンサン》(宣徳王。在位七八〇―七八五年)(1)が恵恭王にかわって登極し、この後、新羅の王位継承における血統の制約は緩くなり、王位をめぐる争いも熾烈になった。

九世紀に入り、哀荘王(在位八〇〇―八〇九年)・僖康王(在位八三六―八三八年)・閔哀王(在位八三八―八三九年)はみな王位を簒奪され、そのうえ閔哀王を討ち神武王(在位八三九年)の即位を助けた張保皐《チャンボゴ》が、文聖王代(八三九―八五七年)に王や中央貴族らと対立して反乱を起こすと、王権はさらに弱体化した。新羅王朝が求心力を失っていくなかで、各地で武装勢力が台頭し、朝鮮史上最後の女性君主となる真聖王(在位八八七―八九七年)の時代には、武珍州(光州広域市)を拠点として甄萱《キョノン》が自立し、梁吉《ヤンギル》の麾下にあった弓裔《クンイェ》も江原道地域を席巻してその大半を勢力下におさめた。

(1) 新羅の王族で、父系では奈勿王(在位三五六―四〇二年)の一〇世孫、母系では聖徳王(在位七〇二―七三七年)の孫にあたる。恵恭王代後半期には、最高官職である上大等の地位にあった。なお、日本でもこの頃には約一〇〇年続いた天武系の皇統が途絶え、天智天皇の孫である光仁天皇(在位七七〇―七八一年)の治世となっている。

後三国の統一

『三国史記』(巻五〇弓裔伝)によれば、弓裔は、新羅憲安王(在位八五七―八六一年)あるいは景文王(在位八六一―八七五年)の庶出子といい、生まれた時に王によって抹殺

図1 後三国時代地図

されそうになり、片目が潰れたものの生き延びたという出生譚をもつ。一〇代で出家して善宗《ソンジョン》と名乗ったが、北原（江原特別自治道原州市）を拠点として勢力を築き王に反旗を翻していた梁吉の配下となり、兵を率いて江原道からさらに黄海道地域へと勢力を拡大していった。そうしたなか、八九六年には松岳郡（開城市）を本拠地とする龍建《ヨンゴン》(2)・王建《ワンゴン》父子が弓裔に投化すると、弓裔は都邑を鉄円（江原特別自治道鉄原郡〈韓国〉・江原道鉄原郡〈北朝鮮〉）からいったん松岳にうつした。弓裔はさらに半島中西部にも軍を進めて攻略し、梁吉を滅ぼして九〇一年には王を自称し、国号を高麗（後に王氏高麗と区別して後高句麗と称される）とした。国号はこの後、摩震（九〇四年）、泰封（九一一年）と変更される。九〇四年には広評省をはじめ、のちの六部や翰林院等にあたる官庁をおいて、統治体制をととのえており、王氏高麗の国初の体制の土台が、この時期にみえている。

(2) 一二世紀後半に金《キム》寛毅《グァニ》が撰した『編年通録』（『高麗史』世系所引）には、太祖王建の父は龍建といい、後に隆《ユン》と改名したという。なおこの高麗王室の祖先譚において、龍建の父・作帝建《チャクチェゴン》は唐皇帝（粛宗）の落胤、母は西海龍王の長女とされる。王建の父以上の世代で、王姓を名乗っていたことは確認できない。

新羅や後百済地域への攻勢も加速し、尚州(慶尚北道尚州市)周辺の三〇余りの州県を勢力下におさめて新羅を脅かし、公州(忠清南道公州市)の将軍弘奇《ホンギ》が来投すると、後百済方面への進攻が加速した。弓裔はみずから弥勒仏と称するようになり、長男を青光菩薩、末子を神光菩薩と呼んだが、かつて公正で人望があったらしい弓裔は、次第に自身の荘厳のために民の負担を顧みず、意に沿わない者を残酷に処分することが多くなったという。ついには非道を諫めた夫人康《カン》氏を殺し、菩薩と呼んでいた二子まで殺してしまった。そして九一八年、弓裔の暴虐に危機感を抱いた騎将の洪儒《ホンユ》・裵玄慶《ペヒョンギョン》・申崇謙《シンスンギョム》・卜知謙《ポクチギョム》(3)が、夜中に王建の私邸を訪れて義挙を説得し、クーデターを決行した。弓裔は密かに都の鉄円を脱出したが、まもなく地元民に殺害され、王建は高麗を建国し、松岳(開京)に都をうつした。

一方、尚州加恩県(慶尚北道聞慶市加恩邑)の農民阿慈介《アジャゲ》の子として生まれた甄萱は、成長すると類稀な体軀と士気を備え、従軍して王京(慶州)に入り、しばらくは西南海の防御の任についていた。功労により副将となったが、民の流亡や貢賦への抵抗が増加し、王朝の弱体化をみて野心を抱いた甄萱は、都の西南の州県を攻めた。すると至る所で民衆の呼応を得、まず武珍州を拠点として、広域に影響力を行使していった。

九〇〇年には完山州を都とし、百済の宿恨を晴らすとして後百済を建国した。弓

(3)『三国史記』巻五〇弓裔伝は、この四人のもとの名を弘述《ホンスル》・白玉三《ペゴクサム》・能山《ヌンサン》・卜沙貴《ボクサグィ》とし、『高麗史』巻九二の各人の伝ではそれぞれ術《スル》・白玉衫《ペゴクサム》・能山・砂瑰《サグェ》と記している。成宗朝に宗廟が設置されると、みな功臣として太祖廟に配享された。洪儒は義城府(慶尚北道義城郡)出身で、名の初声をとって洪氏を賜姓されたと考えられる(弘《hong》と洪《hong》は音通する)。王建に嫁した娘・義城府院夫人洪氏があり、義城府院大君を生んだ。他の三名も太祖代に賜姓され、名も改めたと推測される[李鍾書、二〇一八]。

裔、そして弓裔にとってかわった王建の勢力とは激しい攻防を繰り広げ、また新羅への攻撃を繰り返した。九二〇年には大耶城（慶尚南道陜川郡の城）を陥落させられた新羅景明王が王建に助けを求める事態となり、九二四―二五年には高麗・後百済が曹物城（慶尚北道安東市・尚州市の境付近の城）で激しく衝突した。いったん講和して王建の従弟の王信《ワンシン》、甄萱の妻弟の真虎《チノ》を人質として交換したが、真虎が高麗で急死すると、甄萱は王信を殺し、再び戦闘状態に陥った。

そして九二七年、甄萱の後百済軍は慶州に攻め入り、鮑石亭で酒宴を催していた新羅景哀王をとらえて殺害し、王妃らを凌辱し、財貨や人民を凌奪し、文聖王（在位八三九―八五七年）の六代孫である金傅《キムブ》を新王（敬順王）とした。後百済軍が完山に戻る途中、景哀王の救援要請を受けて駆け付けた王建率いる高麗軍と公山（慶尚北道の八公山）で会戦するのだが、この時は高麗軍が大敗する。この後さらに甄萱は慶尚道や忠清道方面への攻勢を強め、高麗も疲弊した。しかし九三〇年の古昌郡（慶尚北道安東市）瓶山の戦いにおいて、土着勢力の金宣平《キムソンピョン》・権幸《クォンヘン》・張吉《チャンギル》らの加勢により高麗軍が勝利すると、[4] 永安（慶尚北道安東市）・河曲（同安東市付近）など三〇余りの郡県が高麗に帰付し、さらに溟州（江原特別自治道江陵市）から興礼府（蔚山広域市）に至る一一〇余りの城も帰順した。加えて九三四年、運州（忠清南道洪城郡）において甄萱軍が王建軍に惨敗すると、熊津（忠清南道公州市）以北の三十余城も高麗に投降した。

（4）この功により、金宣平は大匡、権幸（史料により権行とも記す）・張吉は大相の官階を授けられ、古昌郡は安東府に改名された。彼らはそれぞれ安東を本貫（氏族発祥の地。多くは祖先の出身地など）とする安東金氏・権氏・張氏の始祖とされている。

一〇世紀前葉、半島中・南部の諸地域は、相次ぐ戦乱の中で、自衛を含めた戦闘能力と機敏な状況判断を求められていた。

ときに、甄萱が第四子の金剛《クムガン》に後を継がせようとしていることを知った長男の神剣《シンゴム》は、九三五年、甄萱を寺に幽閉し、金剛を殺してみずから王を称した。辛くも脱出した甄萱は高麗に来投し、甄萱の婿である将軍英規《ヨンギュ》も王建に帰付して、後百済攻撃の際には内応することを約束した。またこの頃、新羅の敬順王も、もはや国を保持するのが困難になったと群臣に諮り、国を挙げて王建に降った。敬順王は百官を率いて慶州を出発し、その華麗な車馬は三〇里余りも続いたという。王建は敬順王を手厚く迎え、長女の楽浪公主を娶《めあわ》せた。翌年、王建は一〇万八〇〇〇の軍勢を率いて一利川(慶尚北道亀尾市を流れる洛東江の支流)の戦いにおいて神剣の後百済軍を大破し、ここに勝敗が決する。甄萱はその数日後、疽腫により死んだ。

外交戦

新羅の地方統治が弱体化し半島の再統一に至る九世紀末から一〇世紀前葉にかけては、まさに動乱の時代であったが、その競争は半島内のみならず外交面でも繰り広げられた。甄萱は九〇〇年に後百済を建国したのち呉越に遣使しており、また弓裔は九〇九年、王建に命じて、甄萱が呉越に派遣しようとしていた使船を光州塩海県(全羅南道新安郡)で拿捕させ、さらに珍島を攻めて後百済の海上交通を妨害した。

王建も高麗建国以降、後百済や新羅と競って積極的に外交を展開した。例えば、九二三年には後梁に使臣を派遣し、後唐への交代を知るやすぐに使節を遣わしている。[5] ちなみにその副使は同年に呉越から来投した文士であった。また九二五年、高麗と後百済は相次いで後唐に遣使して方物を献じるが、一方で高麗は、渤海親征を行う直前の契丹にも朝貢し、さらに渤海国が滅ぼされた翌年には濊貊《わいはく》・鉄驪《てつり》・靺鞨《まっかつ》とともに契丹に朝貢している。この間、新羅も別途後唐や契丹への遣使を行っており、高麗の軍事的援助を請いつつも、外交においては依存しない姿勢を維持していた。

周辺国にとっても、この時期に半島内で繰り広げられた熾烈な勢力争いの行方は関心事であった。九二七年には慶州に侵攻して景哀王を殺した甄萱の軍と、王建率いる高麗軍が公山で衝突し高麗側が大敗を喫したが、この状況を察知した契丹・呉越はすぐに後百済に使臣を派遣している。彼らも大陸での勢力争いで優位に立つため、半島の情勢に気を配っていたのだろう。

新羅を吸収し、九三六年に後百済を滅ぼすと、高麗は同年に建国された後晋に対し、いち早く登極を祝賀する使節を派遣して外交関係を樹立し、呉越との外交も継続しながら、九三七年に自立した南唐の李昪《りへん》のもとにも毎年遣使して貢物を献じて

(5) 後唐には宿衛に王族を送っていたとみられ、九三八年、高麗の宿衛質子王仁翟を帰国させるよう青州節度使の王建立が上奏し、後晋の高祖石敬瑭が許して九四〇年に帰国している。

いる。さらに九三七―三九年には広評省から牒を発して日本との外交を試みた。高麗初期の外交姿勢は、揺れる中国情勢を見極めつつ、周辺諸国と遍《あまね》く関係を構築することに注力しているように見えるが、契丹に対しては、ほどなくして態度を変える。九四二年、高麗は、契丹がまがりなりにも同盟関係にあった渤海を滅ぼしたことを非道だと非難して、契丹が派遣してきた使節三〇人を海島に流し、駱駝五〇匹も橋の下につないで餓死させ、絶交するのである。高麗が強国に対してこれほど対立姿勢を鮮明にするのは珍しいが、高麗が契丹の渤海攻撃前後に朝貢していたことを考えれば、この態度の変化は渤海への同情とは関係がない。むしろ、華北・中原の中国王朝との関係を重視したうえでの戦略であって、九三九年に冊封関係を結んだ後晋が、契丹に対する外交政策を切りかえ強硬姿勢をとるようになったことから、後晋との同盟関係を重視して選択した対応と考えられる。

国初の統治体制

高麗の建国後すぐに敷かれた中央官司の機構はおおむね、新羅や、王建自身も仕えていた泰封の官司体系を踏襲したものであった。例えば、中央官司の要であり、諸行政官司に王命を伝達する広評省は、新羅の執事省を参照した泰封の広評省を受け継いだものであった。また、新羅において国王の家政をつかさどる機関であった内省（一時は殿中省と称した）は、泰封にもその制が受容されて内奉省といい、高麗初期には一部機能が広評省に移管されたものの、やはり王室財政を管轄する内奉省がおかれた。新羅の翰林台に相当する泰封の元鳳省は、高麗建国時にも同名で継承された。そのほか、高麗初期の兵部は新羅の兵部、泰封の兵部を前身とするものであったし、倉部（新羅の倉部、泰封の大龍部）、礼部（新羅の礼部、泰封の寿春部）、物蔵省（新羅の物蔵典、泰封の物蔵省）なども同様であった。

一方で、骨品制(6)を土台とし、血統による制約が厳しかった新羅の支配層の身分秩序は、高麗には引き継がれなかった。新羅の王族・貴族の一部は高麗に吸収されたが、高麗初期の支配層の大半を占めたのは、新羅の統治力が衰えて以降、各地で台頭した豪族勢力であった。彼らが王建に合流するパターンは様々であったが、例として、まず碧珍郡（慶尚北道星州郡）の李怱言《イチョンオン》を『高麗史』の本人伝によってみてみよう。

新羅末期、李怱言が碧珍郡を保守していたところ、群盗がはびこっていたが、怱言がかたく城を守っていたおかげで民の生活は平穏であった。太祖王建が人を遣わして、力を合わせて禍乱を平定しようと諭すと、書を受け取った怱言は非常に喜び、子の永《ヨン》を遣わし、兵を率いて太祖の征討軍に加わらせた。このとき永は一八歳で、太祖は大臣思道貴《サドグィ》の娘を娶せた。また怱言を本邑将軍に任命し、

(6) 出自によって、王家につらなる聖骨・真骨と、官僚となることのできる六・五・四頭品、およびそれ以下の平民に区分する身分制度。ただし、最も高貴で王位につく資格を有するとみなされていた聖骨は、真徳王（在位六四七―六五四年）を最後に消滅し、それ以降の王はみな真骨出身であったという。骨品によって、得られる官職の上限や、使用可能な衣服・車馬・家屋などの差等が設定されていた。

近隣の邑の丁戸二二九戸、忠州・原州・広州・竹州・堤州の倉穀二二〇〇石と塩一七八五石を賜った。さらに直筆の手紙を送り、「子孫に至るまでこの心は変わらない」と金石のごとくかたい信義を示した。悤言は感激して、軍隊を団結させ兵糧を貯蓄して備えた。悤言の城は新羅と後百済が争う地に接する孤立した城で、東南から屹然と太祖を援護した。

（『高麗史』巻九二列伝五王順式附李悤言）

要衝の土着勢力であった李悤言は王建に呼応し、息子に兵士をつけて王建の麾下とし、加えて王建の重臣との婚姻関係を結んだ。また新羅の載巌城（慶尚北道青松郡）の将軍であった善弼《ソンピル》の場合は、新羅との通好を望んでいた王建の意を汲み、橋渡し役を買って出て、さらに城をあげて王建に降った。

燕山（忠清北道清州市）の昧谷城主の龔直《コンジク》の場合はより状況が困難で、かつて王建の麾下にあったものの、妻の弟が王建への謀反で処刑されたのち、後百済に仕えて甄萱の腹心となっていた。長男・次男と娘が後百済の人質となっていたので、彼が王建側に寝返ることは大きな危険を伴ったが、龔直が長男に相談すると、「父上の正しい判断がきっと子孫に幸いをもたらすでしょうから、私は死んでも恨みはありません」と父の背中を押した。そして九三二年に龔直は息子の英舒《ヨンソ》とともに高麗に来付した。この時も王建は英舒に重臣の娘を娶せている。しかし龔直の裏切りを知った甄萱は激怒して、人質となっていた龔直の子女の腿の筋を焼き断ち、長男は死んでしまった。李悤言や、新羅の配下にあった善弼に比べ、後百済に仕えていた龔直が高麗に帰順する際のリスクは高かった。

なお、麾下の有力者から人質をとっていたのは王建も同様で、九二二年に来投した溟州の順式《スンシク》も、まず長男の守元《スウォン》を遣わして帰順の意を伝え、王建が喜んで受け入れ「王」姓を下賜すると、次に息子長命《チャンミョン》を六〇〇名の軍士とともに送って宿衛をさせ、そののちに他の子弟や郎党を率いて自らが帰付した。帰順のあかしに子弟を王建の下に送ることは多く行われており、また李悤言や龔直の子のように、帰付した者の子弟を、重臣の娘と政略結婚させる例も散見する。王建自身、各地の豪族や新羅の王族などとの関係を強化するために婚姻を繰り返し、『高麗史』后妃伝・宗室伝に載るだけで二九名の妻妾から二五名の息子・九名の娘を得ている。離反を防ぎ、かつ臣下同士の監視や団結のために、帰順した勢力に対しても同様の戦略をとっていたのだろう。

草創期の高麗王朝は、中央集権的な支配が版図を覆っていたわけではなく、地域差はあれ、多くは各地域の豪族の現地支配を認め、彼らを糾合することで成立した。そのことをよく反映しているのが事審官および其人の存在である。事審官とは、自身の縁故地に対する統制の任を与えられた中央官人のことで、その嚆矢は新羅敬順王金傅である。九三五年、敬順王が臣僚を率いて開京に入朝し、新羅は滅亡するが、王建は慶州を食邑として金傅に賜うとともに彼を慶州の事審とし、副戸長以下の職の差配を任せた。そして他の功臣たちもこの例にならい、各々自身の勢力地の事審となった。副戸長というのは、当該地域で実質的に行政を担当する郷吏らのうち、戸長に次ぐ職である。また国初の其人とは、『高麗史』(巻七五選挙志三銓注・其人)によれば、郷吏の子弟から選抜して開京に人質として留められた者たちで、出身郷里の事について王に情報提供や助言を行う存在であった。先にみた帰順勢力の子弟がまさにこれにあたるだろう。各地の豪族らに自身の勢力地に対する実質的支配を認め、その一部の中央に出仕している者は事審官とし、同時に、豪族の子弟を其人として都に留め置くことで、各勢力を統制したのである。

2 太祖王子たちの王位争奪戦と王権の強化

高麗版「王子の乱」

朝鮮史でよく知られている「王子の乱」は、朝鮮王朝の建国者李成桂《イソンゲェ》の後継をめぐって勃発した、いわゆる第一次王子の乱(7)および第二次王子の乱(8)である。最終的にもっとも野心と実力のあった五男芳遠《パンウォン》が三代王(太宗)となり、王権強化策を断行し

(7) 李成桂が後妃康《カン》氏所生の八男芳碩《パンソク》を後嗣としようとすると、先妃韓《ハン》氏所生の王子たち、特に五男の芳遠が強く反対して、一三九八年に異母弟である芳蕃《パンボン》や芳碩を殺し、また芳碩を支持していた重臣鄭道伝《チョンドジョン》らも殺害して実権を掌握した事件。李成桂は意気消沈して次男の芳果《パングヮ》(定宗)に譲位した。

(8) 一四〇〇年、第一次王子の乱の行賞に不満を抱いていた朴苞《パクポ》が、芳遠と間隙が生じていた四男芳幹《パンガン》とともに芳遠を攻撃するも鎮圧、処罰された事件。朴苞は死刑、芳幹は流配されて、芳遠は王世弟となった。自らも危険を感じた定宗は芳遠に譲位し、李成桂は咸州に隠居した。

ていった。数多の王子、そして彼らの支持勢力がひしめいていた高麗初期にも、やはり淘汰の過程は必然であった。

王建が九四三年に死亡すると、王太子であった武《ム》（恵宗。在位九四三―九四五年）が王位を継いだ。彼は王建の長男であったが、母である羅州（全羅南道羅州市）出身の荘和王后呉《オ》氏は実家の勢力が微弱であったため、数多いる王子の中で決して有力とはいえず、王建も不安に思っていた。案の定、恵宗は苦難を強いられた。広州（京畿道広州市）の有力な豪族である王規《ワンギュ》は、太祖に二人、恵宗にも一人の娘を嫁がせており、太祖と娘の間に生まれた王子広州院君の擁立を画策して、恵宗を殺そうとした。王規の放った刺客に文字通り寝首をかかれそうになりながらも、恵宗は王規を処分できず、結局即位二年にして突然病没してしまった。さらに恵宗の後見であった太祖の腹心朴述熙《パクスリ》も、恵宗の後を継いだ定宗によって江華島に幽閉されたのち、定宗の命令を詐称した王規に殺害された。一方、恵宗の異母弟で神明順成王太后劉《ユ》氏(9)の所生である堯《ヨ》・昭《ソ》兄弟は、王規との対決に備えて西京（平壌）を勢力地とする太祖の従弟王式廉《ワンシンニョム》と手を結び、江華島に逃げ込んだ王規ら三〇〇名余りを誅殺した。なお『高麗史』や『高麗史節要』では、右のように朴述熙は王規によって殺害されたことになっているが、朴述熙と王規が死んだのは同日であり、述熙を始末したのが誰なのかは、恵宗の死因とともに謎である。とにかく、恵宗と朴述熙はこの世を

（9）新羅の五小京の一つ、中原京が置かれていた忠州の有力豪族である劉兢達《ユグンダル》の娘。

去り、外孫王子の擁立を狙っていた有力者王規も消えた。そして堯（定宗。在位九四五―九四九年）・昭（光宗。在位九四九―九七五年）兄弟が三・四代王として王朝を率いていくことになった。

王権強化の道のり

ライバルを制して定宗が王位についた後も国情は不安定であり、まず契丹の脅威への対応が求められた。九四七年には、契丹の高麗侵攻計画を知り、軍士三〇万を選抜して光軍を組織している。ちなみにこのとき契丹の侵略計画を知らせた崔光胤《チェグァンユン》は、賓貢進士として後晋に留学していたが契丹の捕虜となり、そこで官職を得て、使臣として高麗の亀城（平安北道亀城市）に派遣されてきたのであった。なお、彼の父崔彦撝《チェオヌイ》は崔致遠《チェチウォン》(10)の従弟にあたり、唐に二四年間も留学して帰国後は新羅・高麗に仕えた人物であり、弟行帰《ヘングィ》は呉越に留学してさらに仕官し、高麗帰国後は光宗に仕えた。新羅貴族出身の彼らの家は学問に秀でた者を輩出し、諸国に留学・仕官させているが、もちろんこれは単に学問修得や文化摂取のためではあるまい。彼らは、最新の情報を得て、軍事的脅威を含めて大陸の情勢に逐次対応するための人的資源であった。

一方、国内統治に関しては、依然として各地域の支配は豪族勢力に委ねられてお

(10) 八五七―?。新羅の六頭品貴族の家柄の出身であり、八六八年入唐して洛陽の太学で学んだ後、八七四年に科挙に合格し、唐で官途に就いた。八八〇年以降、淮南節度使の高駢《こうべん》の麾下で従事し、八八五年に帰国した後は侍読兼翰林学士に任じられ、八九四年には真聖王に時務十余条を進上している。しかし力を発揮することはできず致仕して晩年は海印寺に隠居したという。八八六年には詩文集『桂苑筆耕集』を完成させており、これは朝鮮半島の人物の文集として伝存最古である。高麗顕宗代に孔子廟に配享された。

り、王権強化のために抜本的な改革の必要があった。光宗は即位後すぐに諸州県の歳貢の額を定め、中央への納貢体制を構築しようとした。さらに、九五六年には奴婢按検法、すなわち統一期の混乱のなかで奴婢となった元良民を、調査のうえ良民に戻すという政策を断行した。この実施にあたっては、奴婢所有によって軍事力・経済力を増強してきた豪族らから大反発を受けたが、王権にとっては、豪族勢力を抑制し、かつ奴婢の一部を良民とすることで課税対象者を増やし財政を強化する有用な施策であった。

そして九五八年には、後周からの帰化人雙冀《サンギ》の建議によって科挙が導入された。当初は、試験官である知貢挙を、雙冀や王融《ワンユン》(11)といったごく一部の人物が繰り返し務めるなど、運用面での未熟さも見受けられ、制度的に安定した運用と評価するのは、科挙制の改定がなされた穆宗代(九九七―一〇〇九年)を待つべきかもしれない。

しかし科挙の導入は、人材登用の門戸を広げ、太祖代の功臣勢力を牽制するという点で、早くも効果をあらわし始めた。光宗代に科挙に及第した柳邦憲《ユバンホン》は、もと後百済領域である全州の出身で、祖父は後百済の右将軍であった。父は郷吏に相当する任につき、全州の在地有力者の立場を保持していたから、何時かの時点で高麗に帰付したのだろう。邦憲は成宗代(九八一―九九七年)に礼部侍郎、穆宗代に翰林学士、右諫議大夫などの要職を経て宰相である門下侍郎平章事に至り死去する。また、や

(11) 王融は九六六年から九九四年にかけて一二回も知貢挙を務めている。一〇世紀末以降は、知貢挙を務めるのは通常一人一回、多くても二回となる。なお王融は九五五年に後周に派遣されており、『旧五代史』(巻一一五周書六世宗本紀)や『新五代史』(巻一二周本紀一二世宗)には「王子大相王融」と記される。ただし高麗史料で王融が王族であることを示す記録はない。『旧五代史』『新五代史』に加え『冊府元亀』や『五代会要』といった中国側史料では、五代の諸王朝に派遣された王姓の高麗使臣、王規・王申《ワンシン》一《イル》・王融・王兢《ワングン》を「王子」と記すが、前出の王規のように明らかに王族ではなく賜姓された者も含まれており信用できな

はり旧後百済領域である羅州出身の金策《キムチェク》も光宗代に及第し、後に左僕射・翰林学士に至った。ところが、太祖が死に臨んで遺したとされる訓要の第八条では、旧後百済地域出身の人間を登用し朝廷に参与させることを禁じていた。このことは、高麗初期の旧後百済地域出身者に対する不信感と差別、翻っていえば、それ以外の地域の豪族、特に太祖の統一事業の功臣勢力の優位性を反映したものであろう。科挙によって、旧後百済地域を含めた有能な人材の登用が合理的に行われるようになり、功臣勢力の影響力の低下が見通される状況になったのである。

加えて、光宗代には功臣勢力のみならず王族までもが、粛清や讒訴により壊滅的な打撃を受けた。光宗の異母弟孝隠太子は、謀叛の疑いをかけられ、光宗から死薬を下賜されて処刑された。太祖の片腕として対後百済戦闘で幾度も勲功をたて太祖に娘を嫁がせ、定宗朝にも王を補佐してきた朴守卿《パクスギョン》も、三人の息子が讒訴されて失意のうちに死去した(12)。のちに崔承老《チェスンノ》(13)は、成宗の求めに応じて奉った時務策(政治的課題について論じた文章)の中で、次のように当時の状況を伝えている。

恵宗・定宗・光宗の三王が王位を継いだ初期のころは、万事が治まらず、両京(開京と西京)の文武官人の半分は殺傷されました。さらに光宗末年には世の中が乱れ、讒訴がおこり、刑に処された人の多くは冤罪でした。歴代の勲臣や長く仕えた将軍たちがみな殲滅を免れず、景宗が即位した時には旧来の臣下は四

い。

(12) なお五代孫の朴景山《パクキョンサン》(一〇八一—一一五八)の墓誌によれば、守卿の三子のうち少なくとも承位《スンウィ》は名誉回復されて、その子孫は顕職にのぼり、文名をもって知られた朴寅亮《パクインリャン》(?—一〇九六)を輩出している。彼らは新羅の始祖朴赫居世《パクヒョッコセ》の後裔を称し、守卿の祖父の代に慶州から平山(黄海北道平山郡)に移住したといい、守卿は平州朴氏の始祖とされている。

(13) 九二七—九八九。新羅の六頭品貴族出身で、敬順王が高麗に帰順した際、これに従って父と共に慶州から開城に移住した。幼少期から聡明で太祖に目をかけられ、青年期は文翰職についていた

〇人余りしかのこっていませんでした。

（『高麗史』巻九三列伝六崔承老）

おまけに、景宗（在位九七五―九八一年）ははじめ、光宗代に讒訴された者の子孫に復讐を許したので、仇討ちが横行し再び怨恨を生じる事態となった。ほどなくして復讐は禁じられたが、世相の混乱はいうまでもない。ただ、景宗朝初期にかけて、王族や太祖以来の功臣勢力が淘汰され大幅に縮小されたことは、その後の支配層の構成および政権運営に大きな影響を与えた。

3　成宗代の諸改革と対外関係

中央・地方の体制改編

成宗は、従兄の景宗から王位を継ぐや、中央官制と地方統治体制の改編、国家統治理念としての儒教の掲揚と礼制整備を精力的に進めていった。九八二年から翌年にかけて行われた中央官制の改革によって、主に唐制に準じる三省六曹七寺の体制となり、さらに九九一年には、使宋した韓彦恭《ハンオンゴン》の建議によって、宋の枢密院にならって中枢院を設置した。このようにして一〇世紀末には、唐と宋の官制を参照し、ほぼそれに類似した枠組みを有するようになった。科挙も毎年のように実施し、各回の合格者の人数も増やしたから、科挙を通じた登用は大幅に増加した。支配層の

とみられる。成宗が即位後に京官五品以上に命じて国政上の問題について意見を提出させた際には、二十八条の時務策を呈上した。儒教的改革を志す成宗と意見が合致し重用されたが、新羅以来の学問の家柄の出身である崔承老は、帰化人雙冀の建議によってはじめられた科挙制とそれを通じた人材登用、および多くの帰化人の起用には不満を抱いていた。

構成に変化がもたらされたといえるが、このことは前代までに功臣勢力が激減していたがゆえに可能であった。

そして九八三年にはまた、楊州・広州・忠州・清州・公州・晋州・尚州・全州・羅州・昇州・海州・黄州の十二州を地方の拠点都市とし、十二牧を設置して中央から牧使を派遣した。中央からの外官派遣は大きな一歩であり、右に言及した、崔承老が九八二年に呈上した時務策でも、「請うらくは、外官を配置なさいますように。一時にすべて派遣することはできないとしても、まず十余州県を併せて一名の外官を配置し、その下に二、三名の官員を置いて百姓の慰恤を委任すればよいでしょう」(『高麗史』巻九三列伝六崔承老)と外官設置の必要性を訴えていた。王建が統一期に、帰順した城主や将軍に彼らの本拠地の支配を認め、またその周辺の地域の丁戸を賜与していたように、国初以来、地方統治を土着勢力に委任してきた。そのため各地に地方官を配置し、王朝の支配を浸透させ中央集権的体制への転換をはかるには、困難が伴った。なお九八六年、おそらくはじめての地方官の派遣にあたって成宗が下した教には、「貴い家柄の男子をえらび牧宰の官として派遣して、賦税を公平にして民を教化し、清廉公平をたっとび風俗を良くしようと思うが、えらぶべき人材が乏しく、事業が遅れてしまうことを憂慮して、あらためて訓戒し奨励しようと特に念入りに旨を降すものである」(『高麗史』巻三世家三成宗五年九月己丑)とあり、人材

図2　高麗十道概要推定図

不足という障害があったことも吐露している。成宗はさらに州・府・郡・県・館・駅の官衙運営の費用にあてる公廨田（九八三年）と柴地⒁（九九三年）を支給することとし、加えて州・府・郡・県の在地の吏職の名称を、堂大等や大等といった新羅風のものから戸長、副戸長に改定するなどして、地方への影響力を拡大していった。

そして九八七年には、十二牧に経学博士・医学博士各一名を配置して、州・郡・県の吏や百姓の子弟で見どころのある者を教育させ、志があり経典に通じている者などを牧使や知州県官を通じて薦挙させることとした。これによって、地方の土着勢力の子弟の教育、中央官人層への吸収という道筋がつけられたといえる。

こうした改革を土台として、九九五年には地方の拠点都市である十二州に節度使を配置し、さらに版図内の一二八州・四四九県・七鎮を関内道・中原道・河南道・江南道・嶺南道・嶺東道・山南道・海陽道・朔方道・浿西道の十道に分けた（**図2**）。

（14）燃料採取地。

節度使の名称はもちろん、十道の分定も唐の十道制(関内道・河南道・河東道・河北道・山南道・隴右道・淮南道・江南道・剣南道・嶺南道)に倣ったものであった。

儒教的改革

成宗はこうした中央官制・地方統治体制の改編と併行して、儒教を国家統治の理念の中核に据え、儒教的礼制の整備もはじめた。高麗王朝の礼制整備過程をおおまかに把握すれば、おおむね吉礼大祀・中祀にあたる重要な祭祀が成宗代から顕宗代(一〇〇九―三一年)にはじめられ、さらに靖宗代(一〇三四―四六年)にかけて小祀の諸祭祀、一一世紀を通じて嘉礼などその他諸々の儀礼について、次第が作成され施設もととのえられていったといえる。成宗は儒教的統治体制への改革に積極的だったから、在位中に円丘壇・宗廟・社稷壇や国子監などをつぎつぎ建設し、建国期以来寺院が多く建設され仏教色の濃厚であった都開京にも、儒教理念が投影されるようになってきた。具体的には、九八三年に円丘・籍田の祭礼を初めて挙行し、九八八―九九二年に五廟を定めて宗廟を造営し、九九一年に社稷壇を設け、九九二年には国子監を設置した。

なお、こうして建設された円丘壇や先農壇は、唐や宋のものと比べてだいぶ小規模で、宗廟も『礼記』王制「天子七廟・諸侯五廟」の諸侯国の立場にしたがった五廟が定められた。もちろん円丘は本来中国皇帝のみが祀るものであり、これを設置したこと自体、諸侯国の礼制と相容れないのだが、高麗王が円丘で行う祭祀は、祈穀と雩祀《うし》（雨乞い）のみであって冬至の祀天礼は行わず、治暦明時をつかさどる中国皇帝が行う祭祀には踏み込まなかった。高麗の儒教的王権祭祀は、あくまで中国との宗属関係に配慮しながら定められたとみるのが妥当である。

ちなみに、これらが整備されてゆく九八三年には、「太廟堂図一幅・記一巻、社稷堂図一幅・記一巻、文宣王廟図一幅・祭器図一巻・七十二賢賛記一巻」（『高麗史』巻三世家三成宗二年五月甲子）が宋からもたらされている。宗主国であった宋の制度の直接的な影響が想定されるところであるが、当時の対外関係は宋との冊封関係に集中できる単純なものではなかった。

宋と契丹の間で

高麗は成宗代も引き続き契丹の脅威にさらされ、また宋・契丹間の戦争への関与に頭を悩ませ、さらに女真の動向にも神経をとがらせていた。九八四年、宋に入貢した韓遂齢《ハンスリョン》は、思わぬ叱責を受けた。契丹の女真討伐に高麗が協力している、という女真の訴えにより、高麗は宋から契丹と通じているという疑いをかけられたのである。そして九八六年、宋は燕・薊州の収復を目指して契丹を高麗と挟撃しようと

(15) 字は遜寧《そんねい》。九八三年に契丹景宗の三女越国公主と結婚した。対宋戦争でも功績をあげ、重用されたが、九九七年、越

し、韓国華を派遣して高麗に援軍を要求してきた。このとき高麗側は女真の件について疑惑を晴らすべく切々と訴え、ひとまず受け入れられたのだが、契丹攻撃をともにせよという宋の要求については、高麗にとっても死活問題であるだけに厳しい交渉となった。なかなか首を縦に振らない成宗に対し、韓国華は「天兵（宋軍）が東（高麗）に来ることになるぞ」（『宋史』巻二五五列伝三六韓国華）と威圧して承諾を迫った。結局、成宗は軍隊の発遣を約束して、韓国華は帰国したが、史料上高麗の出兵は確認できない。

　成宗代最大の危機は、やはり九九三年の契丹侵攻である。契丹聖宗の命を受け、高麗の帰順を要求して侵攻してきた東京留守の蕭恒徳《しょうこうとく》(15)は、八〇万ともいう大軍をちらつかせて降伏を迫った。高麗朝廷内では、慈悲嶺・黄州を境界として平壌を含む以北の地を渡してしまおうという割地論も出て、対応に揺れた。蕭恒徳の伝える来討理由は、高麗は新羅の地に建国されたのだから、高句麗の地は契丹の所有であるのに、高麗がこれを侵食しておりけしからんということ、加えて、渡海して宋に事《つか》えていることであった。これに対し、中軍使に任じられた内史侍郎徐熙《ソヒ》(16)は、高麗が高句麗の後継であることは国号からも明らかであり、そもそも契丹の東京も我が国の境内であったのに侵食といわれるのは心外である。鴨緑江一帯は我が境内であったが、最近は女真が占拠しているため契丹に朝聘を通ずることができなかっただけ

国公主が病床に伏した際に公主の母承天太后が看病のために派遣した宮女と私通して、公主は憤死し、太后は激怒して恒徳に死薬を下した。死後に蘭陵郡王に封じられ、子の匹敵は宮闕内で養育された。

(16) 九四二―九九八。父は、利川（京畿道利川市）出身で、文筆能力をかわれて出世し、諫言をいとわなかった光宗朝の重臣徐弼《ソピル》（九〇一―九六五）。九六〇年に科挙に合格し、九七二年に使宋した際には宋太祖に気にいられ検校兵部尚書を授けられた。父同様、成宗にたびたび直言し、文武両面で功績が大きく、のちに成宗廟に配享された。父弼・子訥《ヌル》と三代続けて宰相となった。

で、もし女真からこの地を取り戻してくださるなら、城堡を築き道路を通じて契丹に修聘しましょう、と主張した。高麗と宋による挟撃を恐れ、麗宋間の断交をはかっていた契丹は、徐熙の交渉を受け入れ、高麗が契丹に朝貢するために鴨緑江の東二八〇里を高麗が開拓することを認めた。そして徐熙は女真を攻逐して築城し、高麗は領域を鴨緑江まで拡大させたのである。

この徐熙の外交交渉は、歴史的名外交として現代の韓国社会でも取り上げられる。たしかに徐熙の胆力もさることながら、この交渉は周辺国の情勢と自国の立ち位置を正確に把握していなくてはできないものであり、高麗の卓越した外交能力と情報収集努力がうかがわれる。

なお、先に言及した成宗朝初期の十二牧は北部地域に置かれなかったのに比べ、九九五年に設定された十道には東北部の朔方道や西北部の浿西道が含まれた。これは右の対契丹外交交渉と女真攻略の成果である。

かくして契丹との交渉が成り、契丹に使節を派遣して正朔を奉じる旨を伝えた(九九四年四月)二か月後、高麗は一方で宋に元郁《ウォンウク》を派遣して前年の契丹来侵を告げ、援軍を求めた。しかし契丹と講和し北辺がようやく安定していた宋はこれに応えず、高麗は宋と絶交して、契丹の冊封を受けた。さらに成宗は契丹に婚姻関係を請い、蕭恒徳の娘と婚約して、九九六年に韓彦恭を契丹に遣わして納幣も行った。しかし翌年、蕭恒徳夫妻と成宗が相次いで死去してこの結婚は白紙に戻され、九九八年には幣物が返却される。偶然にも成婚には至らなかったものの、駙馬とはいえ自国に侵撃してきた蕭恒徳との婚姻関係すら推進する高麗の実利外交姿勢は、やはり後に元に請婚して世祖クビライの公主を王妃に迎えた忠烈王（在位一二七四―九八年・一二九八―一三〇八年）の時代を彷彿とさせるものである。

4　顕宗朝の戦争と改革

顕宗の即位背景

成宗が死去した後は、前代景宗の王子誦《ソン》（穆宗）が継いだ。この時期の王室婚姻は、ほぼ太祖の子孫の間でなされており、景宗の父母は異母兄妹間の結婚であるし、景宗の母の同母兄である戴宗（追贈王）旭《ウク》も異母姉妹と結婚し、その間に生まれたのが成宗であった。しかも成宗の同母妹が二人とも景宗と結婚しており、その間の子が誦であったから、景宗の死後、成宗は誦を宮中で養育していた。結局成宗には王子は生まれなかったので、景宗、成宗、穆宗の王位継承は円滑に行われた。光宗から穆宗までの婚姻関係を系図に描きだしてみると（**図3**）、この時期の王室婚姻が太祖の子孫のうち特に神明順成王太后劉氏と神静王太后皇甫《ファンボ》氏(17)および貞徳王后柳《ユ》氏(18)所生

(17)　？―九八三。平壌に隣接し北方の要地であった黄州の豪族、皇甫悌《ファンボジェ》恭《ゴン》の娘。息子の旭とその妻宣義王后柳氏は早くに死亡したため、孫である成宗ら兄妹を養育した。

(18)　開城に隣接する貞州（開城市開豊区域）の豪族、柳《ユ》徳英《ドギョン》の娘。

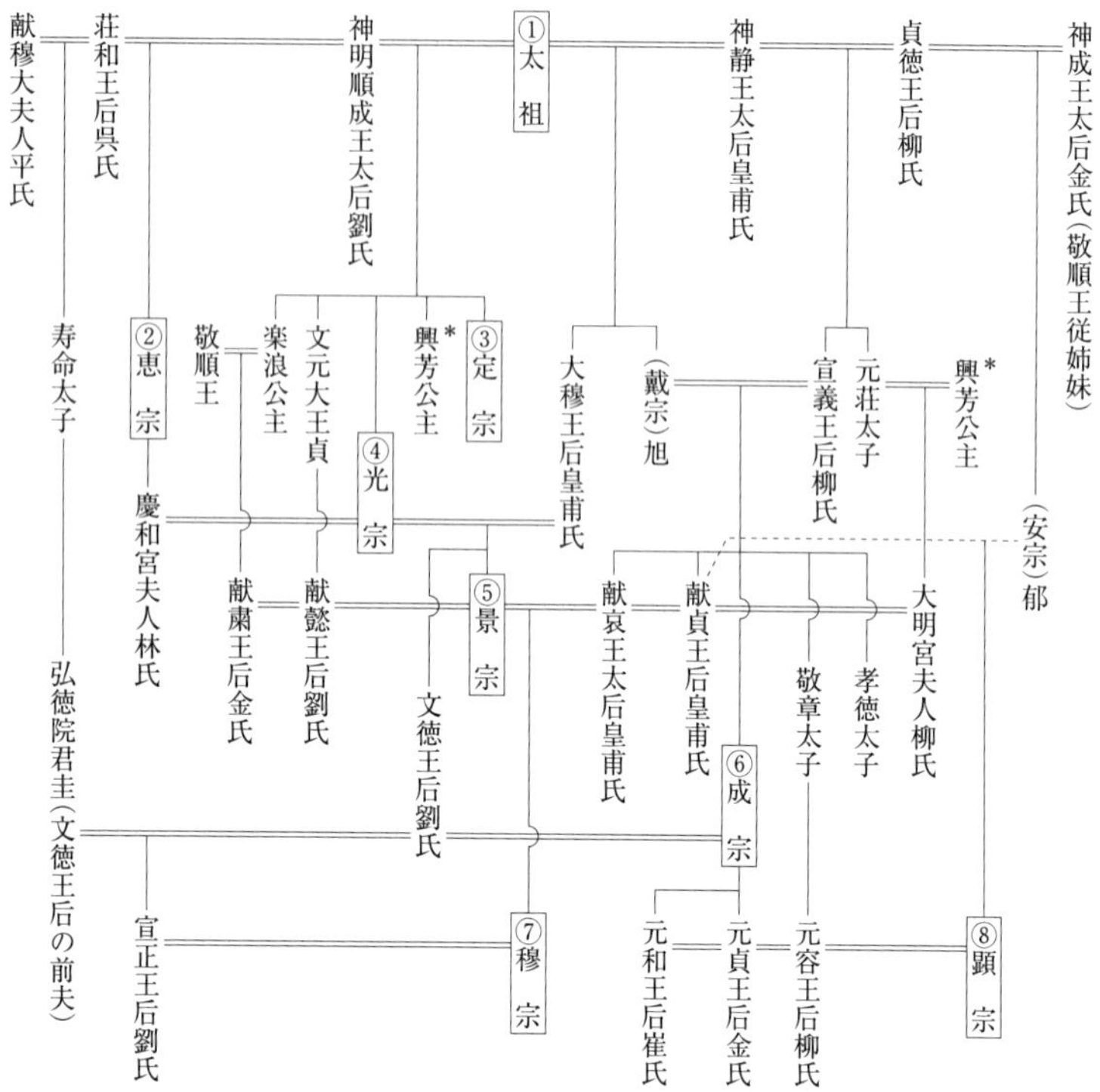

図3　高麗初期王族婚姻関係図(丸数字は即位順)

(19) ?—一〇四二。世系は不明であるが、父・祖父は有功者であるという。近侍の官である宣徽判官の職についていた一〇〇九年、忠誠心をかわれて大良院君を密かに奉迎する任務を与えられた。顕宗朝にも活躍して、王可道らとともに開京の羅城の建設に携わり、徳宗代に中枢使、参知政事等を歴任して、靖宗朝に門下侍郎平章事にのぼり致仕した。

(20) 現ソウル特別市恩平区の津寛寺の地にあった寺。三角山は北漢山の別名。

(21) 九四八—一〇三一。『高麗史』巻九四本人伝によれば、五代祖が慶州から衿州(ソウル特別市衿川区)に移住してきた

の系統で幾重にも結ばれていることが分かる。このことは、初期の豪族連合体的な王朝の性格から脱皮し、王権を強化し他の豪族と差別化していこうとする過程であったことを示すと考えられる。

穆宗は即位時、満一七歳で幼年というほどではなかったが病弱で、母后である献哀王太后皇甫氏が摂政を行った。太后は、自分とのスキャンダルで地方に配流された母方の親戚である金致陽《キムチヤン》を呼び戻し、要職に就けたうえ、一〇〇三年には致陽との間に子を生み、次第にその子に王位を継がせることを画策するようになった。そこで一〇〇九年、穆宗は皇甫兪義《ファンボユイ》[19]らに命じて三角山神穴寺[20]に身を寄せていた従弟の大良院君詢《スン》(顕宗)を後嗣とするため迎えに行かせ、また西北面都巡検使の康兆《カンジョ》を開京に呼び戻して宮闕を守護させようとした。しかし康兆は開京に戻って金致陽父子を殺し、太后一派を一掃したうえ、穆宗をも廃位して追放し、忠州に向かう途中で殺害してしまった。そのうえで詢を擁立したのである。

穆宗朝は、『高麗史』等の史書では金致陽と結託した太后が摂政を行ったため混乱したと評されるが、科挙制度の整備や田柴科の改定、無難な外交など、失政とよぶには当たらない要素も多い。田柴科とは、官人等に対して租税分を徴収することのできる田地と柴地を分給するもので、九七六年(景宗元)にはじめて制定されたが、九九八年(穆宗元)の改定に至ってはじめて分給の基準が官職に統一され、官職の高

といい、父は王建に仕えて三韓壁上功臣となった弓珍《クンジン》。九八三年に科挙に首席合格した。顕宗朝初期の契丹侵入後、財政困難による待遇悪化で軍人らの不満がつのると、自身が開寧県(慶尚北道金泉市)に所有する田地を軍戸に支給するよう王に申し出た。一〇一九年の亀州大捷の後には、凱旋した姜邯賛らを顕宗は迎波駅(黄海北道金川郡)まで自ら出迎えた。翌年に門下侍郎で致仕したが、一〇三〇年に最高官職である門下侍中を加えられ、翌三一年に死去した。後に顕宗廟に配享された。

(22) ?―一〇三六。世系は不明。一〇〇八年に知貢挙を務めていることから、自身も科挙合格者と推測される。軍事機務

下によって十八科が定められた。これはもちろん成宗代の官制改編を反映したものである。なお、成年に達していた穆宗自身がどれほど政治に関与していたかは判然としない。

いずれにしろ、こうした経緯で王位に就いた顕宗は、当初からかなりの苦難を経験することになった。

契丹の大規模侵攻

顕宗即位の翌一〇一〇年、契丹は顕宗の即位過程を口実にして、ついに一一月一六日には聖宗が自ら四〇万の兵を率いて鴨緑江を渡り、侵攻してきた（**図4**）。興化鎮や通州、郭州、亀州等で激闘の攻防が繰り広げられたが、通州を守っていた康兆が捕らえられて殺され、西京も激戦地となった。西京では神祠の加護によって竜巻が起こり、契丹軍の馬がみな斃《たお》れたというが、戦況は厳しかった。降伏も議論されたが、姜邯賛《カンガムチャン》(21)のすすめで一二月二八日、顕宗は王妃らや側近の蔡忠順《チェチュンスン》(22)、智蔡文《チチェムン》、禁軍五〇名余りとともに開京を離れて南遷することとした。翌年の元旦、聖宗は開京に入城して太廟・宮闕・民家を焼き払い、開京は焦土と化した。一月三日には、契丹は高麗からの講和の求めに応じて撤退に同意したのだが、このことが羅州にいた顕宗に伝わるのは一六日である。契丹兵が撤退をはじめると、高麗は追撃して捕虜

や王命の出納などを任とする中枢院の副使であった一〇〇九年に、穆宗の意を受けて、上司の崔沆《チェハン》とともに大良院君の奉迎計画を練り、皇甫兪義らを実行部隊に推薦して遂行させた。顕宗にも重用され、一〇一三年には契丹に派遣されるなど外交面でも活躍し、一〇二七年には門下侍郎平章事に昇進したが三一年に病により致仕した。

(23) 興化鎮（平安北道義州郡）・龍州（同龍川郡）・通州（同宣川郡）・鉄州（同鉄山郡）・亀州（同亀城市）・郭州（同郭山郡）。九九三年に徐熙の交渉により獲得した地域。

(24) ?—一〇二三。蕭恒徳の兄。九八九年に契

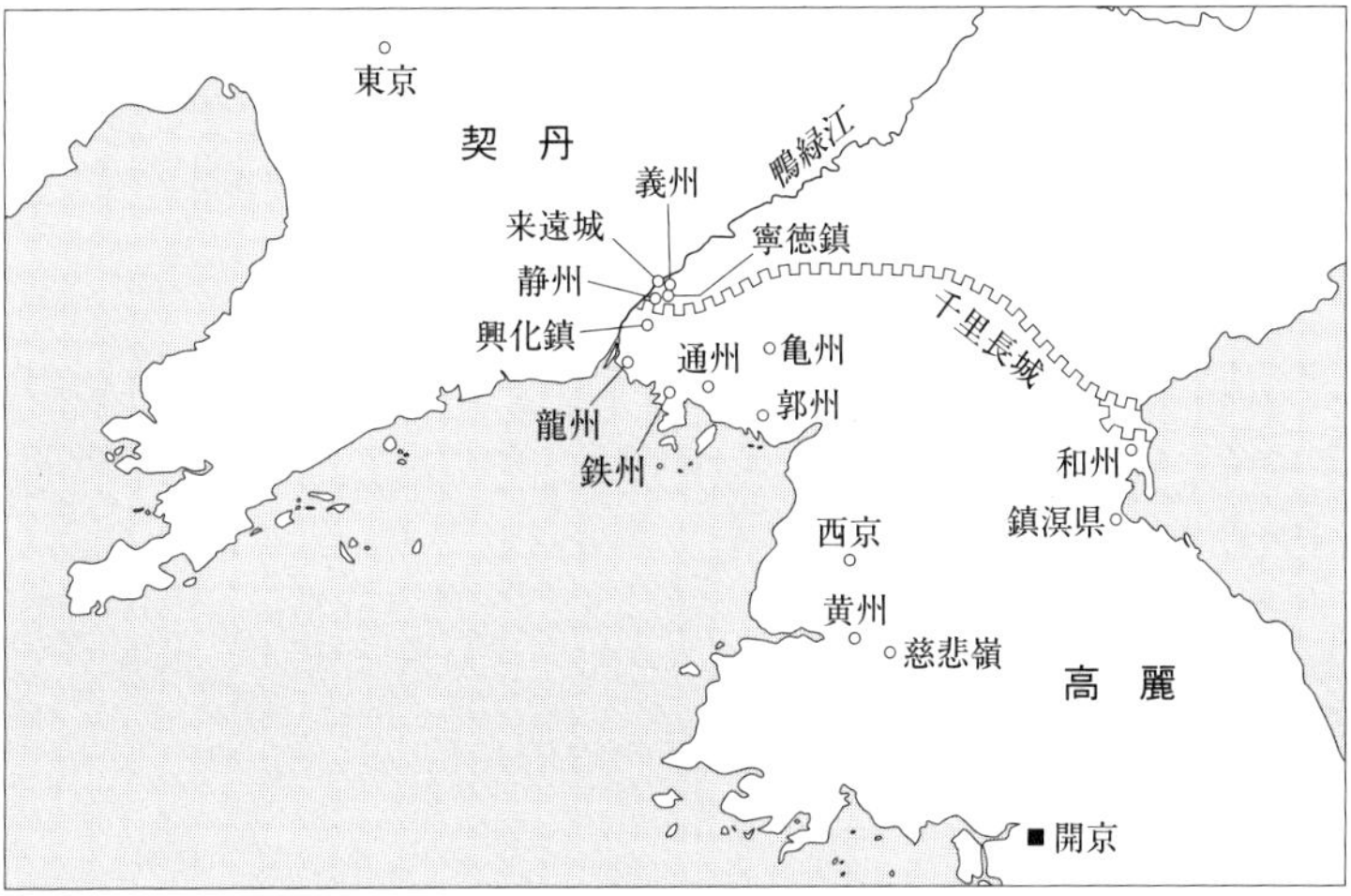

図4　契丹侵攻関係地図

を取り戻したりしながら、陥落した諸城を解放していき、二月二三日には顕宗がおよそ二か月ぶりに開京に帰還した。

こののち高麗は、講和の条件であった顕宗自身による朝謁と、江東六州㉓の返還をのらりくらりとかわして履行せず、契丹は度々使臣を派遣して督促し、さらには鴨緑江に橋を架けたり興化鎮や通州などを攻撃したりして威圧したが、高麗は従わなかった。一方でこの間、高麗は一〇一三年・一〇一五年・一〇一七年に宋に遣使して以前のように帰付することを請うている。しかし宋は一貫して受けいれず、

丹景宗の次女衛国公主と結婚し、弟とともに駙馬となった。

(25) 九六三—一〇二一。晋州(慶尚南道晋州市)出身。書生から身を起こし、穆宗代に科挙に及第した。弓馬は上手くなかったが、士気高く剛胆で幾度も戦功を立て顕達した。

(26) ?—一〇四二。徐熙の子、九九六年に科挙に合格し、刑部侍郎であった一〇一七年に正使として宋に派遣された。一〇二二年に娘が顕宗に嫁ぎ淑妃となり、ほどなくして宰相の班列にのぼった。徳宗朝初めには門下侍中となり首相として朝廷を率い、徳宗の早世後も靖宗をよく輔弼して、靖宗廟に配享された。

一〇一五年に発遣された郭元《クワクウォン》が得た回答は、宋はすでに同盟を結んだ契丹を、高麗と連携して敵にまわすつもりはないし、高麗も契丹と修好するのが民のためだ、という冷たいものであった。それでも一〇一六年に高麗は宋年号の使用を決めている。

ゆえに、一〇一八年一二月一〇日、蕭排押《しょうはいおう》(24)が一〇万の大軍を率いて来侵することは、高麗ではある程度予見していたようにも思われる。内史侍郎平章事姜邯賛を上元帥、大将軍姜民瞻《カンミンチョム》(25)を副官として、二〇万八三〇〇の兵で応戦した。興化鎮では騎兵一万二〇〇〇を山谷に潜伏させ、牛皮を縄でつなぎあわせて川をせきとめ、契丹軍が至ると決壊させて撃破したという。さらに蕭排押が軍を率いて開京に向かったため、開京では城外の民戸を京城内に入れて待機していたが、姜民瞻が追撃して契丹軍を破った。また翌年二月一日、亀州で契丹軍と、姜邯賛ら率いる高麗軍の間で激戦が繰り広げられた。にわかに南から暴風雨がおこり、高麗はその勢いに乗じて奮撃し、逃奔する契丹軍をさらに追撃して、累々と屍をつみあげ、獲得した捕虜や馬・駱駝・甲冑・武器は数えきれないほどであった。この報に接した聖宗は蕭排押を責め、面の皮を剝いでから殺してやると激怒したという。

ちなみに、日本を震撼させた刀伊の入寇はこの翌月に発生している。北九州を襲った女真海賊の船は、帰還の途上、高麗鎮溟県(江原道元山市)の海上で高麗軍に拿捕された。拉致されていた日本人捕虜は高麗が保護し送還してくれたのであるが、

(27) ここで徳宗の諮問に応じて議論した合計六八人の群臣とは、三品以上の文武官に、台諫等の職を帯びた四品の侍臣を加えた者たちであったと考えられる[矢木、二〇〇八]。

(28) ?―一〇三八。世系は不明であるが、官歴の初期には台官や諫官を歴任している。西北面判兵馬使として西北境の辺防の任についていた一〇二九年、興遼が建国された時にちょうど親族の喪にあたったが、顕宗はただちに起復させて西北面に赴任させた。徳宗が即位すると中軍兵馬元帥に任じられて西北境の辺防軍の総司令官を務め、その後、千里長城の建設に尽力した。官は門下侍郎平章事に至り、徳宗廟に

その際高麗の役人は捕虜を厚遇し、「お前たちを労わるというより、日本を尊重してのことだ」（『小右記』寛仁三年〈一〇一九〉八月三日条所引内蔵石女等申文）と述べたという。おそらく、日本が大陸の情勢に関与してくる可能性を高くは見積もっていなかっただろうが、高麗のシビアな対外関係を考えれば、背後の不安を低減したいのは当然のことである。

さて、こうして契丹軍を成功裡に撃退した高麗だったが、その後の外交交渉は前回の講和時に比べむしろ低姿勢に進めた。一〇二〇年、契丹に遣使し、称藩して再度の納貢を請うと、一〇二二年には高麗国王の冊封を受けてふたたび契丹年号を用いることとした。同年には両国間の定例使節の往来も定められ、関係が安定したと思われた。しかし、これで契丹との衝突の可能性が消滅したわけではなかった。一〇二九年、東京遼陽府で渤海遺民が興遼を建国して、高麗に救援を求めてくると、これには応じないものの、隙に乗じて鴨緑江東岸の地を攻めとろうとして失敗した。翌年、興遼が契丹に征圧され滅亡すると、中止していた契丹との通交を再開したが、一方で同年、顕宗は元穎《ウォンヨン》を正使とする総勢二九三人の使節を宋に派遣し、方物を献じている。

そして顕宗と契丹聖宗が相次いで死去し、ともに新君主が立った一〇三一年、高麗ではふたたび対契丹強硬論が浮上した。鴨緑江の城橋の撤去と抑留されている高

配享された。

(29) 一〇六一年に中書門下省と改められる。

(30) 世系は不明。一〇〇四年に科挙に及第し、顕宗代に御史台の官職等を歴任して、一〇三三年には中枢使・判御史台事となっている。契丹軍が開京に侵入した際に焼失した顕宗以前の記録を補うため、資料を収集して太祖から穆宗に至る七代の事跡を撰集し呈上した。靖宗代に門下侍中に至って死去し、のちに靖宗廟に配享された。

(31) ？—一〇四六。崔承老の孫。一〇二〇年には聖宗の誕生節(千齢節)の祝賀使として契丹に派遣されており、一〇三〇年には中枢使となってい

麗使臣の返還を要請したのだが、契丹が応じなかったため、徳宗（在位一〇三一—三四年）は群臣に命じて議論させ、徐訥《ソヌル》[26]ら二九人は絶交、皇甫兪義ら三九人は和好を主張した[27]。結局、賀正使を停止し、（契丹興宗の年号「景福」ではなく）聖宗の年号「太平」を使うことで不服を示し、契丹使臣の入境を拒否したりもした。一〇三三年頃には門下侍郎柳韶《ユソ》[28]が契丹の城の攻略を建議し、今度は王が宰相に議論を命じた。当該時期の高麗の宰相は、内史門下省[29]の宰相（門下侍中・門下侍郎平章事・内史侍郎平章事・参知政事など）と中枢院の宰相（中枢使・知中枢院事・同知中枢院事など）から構成されていた。徐訥・皇甫兪義・黄周亮《ファンジュリャン》[30]・崔斉顔《チェジェアン》[31]・崔冲《チェチュン》[32]・金忠賛《キムチュンチャン》[33]は反対し、王可《ワンガ》道《ド》[34]・李端《イダン》[35]は時機を逸してはならないと出兵に強く賛成したのだが、太廟で占ったのち出兵は見送られた。一〇三三年には鴨緑江河口付近から半島東部の和州（咸鏡南道金野郡）にかけていわゆる千里長城を築城して警戒しており、実際に同年には契丹軍が静州（平安北道義州郡）に来襲している。

その後は、契丹の来遠城（鴨緑江の黔同島）と、高麗興化鎮あるいは寧徳鎮（平安北道義州郡）との間で牒をやり取りする形で交渉を行い、結局、高麗が真心をみせれば良きにはからうという宣旨の内容が来遠城から伝えられると、高麗はこれを受けいれ、一〇三七年には使者を派遣して朝貢の再開を告げた。なお、この前年にも高麗は進奉兼告奏使を宋に発遣しているが（甕津で遭難して宋には到達できず）、以降は契

る。一〇四六年に門下侍中で死去し、のちに文宗廟に配享された。

(32) 九八四—一〇六八。海州出身。一〇〇五年に科挙に首席合格し、一〇三三年頃には同知中枢院事となっている。文宗が即位すると門下侍中に任じられ、首相として律令の改定・整備などにも尽力した。七〇歳で引退を請い、以後は後進の育成につとめ、朝鮮の私立学校の嚆矢である九斎学堂を創立した。海東孔子と称され、靖宗廟に配享された。

(33) ?—一〇三六。後出（二六九頁）金殷傅の長男。一〇三三年には知中枢院事の職にあり、王の母方の伯父という立場であった。

丹との修交が安定し、一〇七一年まで宋には使節を派遣しない。

統治体制の大整備

顕宗の治世には、歴代のなかでも特に契丹への対応に多大な労力を割いたといえるが、驚くべきは、この間にも多くの改革を実行していることである。外敵に対応する過程で、国内勢力を統合し、統治体制を強化したといえる。焼亡した宮闕等の復旧はもちろんのこと、一〇一一年に開京の松岳城を重修し、西京には皇城をあらたに築城した。その後一〇二九年には都全域を取り囲む羅城を完成させ、開京は宮城・皇城・羅城の三重の城を有する構造となった。また契丹との接境地域に城郭を新築・修築し、定宗が契丹の侵入に備えて組織した三〇万の光軍も強化して光軍司に改編するなど、防衛体制の整備はむろん急務であった。

加えて、地方統治体制の強化も進められた。成宗代に編成した十道の行政区画の改定にとりかかり、一〇一八年には大規模な改革を断行し、全国に四都護八牧をおき、その下に五十六知州郡事・二十八鎮将・二十県令を配置した。これにより、州・郡・鎮・県にいたるまで中央から地方官を常駐させる体制を掲げ、地方支配の強化に乗りだした。

なお同年には、地方勢力に対する具体的な統制策も施行された。まず州・府・

(34) ?—一〇三四。清州出身で、もとの名は李《イ》子琳《ジャリム》。九九五年に科挙に首席合格した。参知政事であった一〇二九年には、皇甫兪義・黄周亮らとともに開京羅城の築城に尽力し、王姓を下賜された。辺境の契丹の城への攻撃が却下された後は致仕して郷里に戻った。後に顕宗廟に配享された。

(35) ?—一〇四七。玄孫にあたる李《イ》仁栄《イニョン》(一一〇一—六三)の墓誌によれば、遂安(黄海北道遂安郡)出身と考えられ、軍を率い北辺を守備して功名をあげたという。一〇三二年には内史侍郎平章事に任じられ、門下侍郎平章事に至って死去した。

郡・県の人口規模によって、郷吏の定員を規定した。そしてさらに下級の郷吏にいたるまで、職の高下によって公服を定めて区分した。成宗代の郷吏統制策に続き、より基層部にまで介入したといえるだろう。また同時に州府の官員が奉行する六条の項目を制定したが、そのうち二条・六条は「郷吏の能否を見定めること」と「郷吏が銭穀を散失していないか監察すること」(『高麗史』巻七五選挙志三銓注・守令)であった。地方官の任務として、郷吏に対する監督を明記したのである。

前述のように、高麗では国初、事審官と其人の制度を定めて豪族勢力を統制しながら地方統治を委ねていたから、地方官が本格的に派遣されなかった成宗朝頃までは、彼ら、特に事審官は大きな影響力を行使した。しかし顕宗朝初期に、父や兄弟が戸長である場合は事審官に任命しないことを法制化して、事審官と、郷吏のトップである戸長との癒着を牽制した。さらに右のような一〇一八年の地方統治体制の諸改革を断行したことで、中央による地方支配が進んだといえるだろう。

顕宗代にはまた、官人の評価体制を明確にしており、すべての官人に対して、元旦から一二月末までの出勤日数と給暇日数を脱落なく記録して、官吏の勤務評価を掌る尚書考功に報告させることを定めている。

顕宗代の官制改革のうち、中央の支配層の変容と表裏の関係にあるのが蔭叙制である。一〇一四年、顕宗は、文武の五品以上の職事官僚の子・孫あるいは弟・甥の

(36) ?―九九六。追贈安宗。母は新羅敬順王の従姉妹である神成王太后金氏。

(37) 玄孫である金之祐《キムジウ》(一一〇八―五二)の墓誌によれば、因謂は新羅元聖王(在位七八五―七九九年)の後孫で、因謂の祖父が、王建の後三国統一過程で功を立て、開京に移り住んだのだという。一〇二一年に一度尚書右僕射で致仕したが、一〇二四年に顕宗に嫁いだ娘が徳妃に封じられると復職して参知政事を加えられ、すぐに再び致仕した。

(38) 尚宮・尚儀・尚服・尚食・尚寝・尚功の六尚の管理下にそれぞれ四司、合わせて二十四司がある。なお高麗の「尚針」は中国の「尚功」に相当する

うち一名に入仕を許す教旨を発した。蔭叙自体は、すでに穆宗即位年に五品以上の文武官の子に許されていたが、顕宗は受職対象者を拡大したことで、すでに中央官界に進出していた官僚層の優遇を推進したといえるだろう。

王の通婚相手の変化とその影響

顕宗は、太祖の子・孫女を父母とする王族男子として王位についたものの、母献貞王后皇甫氏が、夫景宗との死別後に叔父にあたる王郁《ワンウク》(36)との間にもうけた子であり、いわば不義の子であって、しかも両親とは幼いころに死別した。献貞王后は成宗の同母妹にあたり、顕宗は幼児期に成宗の庇護を受けて宮中で過ごしたが、穆宗代には、王母献哀王太后皇甫氏に疎まれ寺で命を狙われながら暮らしたため、支持基盤が脆弱であった。彼は即位と同時に成宗の王女二人と結婚して正統性を補強したのち、南遷時に援助を受けた公州節度使の金殷傅《キムウンブ》の三人の娘と結婚し、加えて成宗の同母弟敬章太子の娘を娶り、さらに徐訥・金因謂《キムイヌィ》(37)・王可道という、自身を輔弼する有力者の娘を娶り関係を強固にした。これにより、光宗以降、穆宗までの王が太祖の娘・孫女に婚姻対象をほぼ限定していた状況が大きく変容した。

顕宗代には、こうした后妃の構成の変化とあわせて、妾妃の称号体系も整理し、宋初あるいは唐初の后妃の体系を参照して貴妃・淑妃・徳妃・賢妃の四妃の称号を

ものと推測される。

(39) ?—一一二六。後述の李子淵の孫であり、順宗・宣宗・粛宗の母である文宗妃仁睿太后の甥。蔭叙により入仕し、次女が睿宗に嫁ぎ王子(後の仁宗)を生むと、宰相の地位にのぼり急速に出世した。睿宗が死去し外孫の仁宗が即位すると、ライバルであった新進官僚の韓安仁《ハンアニン》の党与を粛清し、人臣の枠を超えた待遇を受けるようになり、また三女と四女を仁宗に嫁がせた(仁宗にとっては叔母)。次第に仁宗との間にも間隙が生じ、李資謙の乱により失脚した。妻は崔思諏《チェサチュ》(一〇三六—一一一五。前出崔冲の孫)の娘。

(40) 一〇八九—一一一五

導入した。なお顕宗末期の補任記事には「尚宮・尚寝・尚食・尚針」、すなわち中国の六尚二十四司の女官体系(38)のうち六尚の長官の官名が見えており、顕宗代に唐あるいは宋初の女官制度を参照して部分的に導入したと考えられる。

こうして顕宗以降、王族以外の女性にも后妃となる道が開かれ、結果的に長らく王族出身の后妃との間には王子が生まれなかった。顕宗を父とし、金殷傅の長女・次女を母とする徳宗・靖宗・文宗が即位して以降、王族江陵公温《オン》の娘を母とする熙宗(在位一二〇四―一一年)が即位するまでのおよそ一七〇年余りの間、貴族を外戚とする王が続いたのである。そのため、ここに「外戚政治」の台頭を想定するむきもある。たしかに娘と王との婚姻や、王子出産を契機とした出世は確認でき、彼らが政界で有利な立場を獲得していったことは、ある程度事実である。ただ、日本の摂関期のような政治形態が出現したかといえば、否である。まず、高麗の王は基本的に終身制であったから、外孫が即位するまで健在だった高麗貴族というのは、王朝を通してあまりいない。仁宗(在位一一二二―四六年)の外祖父李資謙《イジャギョム》(39)と、毅宗(在位一一四六―七〇年)の外祖父任元厚《イムウォヌ》(40)くらいである。ゆえに、外戚とは主に王の母方の伯叔父や従兄弟となり、直系尊属としての権威は付されない。何より、高麗の場合、国王の外戚であった時期が最も長い仁州李氏の李子淵《イジャヨン》(41)の家系でも子淵から孫の資謙までの三代であり、藤原氏のように長期間にわたって累代外戚の立場を保持し続け

六。父は、定安県(全羅南道長興郡)出身で、勉学に励み若くして科挙に合格し、宣宗・献宗・粛宗・睿宗代にわたって活躍して門下侍郎平章事に至った任懿《イムウィ》(一〇四一―一一一七)。自身も科挙及第者であり、一一二六年に李資謙が失脚しその三女・四女が廃妃されると、仁宗に娘(共睿太后)を嫁がせ、出世を重ねて仁宗末年には門下侍郎平章事として朝廷の首班となり、外孫である毅宗が即位すると最高官職である門下侍中を拝した。子の克忠《ククチュン》・濡《ユ》も科挙に及第し宰相となった。

(41) 一〇〇三―六一。仁州(仁川広域市)出身。父方の伯母は前出金殷傅の妻。すなわち子淵は、顕宗に嫁ぎ徳宗・靖宗・

ることはなかったからである。(42)

おわりに――高麗における名君の条件

以上のように高麗前期の統治体制の変化を概観してくると、そこにはさまざまなかたちで対外関係の影響がにじみ出ていることを見て取れる。体制整備のための亀鑑としてであれ、あるいは中央集権的体制への改編のきっかけとしてであれ、周辺国とのかかわりの中で自国の目指すべき方向性を決定し、実力を養ってきたという印象を受ける。

顕宗代までは特に周辺諸国・勢力も不安定であったから、この時期を泳ぎ切るには高麗の君主にも相当な能力が必要であっただろう。本章で見てきた限りでも、成宗や顕宗の体制改革や外交・軍事対応は実に精力的である。ただし、あえて後世の評価を紹介するならば、名君の条件はおそらく「安定」である。仁宗代に活躍した宋からの帰化人林完《イムワン》は、仁宗への進言の中で、文宗を太祖と並ぶ名君とし、手本とすべきだと称賛している。高麗末の文人・政治家である李斉賢《イジェヒョン》(43)も、林完の上疏文を引用して文宗を賛した。実際、文宗の兄靖宗の時代にはすでに前述のように契丹との関係は落ち着いており、宋との国交は絶ったものの商人を通じた貿易は活発であ

文宗を生んだ金殷傅の娘たちの従兄弟にあたる。一〇二四年、科挙に首席合格して清要職を歴任し、文宗に三人の娘を嫁がせ、文宗代には宰相として活躍し門下侍中に上りつめた。長女(仁睿太后)と文宗の間に生まれた王子のうち三人が王位についた(順宗・宣宗・粛宗)。妻は前出金因謂の娘。

(42) 拙稿[豊島、二〇二三]参照。

(43) 一二八七―一三六七。幼少期から非凡で文章に秀で、一三〇一年には科挙に合格して入仕した。一三一四年、譲位した前王忠宣王に呼ばれて元の燕京に滞在することとなり、元の文士らと交友した。高麗では当時、元にとりいり、国王を廃

ったし、加えて一〇七〇年頃には麗宋通交も復活した。文宗自身も長命で、父顕宗代から引き継いだ支持勢力に支えられ、安定的な国政運営ができ、それゆえ経済・文化的にも繁栄したのである。朝鮮王朝の英祖（在位一七二四―七六年）・正祖（在位一七七六―一八〇〇年）が名君といわれしばしばその時代が王朝の全盛期とされるのも、本人の政局運営能力もさることながら、やはり周辺国の情勢が落ち着いており、軍事的な脅威が小さかったことが背景にある。

一方で、林完は文宗が名君たる理由について、次のように述べている。

〔文宗は〕自ら節倹につとめ、すすんで賢才を用い、官職を悪人に与えず、側近に権力を与えず、外戚の親族といえども功労の無い者にみだりに賞を与えず、寵愛する近侍であっても罪があれば必ず罰しました。……ゆえに当時は太平の世とよばれ、我が朝の賢聖の君でいらっしゃるのです。

（『高麗史節要』巻一〇仁宗一二年〈一一三四〉五月）

林完が、「外戚の親族といえども功労の無い者にみだりに賞を与え」なかったと文宗を称賛しているのは、外祖父李資謙とその親族を優遇して結局李資謙の乱を引き起こした仁宗を暗に戒めているのだが、裏を返せば、外戚を特別に遇することは正しくない、という意識が存在していたことを示している。儒教的改革を推進した成宗朝以降、科挙出身者の登用が活発化し、顕宗代以降、特に政界における比重を増

位し他の王族を擁立して権力を握ろうとする親元派が活動して王位継承が攪乱《かくらん》されたが、李斉賢は元朝廷にはたらきかけつつ王朝の保存に尽力した。一三五一年に恭愍王が即位すると首相として腕をふるい、また娘は王に嫁いで恵妃に封じられた。一三五七年に門下侍中で致仕し、後に恭愍王廟に配享された。門人の教育に力を注ぎ朱子学の普及に努めた。晩年には白文《ペクムン》宝《ボ》らとともに『国史』を編纂したが完成せず、草稿も散逸した。詩文集『益斎乱藁』や随筆集『櫟翁稗説』が伝存する。

(44) 顕宗を継いだ徳宗の初期の宰相メンバーも、少なくとも半数は科挙及第者であった（二六六頁参照）。

した。[44] このことは、外戚優遇に対する牽制と、能力重視の風潮を一定程度醸成したと推測されるのである。

引用・参考文献

豊島悠果、二〇一七年『高麗王朝の儀礼と中国』汲古書院
豊島悠果、二〇二三年「李子淵から李資謙へ——李子淵系仁州李氏とその時代」姜尚中総監修『アジア人物史 第四巻』集英社
矢木 毅、二〇〇八年『高麗官僚制度研究』京都大学学術出版会
李美智、二〇一八年『太平한 辺方——高麗의 対契丹 外交와 그 所産』景仁文化社
李鍾書、二〇一八年「高麗時代 姓氏 拡散의 動因과 姓氏의 機能」『歴史와 現実』一〇八
金甲童、二〇二一年『高麗 太祖 王建政権 研究』慧眼
金甲童、二〇二三年『高麗 顕宗 研究』慧眼
蔡雄錫、二〇〇〇年『高麗時代의 国家와 地方社会』서울大学校出版部
朴恩卿、一九九六年『高麗時代郷村社会研究』一潮閣
洪承基、二〇〇一年『高麗政治史研究』一潮閣

《個別テーマをひらく》

内裏という政治空間——内侍所を中心に

岸　泰子

はじめに

八世紀後期以降、内裏空間はそれまでとは異なった「開かれた内裏」として評価される。筆者もこの評価に異論はない。摂関期の政治もこの開かれた内裏でおこなわれたと言ってもよいのだろう。

しかし、これが摂関期においてどのように維持されたのか、あるいは変容を遂げたのか、さらにはどのように使われていたのかは、後宮部分を除いてはこれまであまり着目されてこなかった。

そこで本章では、内裏のなかの内侍所《ないしどころ》に着目し、摂関期の内裏空間の特性を再考察してみたい。

ただし、筆者が専門とするのは近世建築史で、これまで主に近世の内侍所の変遷から近世の禁裏空間、朝廷社会の特性を読み解こうとしてきた。分野も対象とする時代も異なる筆者には古代・中世史のなかで新たな説を提示することは到底できない。本章でもこれまでの文献史学の成果と重複する点が多々あり、また結論についても新説を提示するに至らないことはあらかじめお断りしておく。しかしながら先行研究の整理に終始するというわけにもいかないので、内裏がどのように後世につながるのかという問題関心のもとで、摂関期の内裏空間の特性を見直してみたい。場や空間は、時間差や個別差があるものの、政治や社会の動向と連動して変化することが多い。古代から中世、さらに近世にかけて政治・社会は大きく変動する。しかし内裏は、この後も継続して天皇の生活空間であり、そして天皇が中心となった政治活動の拠点の場でもあった。そうであるならば、この継承の背景を問い直してみてもよいのではないか。本章の目的のひとつはこの点にある。

1 「開かれた内裏」と内侍所

摂関期の政治に関しては、吉川真司が指摘するように一〇世紀後半、特に藤原兼《かね》家《いえ》期前後に大きく変化した。太政官政務が衰退し、摂関が太政大臣から独立し、天皇と直接結びつくようになった〔吉川、一九九八b〕。

この摂関期の政治活動の拠点となった空間が内裏である。

ここで簡単に摂関期までの内裏空間の変容を整理しておきたい。八世紀になると日常的に公卿《くぎょう》が内裏に侍候するようになり、さらに関係官人などの入閣[1]も恒常的となる。このように「閤門《こうもん》に〔あった〕目に見えない勅許《ちょっきょ》の壁」がなくなった内裏の変化を吉川は「開かれた内裏」の成立として評価する〔吉川、一九九八a〕。そして吉川

(1) 内裏のなかに入ること。また、後出の「閤門」は内裏の内郭の門。

は、この開かれた内裏の成立は内侍をはじめとした女官の職務の変化に大きな影響を及ぼしたことも明らかにする。開かれた内裏の成立から一世紀ほど経過した九世紀中葉から一〇世紀中葉にかけて、天皇家もひとつの権門《けんもん》としてあらわれるようになり、蔵人所《くろうどどころ》を中心とする天皇家の家政機構が整えられた。具体的には、禁中所々が天皇の生活を支える体制、すなわち男官の主導により内裏の生活が保たれる体制が確立した。後宮十二司[2]は解体し、公卿の内裏侍候が当然となった。このようにして、大内裏[3]にあったさまざまな機能が内裏に集約されることになる。ただし、これまで天皇の生活を支えていた女官の存在が無意味になったわけではなく、清涼殿《せいりょうでん》には女房と男房《なんぼう》が仕えていたように、女官は引き続いて天皇の生活を支える存在であった。この吉川の一連の指摘は、日本古代史における空間と政治・社会(制度)の関係に言及する数少ない論考のひとつといえる。

ただし、吉川は政治体制の変化を解明するための手段として内裏の性格を位置づけたのであって、空間の具体的なありかたを捉えようとしたわけではない。吉川の指摘を踏まえつつ、さらに踏み込んで空間構造を解明しようとしたのが、橋本義則である(**図1**)[橋本、二〇一八]。文献史学だけでなく考古学にも精通していた橋本は、嵯峨《さが》朝で確定した空間構造を基盤として内裏の建物が使われていくなかで、皇后をもたない天皇である仁明《にんみょう》天皇が内裏のなかにある仁寿殿《じじゅう》[4]から清涼殿へと移居し、さ

(2) 令制で規定された一二の司(役所)のこと。内侍司のほか、蔵司や書司などがある。

(3) ここでは平安京の宮域のことをいう。大内裏のなかに天皇の居所である内裏があった。

(4) 内裏の中央部、紫宸殿の北に立つ建物。ここでは内宴や蹴鞠などがおこなわれた。

らに宇多《うだ》天皇の常御殿《つねごてん》(天皇の日常の在所)が東面する清涼殿となったことを内裏空間の変化の画期として重視した。そして、天皇の日常空間が東面するようになるのと時期を同じくして、内裏の南北中軸線を対称の軸として東西の空間が異なる性格を帯びるようになったこと(5)を明らかにした。例えば、西は清涼殿を中心に公卿や昇殿を許された貴族が入りうる制限された空間であったのに対して、東は公卿だけでなく執務を担う弁史や外記《げき》たちも参入できる空間となっていったという。

このように評価される内裏において、九世紀ごろに中軸線より東の一角にあった温明殿《うんめい》に置かれた場・空間がある。それが内侍所である。

内侍所は内侍が奉仕した所である。所京子によると、蔵人所創設前後、すなわち弘仁《こうにん》期(八一〇―八二四年)はじめごろに内侍司が内侍所と呼ばれるようになった[所、二〇〇四]。女官である内侍の役割についてここで詳しく述べることはしないが、内侍の最も重要な職掌として奏請《そうせい》(6)と宣伝があった。内侍伝奏が政治において重要な意味をもっていたことは言うまでもなく、内侍所は「内侍が奉仕する場」として、開かれた内裏のなかでも重要な場のひとつであった。

(5) それまでの内裏空間は南北軸に対して線対称の構造をとっていた。

(6) 天子に裁可を求めること。

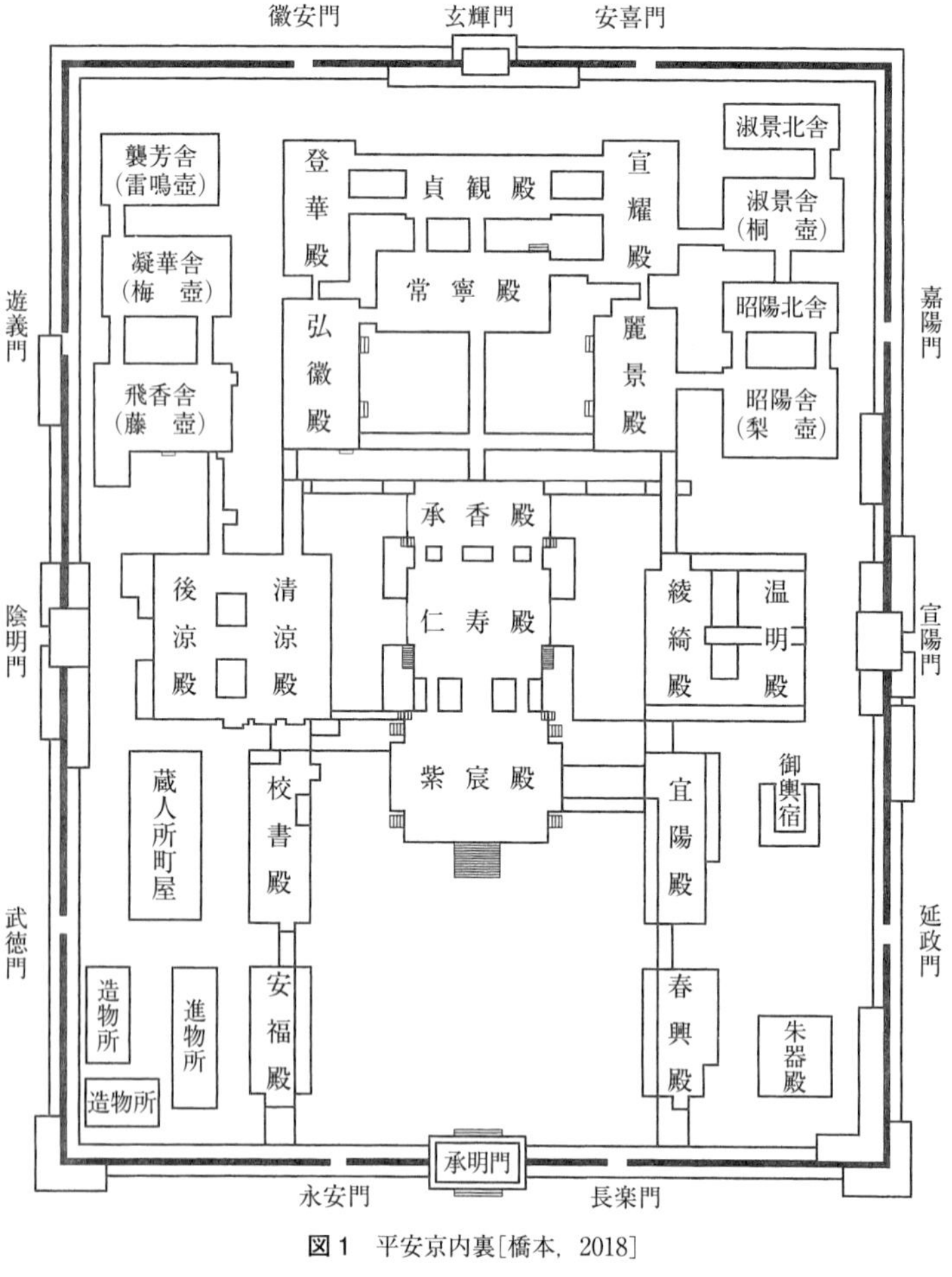

図1　平安京内裏［橋本，2018］

2　神鏡の奉安の場としての内侍所

九世紀中葉になり天皇の紫宸殿《ししん》不出御が増えたことで、内侍伝奏が減り、蔵人や殿上弁に付して奏する方法が取られるようになる。一方、内侍にはほかの役目もあった。そのひとつが神鏡の管理と神事への関与である。

温明殿にあった内侍所に賢所《かしこどころ》、すなわち神鏡が置かれるようになった時期は不明である。内侍所が成立した九世紀前期という説や宇多期(八八七―八九七年)という説がある。いずれにせよ、常御殿から離れた温明殿に内侍所は置かれた。

神鏡を含む神璽《しんじ》の管理は元は蔵司《ぞうし》がおこなっていたが、後宮十二司の再編や内侍所の成立によって神鏡の管理が内侍所の職務となったと考えられている。内侍所の神鏡の管理に関する記録の初見は天慶《てんぎょう》元年(九三八)である。以後、内侍所の最も重要な役目が神鏡の管理やそれにかかわる神事の執行になるとともに、内侍所という場の名称が神鏡そのものを指すようにもなっていく。

この神鏡を奉安する場としての内侍所の特性や変遷については、前掲の所京子が明らかにする[所、二〇〇四]。また、建築史の視点からは藤田勝也が内侍所の建築形態について言及する[藤田、一九八九]。

さらに近年では文献史学の斎木涼子らが内侍所研究を進展させ、天皇や神鏡の神聖性についての新たな知見を見いだしている[斎木、二〇二四]。しかし、近年の研究のなかにはなぜか建築もしくは空間・場という視点がない(7)。そこで、建築あるいは空間に着目して、若干の補足をしておきたい。

斎木は、寛弘《かんこう》二年(一〇〇五)一一月の内裏火災で神鏡が焼損したことが神鏡の特殊性や神聖性を強く意識させる画期となったと指摘する。では、内裏火災時に神鏡はどこにあったのだろうか。天徳《てんとく》四年(九六〇)九月の内裏火災時、神鏡は温明殿から縫殿《ぬいどの》寮へと移された。その後天皇は内裏に還御《かんぎょ》するが、神鏡は長らく縫殿寮に置かれていた可能性がある。それが、寛弘二年の火災後の内裏遷幸(寛弘八年)では内侍所に神鏡が移された。以後、内裏還幸時には神鏡は内侍所に移された。すなわち、一一世紀初期には内裏における神鏡の奉安の場も、ある程度固定化しつつあったことがうかがえる。

また、内侍所では神事が行われるが、その神事のひとつに御神楽《みかぐら》がある。内侍所御神楽については、長保《ちょうほう》五年(一〇〇三)を初例とすることが指摘される。そして、後一条《ごいちじょう》天皇のころから内侍所の女官以外も参加するようになり、さらに長元《ちょうげん》元年(一〇二八)ごろには御神楽が定着する。このように女官以外が参加できた背景には、まさしく開かれた内裏の成立があったことは言うまでもないだろう。

(7) 内侍所に関する近年の研究としては、[斎木、二〇二四]のほかに以下のものがある。武内美佳「摂関期の女官と天皇」大津透編『摂関期の国家と社会』山川出版社、二〇一六年。杉田建斗「平安時代中後期の神鏡を巡る祭祀・信仰」『古代文化』73—1、二〇二一年六月。また、神鏡あるいはアマテラスに着目して中世の王権の特徴を明らかにする研究として、[上島、二〇一〇b]がある。

そして摂関期に御神楽が成立・定着したことに着目すれば、その経緯に藤原道長《みちなが》が関わっている点が重要である。中本真人によると、古代において宮中の年中行事であった賀茂《かも》臨時祭の御神楽は饗宴として開催された［中本、二〇一三］。それが、石清水《いわしみず》臨時祭の社頭での御神楽が成立し、さらにそれが内侍所御神楽へと展開するなかで、御神楽は神事としてみなされるようになる。その神事となった内侍所御神楽で、寛弘二年に人長《にんじょう》（御神楽の舞人の長）をつとめたとみられる尾張兼時《おわりかねとき》は道長の随《ずい》身《じん》のひとりであった。すなわち、人長の人選には道長が関与した可能性があり、さらにいえば内侍所御神楽の成立を主導したのは一条天皇や道長を中心とする上層階層であった可能性が高い。

　御神楽は公にみせるものではない。ただし、この御神楽の楽人は、殿上人・地《じ》下《げ》[8]・近衛召人《このえめしうど》で構成されていた。そうであれば、この内侍所御神楽は宮中の構成員が集い、そして結束を強める場として機能していたことは間違いないだろう。また、内侍所は蔵人所が実質の運営を担っていたことからもわかるように、この神事は、天皇の私的な行事であった可能性が高い。実際、道長の死去後の後朱雀《ごすざく》朝になると、御神楽は天皇の強い意志をうけて恒例化するとともに、御拝《ごはい》を伴うようになる。このように、道長の影響力は後宮だけではなく内裏の内侍所にも及んでおり、そこでおこなわれる天皇の個人的要素が強い行事が宮中の構成員の結束力を高める場とし

（8）殿上人は清涼殿の殿上の間に昇ることを許された人をさす。一方、地下はその殿上の間への昇殿を許されていない官人を総称していう。

て機能するようになっていた。

3　内裏における内侍所の固定化

天徳四年以後、内裏は焼亡と再建を繰り返すようになる。そして天皇は、大内裏にあった内裏(本宮)ではなく、後院《ごいん》(9)や臣下の邸宅を利用した里内裏《さとだいり》に居住するようになった。

この里内裏においても内侍所が設けられたことはすでに多くの研究で指摘されている。摂関期の里内裏における内侍所は東対《ひがしのたい》あるいは西対にあった。前掲の藤田論文はこの点を重視し、摂関期は貴族の住宅における主要な殿舎(西対・東対)をあてていたのに対して、一一世紀後期(院政期)ごろからは寝殿《しんでん》などの主要な殿舎からある程度距離が離れた中門廊《ちゅうもんろう》などがあてられたことを指摘する。そして、このように主要な殿舎の周辺部にあった殿舎に移されるようになること、さらに内侍所に特有の建物の原型がこの時期にみいだせることから、院政期に内侍所が祭祀施設として確立したと評価する。

この指摘は重要で、筆者も概ね意見を同じくするが、この藤田の指摘のなかでは内裏との関係や神鏡の神聖性の変化についての具体的な検討はおこなわれていない。

(9) 内裏の本宮に対する予備の宮のことをいう。譲位後の御所となることが多かった。

そこで、近年の斎木や、内裏の性格を論じた中町美香子らの成果を踏まえて、論を補足していきたい。

長久《ちょうきゅう》元年(一〇四〇)九月九日、里内裏の京極院《きょうごくいん》が焼亡し、内侍所にあった神鏡は損壊してしまう。その後、内裏は陽明《ようめい》門第に移され、内侍所は東対の母屋に置かれた。そして、九月二八日、内侍所において鏡の破片を新造の唐櫃《からびつ》に入れることになった。このとき、その唐櫃について次のようなやりとりがあった。

典侍芳子〈少将〉云はく、「西向きに安置し奉るべし。御在所に向かはんが為なり。是れ例示なり」てへり。関白(藤原頼通)、命せて云はく、「「温明殿に御在《おわ》す時、北向きに安置す」と云々。専《もっぱ》ら御在所の方ならず、只、便宜を用いるなり。此《こ》の度《たび》の所、南に便《びん》を得《う》。仍《よ》りて南向きに居《す》え奉るべきなり」てへり。南向きに安置し了《おわ》んぬ。(『春記』長久元年九月二八日条)

このやりとりからは、仮内裏においては神鏡を安置する位置が不確定であったことや、天皇の在所との関係ではなく便宜が優先されていたことがわかる。

さらにここからは関白は内裏にある内侍所のありかたを把握し、それに準じようとしていたことも知れよう。これは言い換えれば内裏でのありかたが真正であるとみなされていたということになるのではないだろうか。実際、中町は、摂関期においては平安宮内裏は天皇を唯一の主人とする場であり、本宮としての権威を保っていたことを指摘する〔中町、二〇〇五〕。内侍所をみても、本宮の空間こそが真正であるという認識が存在していたことが改めて確認できる。

しかし残念ながら、その後の内裏・里内裏にあった内侍所の様相はよくわからない。

それが平安宮内裏の有無に関係なく里内裏が用いられるようになる白河《しらかわ》朝ごろになると、わずかではあるが変化がみられるようになる。先にも述べたように、承《しょう》暦《りゃく》四年(一〇八〇)ごろから、内侍所には主要な殿舎から多少距離をとった場所があてられるようになる。里内裏であった堀川院では内侍所が寝殿から離れた南釣殿あるいは西中門南廊に置かれた〔藤田、一九八九〕。この変化をどのように理解するのかは難しいところもあるが、ここでは、一一世紀中期ごろには内侍所は天皇の在所から離れた場所にあると認識されるようになっていた可能性を重視したい。

では、なぜここで離れた場所に内侍所を置くという認識が固定化したのかという点に注目せざるをえないわけだが、その理由としては、やはり神鏡の性格の変化が影響していると考える。神鏡は寛弘二年の焼失を契機に、その特殊性や神聖性が強く意識される存在となる。そして、天皇の正統性や権威の根拠は神器によって保証されるようになった。これを斎木は、社会秩序・朝廷儀礼として、また個性を問われない権威の源泉として神器が存在するようになると評価する〔斎木、二〇二四〕。

空間という視点から言い換えれば、内侍所が王権の象徴たる空間となっていったともいえよう。

　そして当然ながら、このような性格をもちつつあった内侍所を天皇から離れた場所に置くことは、天皇の身体にかかわらず神鏡、すなわち権威の源泉を神聖なまま確保できることを意味する。

　この意味については、王権論からも補足しておきたい。上島享が指摘するように、一〇世紀には天皇に一層の清浄性が求められるようになっていた[上島、二〇一〇b]。さらに、上島は王権論についても以下のように説明する[上島、二〇一〇a]。摂関家をはじめとして公家では家の形成がすすむが、その根本的な基盤となったのは国王たる地位を継承する天皇家の存在であった。また道長は、天皇を唯一の頂点とする古代の王権のあり方とは異なる独自の王権をつくりだした。そして、それは白河院のもとで構造化され、院・天皇・摂関が相互補完的に王権を構成していくことになる[10]。ここで重要なのは道長がつくった王権の概念の根幹は清浄たる天皇家の存在にあり、さらに、道長・頼通はその新たな王権制の持続を志向した点であろう。摂関期には王権の根源となる内侍所の空間の固定化がはかられると同時に、神聖たる天皇を長とした天皇家の継承のために内侍所は離れて置かれるようになった、と考えておいてもよいのではないだろうか。

(10)［上島、二〇一〇a］は、白河院(法皇)に関して、天皇との個人的つながりを重視した摂関が天皇を中心とする国政を整備したが故に、天皇に対する姿勢は異なるとはいえ、天皇とは別の権力形態を目指す必要がなく、天皇を中心とする既存の国政の拡充をすすめたとする。筆者にはこれを評価することは到底できないが、中世の内裏空間が基本的には摂関期の形態を継承したことは注目に値するように思われる。

最後に小括として、摂関期の内裏の特徴について整理しておきたい。摂関期には、道長がめざした王権のかたちにもとづき、頼通の時代に天皇の身体とは別に天皇・王の権威を象徴する内侍所の空間が固定化された。天皇の身体を絶対的な中心とした古代内裏とは異なり、摂関期の内裏には天皇の身体がある空間と天皇権威の象徴たる空間、中世を規定していくことになる王権を支えるこのふたつの空間が併存しはじめた点に特徴のひとつをみいだせる。

おわりに

ここまで内侍所を中心に摂関期の内裏空間の特性をみいだそうとしてきた。摂関期において、後宮が皇太子や最上級貴族が集住する空間となったことはよく知られるところである。ただそのかたちは続かない。いわば摂関期の一過性のものである。一方、内侍所は摂関期にそのかたちが固定化し、院政期になって建築形式も確定し、さらに殿舎としても独立することになる。なお、ここで強調しておきたいのは、内侍所は確かに天皇権威の象徴たる場として変化をみせるが、内裏空間全体をみれば紫宸殿や清涼殿といった、古代内裏の中心となっていた建物は存在し続ける点である。これを律令制の継承とみるかどうかは判断が難しい。今後は使われ方などを詳しく検討する必要があろう(11)。

さて、古代から摂関・院政期にかけての内侍所の空間を通観してきたが、内侍所とその空間をとりあげた意義について補足するとともに、最後に内裏がいかに後世につながっていくのかという点について述べていきたい。

古代の内裏は大内裏のなかに内裏があることで、天皇の絶対性が空間的にも明確となっていたことは間違いない。

そのなかで天皇の身体だけではなく、その権威を象徴する空間が固定化したことで、内裏は天皇の在所を指す一方で、内侍所があるところも指すようになった。天皇の移徙《わたまし》の際には内侍所が必ず帯同し、内侍所が置かれた場所が内裏として認識されるようになる。内裏空間においても天皇の個性が必ずしも問われる必要がなくなったともいえよう。

そして、天皇の権威を支える場であった内侍所は、神事の場であると同時に宮中の構成員の結束をはかる場としても機能しつづけた。先に述べたように内侍所は執務を担う弁史なども出入りできる内裏の東側に置かれた。また、中世にはことあるごとに内侍のところに出向く公家の様子が記録されている。さらに時代が下るが、応仁《おうにん》・文明《ぶんめい》の乱(一四六七―七七年)によって様々な朝儀が中断せざるをえないときにも、内侍所御神楽は早い時期に再興された。戦国期になると内侍所に参詣する公家

(11) 井上正望は、天皇の二面性に着目し、その分化の事例として内裏をとりあげている(井上正望「天皇の二面性とその分化明確化過程」有富純也・佐藤雄基編『摂関・院政期研究を読みなおす』思文閣出版、二〇二三年)。井上は、大祓《おおはらえ》の場などをとりあげながら個人としての天皇とは別に、都城の主たる律令制の頂点に立つべき別格としての天皇が存在すると認識されていたと指摘する。筆者に律令制の影響を考察する能力はないが、内裏空間に関しては体制や観念の変化にかかわらず前例の踏襲が重視されていた点などは留意すべきと考える。

が増える。王権を担う側も支える側も、天皇自身ではなく権威の象徴のもとに集い、結束を強めた。推測の域を出ることはないが、天皇との直接的なつながりの機会が限定されているなかで、そのつながりを確認できる空間が内裏のなかに確保されていたこと、これが中世においても内裏が朝廷政治・社会の場でありつづけた背景にあるのではないだろうか。今後はこの内侍所という空間・場が政治体制にどのような影響を与えたのか・与えられたのか、両方の観点から検討していく必要があるのだろう。

では、このいわば中世的な内裏空間のありかたはいつまで続くのだろうか。内侍所のみでまだまだ検討の余地はあるが、現段階では、一七世紀後期にその様相に変化がみえるようになるのではないかと考えている。この時期になると内侍所の建物の名称や造替の方法が変化し、まさしく神をまつる一般の神社建物と同じ性格をおびるようになる。また、内侍所の神聖性がより強く意識されるようにもなる［岸、二〇一四］。この背景には、幕藩体制下においては天皇との直接的なつながりを重視する必要がなくなったこと、さらには天皇を頂点とする権威を幕府権威と相対的に位置づける必要が出てきたことなどが考えられるが、これについてはまたの機会に述べることにしたい。

引用・参考文献

上島 享、二〇一〇年a「藤原道長と院政」『日本中世社会の形成と王権』名古屋大学出版会(初出は二〇〇一年)
上島 享、二〇一〇年b「中世王権の創出とその正統性」『日本中世社会の形成と王権』(前掲)
岸 泰子、二〇一四年『近世の禁裏と都市空間』思文閣出版
斎木涼子、二〇二四年『平安時代の宗教儀礼と天皇』塙書房
所 京子、二〇〇四年「「所」の成立と展開」『平安朝「所・後院・俗別当」の研究』勉誠出版(初出は一九六八年)
中町美香子、二〇〇五年「平安時代中後期の里内裏空間」『史林』88―4
中本真人、二〇一三年「内侍所御神楽成立の前後――尾張兼時考」『宮廷御神楽芸能史』新典社(初出は二〇一一年)
橋本義則、二〇一八年『日本古代宮都史の研究』青史出版
藤田勝也、一九八九年「宮中内侍所の建築的展開――院政期貴族住宅における家政機構の空間に関する研究」『日本建築学会計画系論文報告集』397
吉川真司、一九九八年a「律令国家の女官」『律令官僚制の研究』塙書房(初出は一九九〇年)
吉川真司、一九九八年b「摂関政治の転成」『律令官僚制の研究』(前掲、初出は一九九五年)

《個別テーマをひらく》

文人たちの生存戦略

鈴木 蒼

はじめに

摂関政治期といえば、いわゆる「女房仮名文学」華やかなりし頃として語られることが多い。もちろんそれは間違いではないのだが、実は当時の貴族社会で権威を持った「公的」な文学は、紛れもなく漢詩文であり、[1]その担い手となる人々の多くは、大学寮が管轄する平安京内の学習機関、「大学」において紀伝道《きでんどう》[2]を修めた男性官人たちであった。

そしてこの時期は、漢文学においても盛期であった。『扶桑集《ふそうしゅう》』『本朝麗藻《ほんちょうれいそう》』『本《ほん》朝文粋《ちょうもんずい》』などの優れた詩文集が編まれ、[3]句題詩《くだいし》[4]と呼ばれる平安時代に最も流行した漢詩の形式が確立し、菅原文時《すがわらのふみとき》・大江匡衡《おおえのまさひら》・藤原明衡《ふじわらのあきひら》といった、後世の人々が憧憬した著名な文人たちが活動した。[5]文学的な盛り上がりの面では、平安初期に続く第二のピークといってもよい。しかし、この時期が文人にとって恵まれていたかといえば、決してそうではなかった。本章では、文学的活動ではなく、地位や昇進といった、より社会的立場に直結する要素に注目して、彼らがこの時代をどう生きたのか見てみたい。そこに時代の一つの特質が映し出されているように、筆者には思えるためである。

（1）漢詩は公的行事で詠まれる機会があるのに対し、この時期の和歌などはあくまで私的な場の遊興に留まっていた［目崎、一九九五／滝川、二〇〇七］。

（2）大学で中国の史書や漢文を学ぶ学科。中国の史書『漢書』や詩文集『文選』等を教科書とした。

（3）『扶桑集』は、長徳年間（九九五―九九九年）に紀斉名《きのただな》によって編纂。『本朝麗藻』は、寛弘五―六年（一〇〇八―〇九）頃に高階積善《たかしなのもりよし》によって編纂。『本朝文粋』は、一一世紀中葉頃に藤原明衡によって編纂。

（4）主に五言詩の一句を詩題として詠まれる、

1　摂関政治期の文人社会

二つの進学・昇進ルート

先に述べたように、摂関政治期において、文人たちの大半は紀伝道を学んだ男性官人であった。彼らは朝廷で働きながら、折々の場でその学問的知識を要請される（その中には漢詩文の制作のような文学活動も含まれる）、いわば「プロの文人」であった。大学に就かずとも教養として詩文を学び、「玄人はだし」の腕前や学識を身につけた貴族なども当然いたが[6]、そういった人物の学問・文学活動は官人としてはあくまで付属的で、「プロ」とは性質が異なるものである。

文学作品や説話集などでは、文人たちが詩作を通じ、貴賤を越えて交流あるいは優劣を競い合う姿がしばしば描かれる。だが実際には、彼らの母体集団であった紀伝道にも、厳しい身分的格差が存在していた。彼らの境遇を知るために、まずはこの点について述べておこう。

摂関政治期において、紀伝道を志した学生には二つの進学ルートがあった。一つは大学に入った後勉学を重ね、最終的に「文章生《もんじょうしょう》」（定員二〇名）という身分まで進学してから官人となるルート。そしてもう一つは、入学後「給料学生《きゅうりょうがくしょう》」[7]（定員二名）

構成に特殊な規則がある漢詩。一〇世紀後葉頃に菅原文時によって様式が確立された［佐藤、二〇一六］。

（5）菅原文時（八九九―九八一）は菅原道真《すがわらのみちざね》の孫で、長く文壇の長老として君臨し、後世「詩においては文時の体を習ふべし」（『江談抄』）と評された。藤原明衡（？―一〇六六頃）は、『本朝文粋』を編纂した他、『新猿楽記《しんさるがくき》』『明衡往来《めいごうおうらい》』などを著し、漢文学に大きな足跡を残した。大江匡衡（九五二―一〇一二）については後述。

（6）非紀伝道出身者でありながら、『江談抄』でその詩体を取り上げられた藤原斉信《ふじわらのただのぶ》（九六七―一〇三五）などが該当し

の枠に進み、数年を経て「文章得業生《もんじょうとくごうしょう》」（定員二名）という少数の特待生となり、「対《たい》策《さく》」という卒業試験を経て官人となるルートである。

進学ルートの選択は、学生の区分というだけではなく、官人としての人生にも影響を及ぼした。後者のルートを進んだ人物は、式部大輔《しきぶのだいすけ》を頂点として次点の式部《しきぶの》少輔《しょうすけ》、さらにその下の文章博士《もんじょうはかせ》・東宮学士《とうぐうがくし》、そして大学頭《だいがくのかみ》・大内記《だいないき》という順の序列がある、六つの官職[8]に就くことができる。これらの官職は、文人として最要かつ名誉あるものとされているのみならず、学生が受験する進学試験の選抜や採点に関与できる権限を有していた[9]［鈴木、二〇二三］。一方、前者のルートを進んだ人物は、ごく例外的に大学頭・大内記に任官できるのが限界で、基本的にこれらの官職への任官からは疎外されていた。紀伝道出身者には、現代風にいえば学問的な「キャリア」組と「ノンキャリア」組が存在していたのである。

本来は前者が通常のルートで、後者が優秀な学生を優遇するための措置と位置付けられていた。しかし現実として、上記官職への任官者は、摂関政治期には特定の血統を持つ一族にほぼ限定されるようになっていた。実力だけでは「キャリア」の道へ進めなくなっていたのである。

こうした特定の一族たちについて、分かりやすいように表として一覧にまとめてみた（**表1**）。「「キャリア」官職在任期間」の欄を見ていただくと分かるように、摂

よう（『江談抄』斉信文章師殿被許事など）。

（7）生活に困らないよう衣食の料を給付される学生。ただし摂関政治期には、文章得業生になる者がその前段階に補任される形式的なポストとなっていた［桑田、二〇一一］。

（8）式部省は大学寮を管轄する上級の官司である。長官の卿は親王が任官するポストであったため、通常の官人にとっては輔が最高位の官職である。文章博士は大学寮内での紀伝道の教官職で、東宮学士は皇太子の家政機関東宮坊《とうぐうぼう》の教官職。大学頭は大学寮の長官で、大内記が中務省内の官職として詔勅の作成などを掌る。いずれも本来は紀

表1　摂関政治期までの紀伝道「キャリア」組の一族一覧

	一族	人物(年代順)	「キャリア」官職在任期間
1	菅原氏(清公子孫)	清公，是善，道真，高視，淳茂，在躬，庶幾，文時，輔正，輔昭，宣義，資忠，為紀，師長，定義，忠貞，在良	ほぼ全期間在任
2	橘氏(島田麻呂子孫)	広相，公統，(公材)，好古，直幹，敏通，雅文，淑信，孝親	貞観11(869)～永延2(988)頃 万寿3(1026)～長久元(1040)頃
3	大江氏①(千古子孫)	千古，維時，斉光，重光，匡衡，時棟，挙周	延喜18(918)以降ほぼ全期間在任
4	大江氏②(朝綱子孫)	朝綱，為清，通直	延長6(928)～天慶7(944) 長和元(1012)～長元2(1029)
5	高棟流桓武平氏	惟範，伊望，惟仲，定親	寛平2(890)～寛平5(893) 延長元(923)～承平2(932) 永延元(987)・永延2(988) 長元6(1033)～康平4(1061)頃
6	三善氏(清行子孫)	清行，文江，文明，道統，佐忠	仁和3(887)～天暦2(948)頃 安和2(969)～長徳4(998)頃
7	紀氏(長谷雄子孫)	長谷雄，淑望，在昌，伊輔，為基	寛平3(891)～貞元元(976)頃 寛弘元(1004)頃～長和2(1013)頃
8	高階氏(菅根子孫)	菅根，忠峯，成忠	貞観元(859)・貞観2(860)頃 寛平5(893)頃 応和3(963)～長徳2(996)
9	三統氏	理平，元夏	延喜4(904)頃～延長4(926)頃 天暦4(950)頃～天徳3(959)頃
10	藤原氏①(式家佐世子孫)	佐世，文貞，(文正)，後生，弘道	元慶8(884)～寛平2(890) 延喜21(921)～延長5(927)頃 天徳元(957)頃～天禄元(970)頃 長徳2(996)～寛弘5(1008)
11	藤原氏②(南家諸蔭子孫)	諸蔭，実範，成季	延喜5(905)頃 天喜元(1053)以降
12	藤原氏③(式家興範子孫)	興範，令茂，明衡，敦基	延喜9(909)～延喜11(911) 天徳3(959)～応和元(961)頃 天喜4(1056)頃以降
13	藤原氏④(北家真夏子孫)	弘蔭，春海，博文，(繁時)，広業，資業，家経，実綱，敦宗，実政，正家，有綱	仁和2(886)・仁和3(887) 延喜2(902)～延長5(927) 寛弘4(1007)以降
14	藤原氏⑤(北家在衡子孫)	在衡，国光，忠輔，兼衡	延長4(926)～応和3(963)頃 永観2(984)～長徳2(996) 康和元(1099)～康和4(1102)　※例外
15	藤原氏⑥(南家敏行子孫か)	国均，有聲	天慶4(941)頃～天慶8(945)頃
16	藤原氏⑦(北家智泉子孫)	佐高，惟成	延喜7(907)頃 天元5(982)～寛和2(986)
17	★藤原氏⑧(式家公方子孫)	公方，義忠	天元4(981)～永延元(987)？ 長和3(1014)～長久2(1041)
18	★藤原氏⑨(北家元名子孫)	元範，国成	長元8(1035)～天喜2(1054)頃
19	★慶滋氏(賀茂忠行子孫)	保胤，為政	永観2(984)頃～寛和2(986) 寛弘8(1011)～万寿3(1026)頃
20	★弓削氏(大江氏①から分流)	以言，公資，広経	正暦5(994)～寛弘5(1008)頃 万寿4(1027)頃～長元8(1035)頃 永承7(1052)・天喜元(1053)頃

- 「キャリア」官職在任期間欄には，式部輔・文章博士・東宮学士・大学頭・大内記に在任していた期間を記している．
- 在任期間は，摂関政治期以前からのものも含めており，短期間の非在任期間は表に記していない．
- ★を付した一族は，本文中でいう「新規参入」した一族であることを示す．

関政治期の始まりとされる一〇世紀後葉頃には、十数の「キャリア」一族が存在していた(表中の1～16まで)。彼らのほとんどは九世紀後半から一〇世紀初頭頃までには「キャリア」組に参入しており、名族としての歴史と実績を備えていた。

さらに、こうした紀伝道の伝統を誇る一族は、「ノンキャリア」組の方にも多数存在していた。例えば、九世紀前葉に活躍した紀伝道を学んだ著名な官人として、菅野真道《すがののまみち》や小野《おの》篁《たかむら》などが知られるが、(10) 彼らの後継と見なされていた人々も、(11) 一〇世紀後葉頃までは代々紀伝道を学んでいた。「ノンキャリア」であっても、血統による門地から自由ではなかったと思われる。学問の能力によって公平に判断される建前でありながら、その実は譜代の名族たちがひしめく階層社会、それが当時の文人たちの生きる場所であった。

階層変化の時代

こうした紀伝道内の構造は、だいたい一〇世紀後葉にさしかかった頃までは、概ね変動することなく保たれていた。しかしそれ以後、大きな変化が訪れる。

まず、「ノンキャリア」内の名族たちが、この頃からいっせいに紀伝道の舞台から退いていく。といっても、具体的になぜ紀伝道を学ばなくなったのか、その理由が明確に分かる史料はきわめて少ないため、不明な部分も多い。ただ、名族の後裔

伝道出身者だけが任官するポストではないが、この頃にはほぼ紀伝道出身者が任官を独占するようになっていった。

(9) この時期の試験の採点や合否判定は、六つの官職任官者による合議で行われた[鈴木、二〇二三]。

(10) 菅野真道(七四一—八一四)は桓武天皇の寵臣であり、いわゆる徳政相論などで有名。小野篁(八〇二—八五二)は嵯峨天皇・仁明天皇に重用され、優れた漢詩人・能書としても活躍した。

(11) このような書き方をするのは、後継者が実子か不明なケースが多いためである。当時は養子に入るか改姓することで

らしき人物の動向を調べていくと、この時期から急に紀伝道出身者という経歴が失われる、あるいは別の学問分野を学ぶようになる（後述）のは間違いない。やがて一一世紀の前葉頃には、彼らは紀伝道からほぼ姿を消してしまう。

こうした動きは、「ノンキャリア」にやや遅れて、一一世紀前葉頃から「キャリア」内にも波及していく。この時期に「キャリア」の地位から転落した一族には、表中に網掛を施して示した（表中2・4〜10・14〜20）。一見して、「キャリア」組を構成していた一族の数が大きく減少したことが読み取れる。こうした一族はその後、子孫が「ノンキャリア」になっている場合が多く、紀伝道そのものを学ばなくなったわけではないが、それとて彼らには受け入れがたい地位の低下であったと思われる。こうした動きは、ちょうど摂関政治期の終期と見なされる一一世紀の中葉頃までをピークとして続き、次の時代である院政期のはじめ頃には、「キャリア」となり得る一族は五つ前後に定まっていく。

その反面で、摂関政治期に没落しなかった、あるいは逆にプラスの転機となった一族も存在する。前述した「キャリア」として残る五つの一族（表中1・3・11〜13）がその代表だが、例えばその内の一つである藤原北家《ふじわらほっけ》真夏《まなつ》流（表中13）は、「キャリア」の一族として九世紀後葉からの歴史を持つが、一〇世紀中葉からの数十年間は前述した六つの官職への任官者を出しておらず、勢力としては右肩下がりであった。

学問的後継者となる場合も多く、一族を継承する際に血縁的な連続は必須ではない。

それがこの時期急激に復活し、後代には紀伝道の筆頭一族にまで登りつめる。

また、この時期に「キャリア」への参入を果たした一族(表で★を付した17〜20)も存在する。うち19は、賀茂《かも》氏より改姓・分派した慶滋《よししげ》氏の一族で、この時期に突然紀伝道の「キャリア」層へと進出した。「ノンキャリア」では、院政期前期頃までその存在が確認できる文室《ふんや》氏の一族などもこの例に当てはまる(いずれも後述)。彼らは長くその地位を保てなかったものの、いわば「新参者」でありながら紀伝道内の階層性を打ち破り勢力を伸張した。このような一族を「新規参入」組ととりあえず呼んでおくが、彼らもまた、それまでの時代には見られないものであった。

要するに摂関政治期は、文人を規定していた前代までの身分構造が崩れ、その上層・下層を問わず、人的構成に大きな変動が生じていたのである。

2 変化の背景

官人社会の変容

なぜこのような事態が起こったのか。繰り返すが、具体的にこういう理由でこの一族の学問の伝統が途絶えたとか、こういう経緯で自分は紀伝道の道に進まなかった、などと記す史料はごく僅かしか存在しない。[12] そのため、変化の理由は別の視角

(12)『本《ほん》朝《ちょう》新《しん》修《しゅう》往《おう》生《じょう》伝《でん》』に、三善為康《みよしのためやす》(一〇四九―一一三九)は若い頃より紀伝道を学んだものの、試験に落ち続けたため「暮年変節」して算道で出身したと伝えられる程度である。為康は紀伝道を諦めた後、有能な実務官人として活躍した。また、公文書集『朝野群《ちょうやぐん》載《さい》』など、多くの著作や編纂物を記した文筆家としても知られている。

から考えていくしかないのだが、当時の官人一般が置かれた社会状況を文人に敷衍することで、彼らの立場を捉えることは許されるであろう。

摂関政治期は、官人たちの社会秩序や生活基盤が大きく揺らいだ時期であった。生活費となる官人の給与は、一部の層にしか支払われなくなり、それに呼応して官職の業務自体も多くは空洞化していった〔吉川、一九九八a〕。加えて、人事においても、天皇・上級貴族ら権力者の恣意による裁量がその比重を増し、昇進の糸口となる官職や、受領のような職務を通じた実入りの良い官職の任官に対しては、露骨な介入が行われるようになっていた。カネと昇進という、真面目に官人として生きることで得られる見返りが、この時期急速に変質していったのである。すでに莫大な財産や高い社会的地位を得ていた上級貴族・皇族たちはともかく、ほとんどの官人は「正直者が馬鹿を見る」ような状況に追い込まれていった。

今のままでは生きていけないとなれば、官人たちも正直者ではいられない。庇護を求め、陰に寄るべき大樹を探すことになる。それがこの時期「権門《けんもん》」と呼ばれた有力な上級貴族たちであった。官人は権門に従属し、あるときは貢物を捧げ、またあるときは職務の場で権門の都合が良いように取り計らう。時には彼らの催す行事に推参し、手足となって働く。権門はその見返りとして、経済的な世話や任官の口利きを行う。こうした癒着は瞬く間に社会に浸潤し、この関係を前提として朝廷の政務が行われるまでになっていった［告井、二〇〇五］。

権門へ仕えるのに、明確な法的制限があるわけではない。官人たちは自身の利を求めて、多くの権門へ節操なく奉仕した。だがそれでも、自分が一番に仕える相手（後には「本主《ほんしゅ》」などと呼ばれる）は誰でもよいはずはなく、より金払いがよく、より昇進の伝手《つて》を多く持ち、より政治的権力に優れた権門が望ましかった。権門の側としても際限なく官人を抱え込めるわけではないし、同じような駒が多くあるならば、そのうち優れた数個を選べばよい。官人たちは自らを売り込む必要があった。

そして当時、官人が求める条件を最もよく満たす権門は、他ならぬ藤原道長《ふじわらのみちなが》とその一門であった。道長は、一〇世紀末にはいわゆる長徳の変(13)を経て政界の覇権を握り、その薨去《こうきょ》まで権力を保った。道長から子息頼通《よりみち》への権力移行も比較的穏やかに行われたため、彼らは一一世紀前葉・中葉を通して、最大の権門として長く君臨した。具体的には後述するが、結果として道長一門に重用される存在になれるかどうかが、文人たちの去就を左右していくのである。

文人たちの場合

では、実際に文人たちの立場に即して、こうした動きがあったか見てみよう。

まず、文人の位置する身分階層を確認しておく。彼らは官人全体から見れば、比

(13) 長徳二年（九九六）に起きた、藤原隆家《ふじわらのたかいえ》と花山法皇との間のトラブルに端を発する政変。本事件により、摂関家内で藤原道長の対立相手であった藤原伊周《ふじわらのこれちか》・隆家らは失脚し、一族内における道長の地位が確立した。

(14) 題者はその詩宴の詩題や韻字《いんじ》を決定する役、序者は詩宴の序文（詩宴の経緯を述べ、主催者を称揚する漢文）を献ずる役、講師は献じられた漢詩を宴席で披講《ひこう》する（読み上げる）役。

(15) 例えば、大江匡衡は詩宴での序文が一条天皇に気に入られたことにより、息子挙周《たかちか》の蔵人任官を得た（『江吏部集』中、『御堂関白記』寛弘三年〈一〇〇六〉三月四日条）。

較的上層に位置する存在であったが、例外的な昇進を果たした人物を除けば、「キャリア」「ノンキャリア」共に、公卿層には届かない四位から五位が昇進の限界であった。やはり、権門の庇護がなければ苦しい身分の人々といってよい。特に「キャリア」組にとっては、前述した特定官職への任官が、自らの紀伝道内の権限と結びついていたから、権門に任官の便宜を図ってもらうことはなおさら重要であった。

文人たちは、もちろん経済的な奉仕も行った。しかし彼らはそれだけではなく、自身の強みである学問的な専門性を生かす形で権門に付き従った。文学の世界における想像しやすい例としては、権門の催す漢詩宴への参加がある。確かに詩宴での題者《だいしゃ》・序者《じょしゃ》・講師《こうじ》などの役割は、[14]プロである彼らの見せ場であり、そこでの活躍が利益に繋がることもあった。[15]しかし、彼らの力量は、どちらかといえば宴席のようなハレの場の外、日常の業務でよく発揮された。

例えば、上級貴族であれば任官に伴う上表文《じょうひょうぶん》、中下級官人であれば除目《じもく》の申文《もうしぶみ》など、[16]官人には高度な漢文で書かれた文書の提出を求められる場面が多くあった。そうしたとき、文人たちは依頼者の意を汲んだ文章を巧みに制作した（**図1**）。自らは参加しない漢詩宴用の代作などもお手のものである。[17]また、権門やその子弟には侍《じ》読《どく》として[18]就き、教養として求められる学問を教授し、相談役にもなった。さらには権門の家司《けいし》[19]など家政機関に仕える人員として、雑多な家政を切り盛りし、文殿《ふどの》・文

(16) 大臣クラスの任官があると、必ず任官を辞退する文章である上表文を任官者は提出する（それを天皇が拒否するという儀礼的なやりとりを三度繰り返す）。申文は除目の前に、希望する官職への任官を申請する文書のこと。

(17) 例えば、『小右記』長元三年（一〇三〇）九月一三日条によると、この日行われた後一条天皇による漢詩宴では、出席者のうち藤原頼通・長家《ながいえ》は、「非属文人」（漢詩に堪能でない人）なので漢詩を「請作」（他者に請い作らせる）していたという。

(18) 天皇・権門の私的な家庭教師のこと。

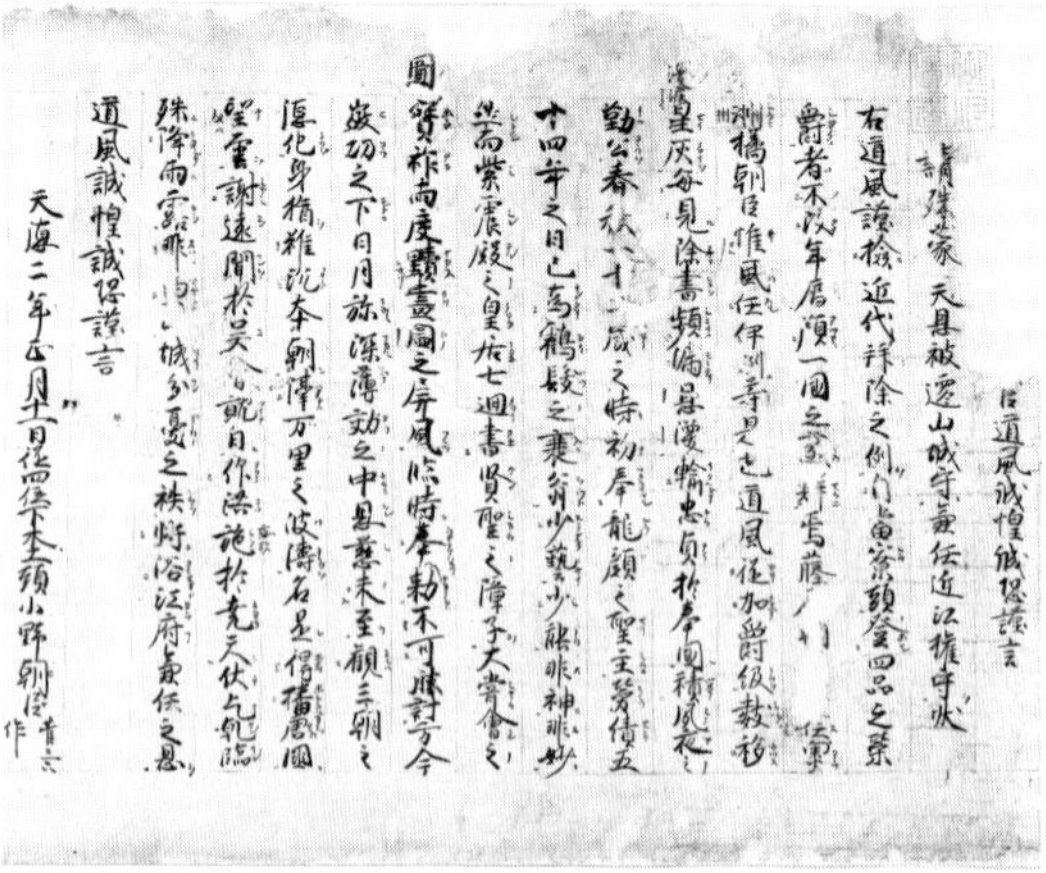

図1　老年の小野道風(308頁参照)が受領への任官を求め，除目にあたって菅原文時に代作してもらった申文(『本朝文粋』巻6より，画像は宮内庁書陵部所蔵の鎌倉期写本〈函架番号512・38〉)

庫[20]に納められた様々な典籍や文書を管理・利用した。学問・文学的能力だけでなく、プロとしての学識を利用した文書業務全般の能力も、文人たちの持つ重要なアドバンテージであった。

こうした仕事は権門に取り入る絶好の機会であり、彼らは必死に権門との関係を構築しようと努めた。作文の腕によって得る褒賞などは言うまでもなく、弟子と師として、もしくは本主と家司として継続的な関係を権門と結ぶことができたならば、それにより得られる恩恵は人生を変える程に大きかった。

(19) その家の主人によって任命される、家の事務を司る上級職員。公卿レベルの者が務める場合もあった。

(20) 文書や典籍の集積・管理を行う施設のこと。混用もされるが、雑多な文書を納める施設を「文殿」、典籍を納める施設を「文庫」と呼ぶ場合が多い。

3　運命の分かれ道

成功者たち

こうした懸命な活動が功を奏した例を、具体的にいくつか挙げよう。一例目は第1節で記した、藤原北家真夏流（表中13）の一族である。先に述べたように、摂関政治期に入る頃まで、彼らの紀伝道内での地位は危うかった。その立場を逆転したのが藤原兼家《ふじわらのかねいえ》（道長の父）の側近として活躍した藤原有国《ふじわらのありくに》である。彼は兼家に家司として尽くし、自身も公卿まで昇進するに至った。彼自身は紀伝道出身者としては「ノンキャリア」に留まったが、息子である広業《ひろなり》・資業《すけなり》には「キャリア」の道を進ませ、その順調な昇進のためには手段を惜しまなかった。広業・資業が文章得業生となってから「キャリア」層入りまでの昇進スピードはまさに空前と言うにふさわしく、複数の天皇の東宮学士にも任官した[21]。この順調過ぎる官途の裏に、二人が父から継承した摂関家との関係や、資業が一条天皇の乳母子《めのとご》であるという関係（＝天皇との縁故）を読み取るのは、そう難しくはない。やがて広業と資業は、「キャリア」の最高位式部大輔の職を長く独占し、さらには公卿にも昇り、紀伝道筆頭一族としての地位を確立することに成功した。

（21）広業は三条・後朱雀の東宮学士、資業は後一条の東宮学士。

二例目は大江《おおえ》氏維時《これとき》流(表中3)の一族である。大江氏は九世紀に遡る紀伝道の伝統を持つが、一〇世紀前葉に従兄弟同士である朝綱《あさつな》・維時の二人が、揃って「キャリア」かつ公卿として異例の昇進を遂げたことにより、有力一族として成長した。しかしどういうわけか、彼らは要職に就きつつも「キャリア」組内では孤立気味であったらしい。さらに朝綱の一族では後継者の早世、維時の一族では維時の子重光《しげみつ》の罷免事件や有望株である人物の相次ぐ出家など(22)、両一族は苦難に見舞われ、一〇世紀後葉頃には危機的状況に追い込まれていた。

流れが変わったのは重光の子である匡衡の世代になってからである。彼は前半生においては不遇であったが、妻の赤染衛門《あかぞめえもん》の出仕先が源倫子(道長の正妻)であったことから、道長との縁故を築くことに成功する(23)。それにより彼は一転して式部大輔まで昇進し、彼の子孫も院政期まで「キャリア」層の一角を担い続けていく。

「ノンキャリア」側の成功例としては、こちらも第1節で挙げた文室氏の一族がいる。この一族の紀伝道における祖となる如正《ゆきまさ》は、詩文の才に恵まれた人物であったようだが、本来なら昇進は見込めない立場にあった。だが、何の縁によるかは不明であるが、彼は道長に侍読として仕えることになり、自身の門地ならまず任官できない大内記・大学頭の座に就いている。「キャリア」層へ足を踏み入れたのは如正一代限りであったが、多くの一族が紀伝道から退いていくなか、彼の子孫は院政

(22) 朝綱の子澄明《すみあきら》は天暦四年(九五〇)官人として出身して間もなく卒去。重光は安和元年(九六八)試験問題改竄の不祥事を起こし、翌年式部大輔を辞している。維時の孫にあたる定基《さだもと》・為基《ためもと》はいずれも若くして出家。

(23) 匡衡の生涯については[後藤、二〇〇六]に詳しい。

期前期頃まで紀伝道に留まり続けた。

これらの事例を見ると、いずれも道長一門との主従関係が、一族繁栄の重要なファクターになっていることが分かるであろう。これは決して筆者が故意に少数の似たケースのみを選んだわけではない。限られた紙幅で全ての例は挙げられないが、摂関政治期以降も紀伝道内で地位を保つ一族は、例外なく道長一門と良好な主従的関係を結び、子孫にその関係を繫いでいるのである。当時、人々がそれを好ましいと考えたかは別として、これこそが文人にとっての最大の生存戦略であった。

失敗、それでも

こうした生き残り活動の成功者と失敗者では、どちらの方が多かったか。先に挙げた表から「キャリア」層内の一族数の減少具合を見る限り、やはり成功者の陰には、それよりはるかに多くの失敗者がいたと考えるべきであろう。道長一門の傘下に入れなかった大多数の一族は、紀伝道内での地位を失ってしまうのである。ただ、彼らは甘んじて消え去ったのではない。本項では先述した小野氏・菅野氏・慶滋氏といった一族を例に、このような失敗者たちの選択を見てみたい。

小野氏一族の人物は、九世紀前葉頃から代々紀伝道を学び、また一族内で巧みな書の技術を伝えることで、非「キャリア」層ながらも紀伝道内で独自の地位を占めていた㉔。この一族で紀伝道を学ぶ者は一〇世紀後葉頃にはいなくなっており、彼らは文人としての生き残りには失敗したといえる。だが彼らの一族は、ちょうど同時期に大学の別科目である明法道《みょうぼうどう》（律令について学ぶ科目）出身者として史料に現れるようになる。つまり、彼らは自らの学問分野を変更し、明法道を学ぶ一族として生きていくようになったと考えられるのである。

　同じく菅野氏も紀伝道内で歴史を誇る一族であったが、彼らも一〇世紀後葉頃には紀伝道から姿を消し、別の分野に転向している。ただこちらが選んだのは、明法道とも違う大学の別科目算道《さんどう》（計算について学ぶ科目）や、大学外の専門技能である陰《おん》陽道《みょうどう》であった。「文人」ではなくなっても、学識をある程度は通用できる別の分野へ活路を求めたといえる。

　逆のパターン、すなわち他科目を学んでいた一族が紀伝道に転向し、文人の道を歩むという例も少ないながら確認できる。慶滋氏（表中19）の場合がそれで、彼らはもともと著名な陰陽道の一族である賀茂氏の出身であった。しかし、彼らは慶滋と姓を変えて（賀→慶・茂→滋ともとの姓と字義が通ずる）、紀伝道の世界に飛び込み、代表的な人物として知られる保胤《やすたね》・為政《ためまさ》らは㉕、「キャリア」の域まで昇進を果たした。

　とはいえこうした行為は、学問で身を立てようという矜持のみから出たものではない。実は当時、紀伝道を始めとする学問を学んだ人物が昇進できる限界のライン

(24) 小野氏の能書としては、いわゆる三蹟の一人として知られる道風《みちかぜ》（八九四―九六六）が著名であるが、彼ら一族は九世紀から能書としての伝統を持っていた［鈴木、二〇二〇］。

(25) 慶滋保胤は、仏教的文人グループ「勧学会《かんがくえ》」での活躍や『池亭記《ちていき》』といった文学作品で有名だが、官人としても大内記まで昇進している。慶滋為政は保胤の甥にあたる人物で、「キャリア」として一一世紀前葉頃まで活動した。

は、科目ごとで異なっていた。ざっくばらんに言えば、紀伝道が昇進度合では頭一つ抜けており、他科目はその一段も二段も下であった。つまり、紀伝道から退くということは、身分層が下落するということでもある。言い方は悪いが、小野氏・菅野氏の一族は、自身の地位の低下に合わせて、元々は彼らにとって格下であった科目に降り、そこで「お山の大将」となることで復活を図ったと考えられる。逆に慶滋氏一族は、格上の科目へ進んで、うまく身分層の上昇に成功したといえよう。身分に合わせた学問分野へ転向し再起する、これもまた一つの生存戦略であった。

しかし、彼らが転向先でうまく地位を固められたかというと、否であった。格上にせよ格下にせよ、こうした人物が別分野で顕著な活躍を見せるのはせいぜい一、二代の間で、以降は転向先でも勢力を後退させていったようである(26)。なぜなら他の分野でも、紀伝道と同様の事態が起きていたためである。この時期には陰陽道ならば賀茂氏一族・安倍氏一族、算道ならば小槻《おづき》氏一族といったように、各学問分野で摂関家との主従関係を築いた一族が地位を固めつつあった[玉井、二〇〇〇]。転向した「もと文人」が遅れてきて割って入る余地は、すでに無くなっていたのである。

(26) なお、小野氏一族は転向以降、一二世紀中葉頃まで明法博士などを務めた人物が散見する。彼らは例外的に明法道内である程度定着したらしい。しかしその地位は不安定であり、紀伝道時代のような名族とは言い難い。

おわりに

以上、当時の文人たちの境涯について述べてきた。多様な一族の再興・没落・転向が錯綜する摂関政治期は、文人たちもそれぞれの生き方を選ぶ必要に迫られていた。本章では彼らを成功者・失敗者に二分したが、それは後世から見た結果であり、後者が愚かであったなどと賢しらに結論づけるつもりは毛頭ない。いずれの場合でも、彼らは自らの道を選び、生きたのである。

一方でこうした不安定な社会状況は、旧来の硬直した「キャリア」層・「ノンキャリア」層といった枠組を破壊し、多くの「新規参入」一族のような優れた文人を呼び込む環境をも作り出した。摂関政治期漢文学の繚乱は、文人たちが淘汰されていく過程の悲喜こもごもを土壌としてもたらされた——とは、些か言い過ぎであろうか。

引用・参考文献

桑田訓也、二〇一二年「九・一〇世紀の給料学生」『文化財論叢Ⅳ』奈良文化財研究所
後藤昭雄、二〇〇六年『大江匡衡』吉川弘文館
佐藤道生、二〇一六年『句題詩論考——王朝漢詩とは何ぞや』勉誠出版

鈴木　蒼、二〇二〇年「平安時代における「能書」の基礎的考察」『史学雑誌』129―3
鈴木　蒼、二〇二三年「「文人貴族層」の成立過程――官職面からみた」『日本史研究』732
滝川幸司、二〇〇七年『天皇と文壇――平安前期の公的文学』和泉書院
玉井　力、二〇〇〇年「「院政」支配と貴族官人層」『平安時代の貴族と天皇』岩波書店
告井幸男、二〇〇五年『摂関期貴族社会の研究』塙書房
目崎徳衛、一九九五年「藤原道長における和歌」『貴族社会と古典文化』吉川弘文館
吉川真司、一九九八年a「律令官人制の再編過程」『律令官僚制の研究』塙書房
吉川真司、一九九八年b「摂関政治の転成」『律令官僚制の研究』(前掲)

座談会

摂関期は古代か中世か

吉川真司
大津　透
告井幸男
山本淳子
小原嘉記
豊島悠果
川尻秋生

吉川　本日の座談会の会場は、かつての平安宮大内裏のなか、一本御書所《いっぽんごしょどころ》があったところです。この本にふさわしい場所で、摂関政治とはどういうものか、その時代はどういう時代だったかを考えていきたいと思います。摂関政治が行われたのは古代から中世の過渡期に当たるわけですが、摂関政治は古代的なものなのか中世的なものなのか。また様々なアクターがいるわけですけども、それぞれの役割はどういうものだったか。さらに摂関政治をアジア的な視点で見てみたらどうか。ちょっと欲張ってしまったかもしれませんが、よろしくお願いします。最初は本論の掲載順に、簡単に自己紹介をお願いします。

大津　東京大学の大津です。自分の専門は律令《りつりょう》制研究で、中国との関係などを主にやっています。平安時代との関わりで言うと、元々は修士論文で平安時代の財政史の勉強をしました。それから講談社の「日本の歴史」シリーズで『道長と宮廷社会』（二〇〇一年）という本を書きまして、これは私の恩師の土田直鎮《なおしげ》先生が中央公論社「日本の歴史」シリーズで書かれた『王朝の貴族』（一九六五年）を書き直そうという思いで取り組んだものでした。もう一つ、平安博物館を中心にやっていた山中裕《ゆたか》先生編集の『御堂関白記《みどうかんぱくき》全註釈』（思文閣出版、一九八五―二〇一二年）にかなり関わって、藤原道長の日記である『御堂関白記』をずっと読んできたということもあります。そのあと同じ思文閣から『藤原道長事典』（二〇一七年）という、『御堂関白記』に書かれていることをもとにして事典を作り、『藤原道長』（山川出版社、二〇二二年）という本も書きましたので、そんな関係で今回呼んでいただいたんだろうと思っております。道長の政治の話が一番書きたいところだったのですが、それだけではちょっと無理があるので、自分としてはあまり得意ではないいわゆる政治史の流れを、頑張って勉強して書きました。

告井　京都女子大学の告井です。私は学部生の時に律令を授業で学んだのですが、恩師の仕事や先行研究を見ていると、令《りょう》の研究っていうのは大変だなと思いまして、よし自分は律《りつ》をやろう、と思ったのが最初です。その時に瀧川政次郎さんを初めとする國學院大学系の方々の研究なども一所懸命読んだのですが、結局、律の研究もすごく大変だなっていうことに気づきました（笑）。それでどうしようかと思ったときに、当時、今から三〇年くらい前ですが、律令研究というとやはり八世紀の奈良時代からせいぜい平安前期の九世紀ぐらいが中心で、逆に言うとその時期の律についてはすでにやり尽くされている印象がありました。一方で一〇世紀から一一世紀の摂関期については今ほど研究が進んでおらず、瀧川さんのような古い方だと、律令制がずっと続いたという理解をされていた。それならこの時期の律、具体的に言うと司法、警察、裁判、そういったことを調べようと思ったのが最初です。そこから藤原実資《さねすけ》の日記『小右記《しょうゆうき》』を読み始め、最初は司法や警察に関連する記事ばかり見ていたのですが、そのうちだんだん儀式や仏教関係、あと縁あって音楽関係の記事なども読み始めて、吉川さんが京都大学でなさっていた『小右記』の講読に結局二〇年ほど参加していました。現在は司法関連からはちょっと離れていまして、どちらかというと儀式ですね。土田先生が言われたように、当時は儀式イコール政治、政治イコール儀式ですから、そういう意味で言うと、平安時代の儀式・政治史をやっているということになります。

大津　透

山本　京都先端科学大学の山本淳子と申します、よろしくお願いします。私は元々紫式部《むらさきしきぶ》の研究者で国文学が専門ですが、今回歴史のシリーズで原稿を書く機会を与えられました。紫式部という作者のみならず作品のあり方も、当時の摂関政治ともっと直接的に結び付けて理解しなくてはならないし、清少納言《せいしょうなごん》の『枕草子《まくらのそうし》』もまた、当時の政治情勢の中で、社会に向けて発信された作品だと考えております。

一つ自分として大きな契機となったのは、道長のいわゆる「望月《もちづき》の歌」の解釈です。二〇一七年、この歌をテーマにした講座に参加させていただいた時に、この歌が詠まれたのは寛仁《かんにん》二年（一〇一八）一〇月一六日、つまり満月の一五日ではなく十六夜《いざよい》の日だったことに初めて気がつきまして、これは歌学のいう「望月」の夜ではなかったのではないかと考えました。そこからこの歌は、月は実際には欠けていても、私の月＝后《きさき》となった私の娘は欠けないんだ、という意味なんだと、当時の和歌としてはごく普通の機知なのですが、そういう新釈を論文にして発表いたしました（本書一三六頁）。このように、道長のことについては和歌から入りましたので、国文学としての視点からその心に迫っていきたいと考え、『道長ものがたり』（朝日選書、二〇二三年）という評伝も書いております。僭越なことをしたなとは思っていますけれど（笑）、今日は勉強させていただきます。

小原　京都女子大学の小原と申します。このシリーズは古代史のシリーズですが、私は中世史の方に所属していますので、どちらかというと中世の立場からこの時代を見るとどう見えるかということを発言しろという趣旨なんだろうと思っています。元々学生の頃は、ちょうどその時に盛んになっていた中世荘園制の研究をやってみたいと思っていたのですが、その後は荘園制の周辺事項ばかりをやっていて、その関わりで、地方支配のことについて研究してきました。例えばこの本で書きました受領《ずりょう》よりもうちょっと下のレベルの在庁官人などについては、九〇年代の受領論の中では必ずしも十分に論じられていなかったので、そういったところに関して一昔前の議論をバージョンアップできないかなというつもりで、二〇代から三〇代にかけて取り組んできています。近年はなぜか東大寺大勧進《だいかんじん》のことをずっとやっていて、いつの間にかそれなりの専門家になってしまったような気はしています。ここ数年はずっと鎌倉時代から南北朝期あたりの史料ばかり見てきたので、平安時代の史料を見返すのは多分五年ぶりくらいで、先行研究も読み返しながらリハビリをしました。いいきっかけをいただきましたので、今回の論考では十分に触れられなかった一〇世紀前期や、一二世紀以降の院政《いんせい》期のことも、今後やってみたいなと思っております。

吉川　小原さんに加わってもらったのは、中世から見るというよりは、小原さんは九世紀から南北朝までを通して国司《こくし》制のことを研究しておられますよね。だからその中で、この時代の受領をどのように理解したらいいのかを、ぜひ書いていただきたかったんです。

豊島　神田外語大学の豊島といいます。学部のときには日本史を専攻していて、ここにおられる大津先生のゼミと佐藤信先生のゼミに出ておりました。大学院からは朝鮮史の方に移って、主に高麗《こうらい》時代を勉強しております。大学院のときには東京大学史料編纂所で吉田早苗先生がやっておられた、『中右記《ちゅうゆうき》』（藤原宗忠《むねただ》の日記）を読むゼミにずっと出ていて、儀式書はやはり日本独特ですし、面白いなと思った経験がある一方で、メインで勉強した高麗時代との違いというか、違和感みたいなものを常に感じて来たなと思います。それをもう少し頭の中で整理して、いつか文字化できればいいなと思っております。

吉川　豊島さんのご本を読んでいると、我々のように平安時代の儀式や儀礼をやっている者にとっては、同時代にお隣はこうだったんだと、とても面白いですね。本論では今話された五人の皆さんと、岸泰子さんが内裏という政治空間の話を、鈴木蒼さんが文人の話を書かれています。川尻さん、編集委員として今日参加している我々も喋りましょうか。

川尻　早稲田大学の川尻でございます。私自身は正面からこの時代を取り上げたことはないんですが、

吉川真司

元々は仏教史をやって、それから格式《きゃくしき》や、また平将門《たいらのまさかど》の乱から武士がどう発生するのかといったこともなぞったことがあります。現在も、直接この時代ではないんですが、御教書《みぎょうしょ》だとか宣旨《せんじ》だとかの起源について、実はこれまで研究がなかったので、中国や高麗との比較古文書学みたいなことをやっておりまして、この時代にも関心があるところです。よろしくお願いいたします。

吉川　私自身は正面から摂関政治について論じたのは一回だけで、岩波講座『日本通史』（第五巻、一九九五年）で早川庄八先生が指名してくださって、うれしく書かせてもらったのがあるぐらいです。あとは女房の論文を書いたことがあって（「平安時代における女房の存在形態」一九九五年）、自信がなかったので山本さんに原稿を見てもらったのですが、「まあ、便利な論文ね」って言われました（笑）。

山本　あの論文はどんどん引用されましたよね。

吉川　便利だったんでしょうか（笑）。あとはお寺や荘園のことをやりながら、この時代に関わることをいろいろ考えてきたのですが、摂関政治そのものについては本当にまとまったものは書けていなくて、本当にお恥ずかしいばかりです。

■摂関期のイメージ

吉川　本論の話に入る前に、皆さんがお持ちの、摂関政治や摂関期に関するイメージを語ってもらえたらと思います。この時代を象徴すると思われる人物だとか作品だとかを、気楽に語っていただけますか。こんどは逆順で、豊島さんからいきましょう。

豊島　今年(二〇二四年)はNHKの大河ドラマで紫式部を主人公にした『光る君へ』をやっていることは皆さんご存じだと思うのですが、ちょうど去年の一一月から、韓国のKBSという公営放送で『高麗契丹《きったん》戦争』という大河ドラマ的なものをやっていて、これが『光る君へ』とちょうど同じ時代の話なんです。両方を見比べると、同じ時代であるにもかかわらず雰囲気があまりにも違って、画面から来る「圧」が全然違うんです。もちろんドラマが描く時代像が正しいということではないのですが、どこか人々が持っているイメージを反映しているところはあると思います。高麗史の側からみると、摂関期って国防費があまりかからなくて良さそうだなっていうイメージが一番強いですね(笑)。

小原　私は本来中世をやっているので、学部で卒業論文を書く前に、まず史料を見ようと思って、『鎌倉遺文《いぶん》』を全部めくったんですね。それでちょっと遡って平安時代も知りたいなと思って、『平安遺文』もめくってみると、『平安遺文』の第二巻以降に入っている一一世紀以後の文書は、鎌倉時代の史料から読み始めた者の知識でも読めるのですが、主に第一巻に収められたそれ以前の文書は、何かちょっと違うんですよね。第一巻はだいたい康保《こうほう》年間(九六四―九六八年)までの文書ですが、一〇世紀の後半あたりで文章が変わってくるなと。ざっくりした印象ですが、この時代のイメージというと、そういう感覚がずっとあります。一二世紀の『中右記』や『玉葉《ぎょくよう》』(九条兼実《くじょうかねざね》の日記)を読む目からすると、『小右記』はちょっと読みづらいところがあるんです。

山本　摂関政治のイメージというと、いわゆる殺戮がない時代だなとつくづく思います。天皇の政治を執行するのが摂政・関白だと思いますが、彼らが権力を持とうとしたときに、王を弑《しい》するのではなく、自分の娘を嫁がせ子供を産ませて、その子供を天皇にして……という迂遠な道を選ぶのは、あまりにもまどろっこしい話ですが、同時に実に平和ですよね。そのために女房たちがスタッフとして集ったり、文学作品のようなものでキサキを彩ろうとしたりというのもとても洗練されていて、これは日本独特のことだろうと思うんですよね。先日、フランスの国立ギメ東洋美術館での講演でこの政治形態の話を致しますと、非常にエレガントだという反応がありました。今回の豊島さんのご論も読ませていただきましたが、隣の国ではこんなに血腥《ちなまぐさ》いことが起こっていたのに(笑)、日本列島の中では、精神的にはドロドロしていたかもしれないけれど、やはり「殺さない」という不思議な形があるのですね。もう一つは日本独特の、心理学者の河合隼雄《はやお》さんの言った「中心の空洞化」ということですね。中心にいる天皇が全的な権力を有するんじゃなくて、周りにいる人物がその権力を侵食し、肥大化していく。どんな組織でも、企業でも町内会でも(笑)、組織には必ずそういう傾向があると思うんですけれど、この時代にははっきりとそれが見えて、日本における「世間《せけん》」の一つの形というものが、このとき作られたのかなと感じています。

吉川　豊島さん、いかがですか。エレガントという点も含めて。

豊島　エレガントというか、あえて天皇を殺さないということだと思います。本論の「おわりに」で少し書いたのですが、摂関政治というのは外戚に非常に強い権力を持たせるやり方ですね。これは高麗だと、少なくとも「善政ではない」という評価になりますし、多分中国でもそうだろうと思います。だからそれが何でこんなにも日本で長く続いたのかというのが気になりはしますね。

告井　私は先ほど小原さんが言われたことをちょっと意外に感じまして、自分は逆に『小右記』から勉強を始めて、だんだん時代を後に下げていって、その知識で『中右記』もそれほど違和感なく読めました。さらに下がっていって一二世紀の『兵範記《ひょうはんき》』(平信範《のぶのり》の日記)『玉葉』ぐらいまでも、何とか同じような感じで史料と向き合うことができたイメージを持っていました。『明月記《めいげつき》』(藤原定家の日記)、『平戸記《へいこき》』(平経高《つねたか》の日記)あたりからは、ちょっと、違うなと思うところがありましたけどね。

それから私も山本さんと同じようなイメージを摂関期に抱いておりまして、暴力事件もなかったわけではありませんが、国防費の必要ない、武士が登場する以前の、ある意味平和な時代・社会だったということですね。それがこの時代を考えるキーポイントにはなるんだろうと思います。また、政治や社会が遠まわしで婉曲でというまどろっこしさも、まさに今でも一般に京都人の特徴と言えるようなことで(笑)、そういったものが形成されていった時代なのかなと思います。『小右記』などを通じてこの時代の政治、実資や道長のやり方を見ていると、「江戸の敵《かたき》を長崎で討つ」という特徴があるんですよね。殺戮はしないけれども、なかなかいやらしい動きをする。そういうある種の迂遠さみたいなものが、この頃に生まれたのではないか。他にも色々な意味で、のちの時代に古典として受け入れられていく文化や社会、そういうものが形成された時代だったと思います。『源氏物語』はもちろんそうですし、先ほどの「空洞化」ということにもつながりますが、摂関だけではなく、院や、大殿《おおとの》ですね。要するにそれまで政権を握っていた人が退位してからも、また出家して法体になってからも力を持つという政治形態ができてくる。後の時代でいえば足利義満や大御所《おおごしょ》時代の徳川家康、田中角栄なんかもそうかもしれない(笑)。一般にはこういう政治形態は、天皇親政に対してイレギュラーだと思われますけれど、実際に日本の歴史を振り返ると、むしろ天皇親政のほうがイレギュラーなんじゃないかと思います。

あと一点、摂関期というのは可能性が開かれていた時代だと思うんですね。結局、院政期を経て武家社会へという歴史を歩みま

告井幸男

したけれど、他の歴史になる可能性も持っていたのがこの時代だったんじゃないかなと以前から思っています。古代が氏(ウジ)の時代、中世が家(イエ)の時代だったとすると、個人の時代とまで言っていいかどうかわかりませんが、氏や家とはちょっと違う可能性を持ち得た、そういう時代だったんじゃないかなと。自分がこの時期を専門にしているために、肩入れしてる面もあるんですけれども、『小右記』をはじめとする史料や文学作品などを見ていても、そういうふうなことを思います。

吉川　面白いですね。どんな可能性があったんですか。

告井　それはわからないけど(笑)、楽天的に考えたら、家父長制や農奴《のうど》制にはならない時代がありえたのではないかと。夢物語ですけどね。

大津　私はもう二〇代に書きました修士論文で、摂関期は後期律令国家だと言って以来、律令制からの連続性をみるという立場ですので、イメージとしてはそうなのですが、摂関政治の中心的な人物としての道長ということでは、いわゆる外戚権力としてだけではなくて、それをどうとらえて評価するかが問題だと思います。二〇〇二年にジュネーブ大学で半年ぐらい授業をしていたんですけど、そこで『御堂関白記』の原文と、フランシーヌ・エライユ氏のフランス語の註釈をあわせて読む講読を学生たちとしたことがあるんです。『御堂関白記』の全註釈が世界中で一番最初に作られたのは、実はフランスなんですね。

吉川　それは知らなかった。

大津　その講読にジュネーブ大学教授で日本文学の二宮正之さんも来られて、二宮さんが言うには、何がびっくりしたって、道長のような大権力者の日記が、こんな細々とした事務的なことしか書いてないのかっていうんですね。我々古代史研究者は最初から、貴族の日記なんてそういう細々とした、読んでもつまらない話が書いてあるものだと思っているわけで、その反応は衝撃でした。一〇世紀の最高権力者の日記が残っていること自体が世界中でも珍しいんだけれど、それが非常に事務的であるということを、もっと考える必要があるとその時に思いましたね。

それで今回の本論でも、道長はどうして摂政・関白にならず一上《いちのかみ》や内覧《ないらん》になったかという話を中心に考えたのですが、非常に詳しく政治制度を知っていたんじゃないかと思うんです。摂政や関白になるとどうなって、あるいは摂政・関白にならないで内覧になるとどうなるかという、先例や権力の置き方を非常によく知っている。道長はいい加減な人間で、ただ権力を握っていただけっていうイメージが一般にあるのですが、その背景には非常に的確な知識があったんではないかなと。摂関家のイメージというと、そういうことになります。同時に中世につながる面で言うと、道長自身は政治制度をよく知っていてそれをちゃんと使ったんですけど、晩年は大殿として権力を持って、それが院政期以降の中世的なあり方につながっていった。つまり太政官《だじょうかん》政治が実質骨抜きになってしまうようなことを始めたのも道長なんだと、政治制度にのっとったあり方と大殿としてのあり方の間にギャップがあるんじゃないかなとは思っています。

川尻 先ほど言ったように比較古文書学をやっていて、最近は高麗史や宋《そう》史も読んでいるのですが、やはり高麗などは外圧の問題で非常に苦労しているんですね。一方でこの時期の日本は本当に平和だったなと。東アジアの標準でいくと、日本がきわめて変なんじゃないかと思います。

吉川 この本を座談会から読む人もいるので、最初に摂関政治を「変」って言っちゃっていいのかなと思いますが(笑)、たしかにそうですね。私は女房のことを勉強したときに、いわゆる王朝文学を通読して、一番面白かったのは『源氏物語』の宇治十帖《うじじゅうじょう》でした。貴族社会の下層の動きがよくわかるんですよ。なんでこんなにリアルなのかな、と思いました。光源氏の子の薫《かおる》は、物語中では主として中納言《ちゅうなごん》ですが、その源中納言家の家政や、宇治に持っている所領のあり方、人々をどう指揮しているか、そんなことまですごくよくわかるんです。だから、摂関時代のイメージを作る上で、私にとって宇治十帖はとても大きかった。今回、皆さんに原稿をお願いするときに、日記などの古記録《こきろく》だけじゃなくて文学作品もできるだけ活用してほしいと申しあげたのには、そういう理由もありました。ただ、こういう社会史的な関心から読むと面白いんですけど、宇治十帖ってやっぱり悲しいんですよね。摂関期のうしろの方ってこんなふうに寂しい時代なのかというイメージも持ってしまいました。角田文衛《つのだぶんえい》は後冷泉《ごれいぜい》朝について、摂関政治が傾いていくというよりは、午後の太陽の時代だと言ってるんですけど、私は宇治十帖や『更級日記《さらしなにっき》』の印象が強くて、中世の仏教的な寂しい感じと何か通じるようなイメージをずっと持っています。

川尻　それはやっぱり仏教の影響ですかね。

吉川　それはかなりあるんじゃないでしょうか。そこをどう評価して、摂関時代を考えていけばいいのか。それも大切なことかと思います。そのあたり、高麗はどうですか。

豊島　違和感があることの一つとして、なぜ出家した人間がそんなに権力を持つのか、とは感じています。出家することの社会における意味みたいなのが、多分、高麗とは違うんじゃないかなと。大殿のように、官職を引いているにもかかわらず、実質的に政治的な権力を持っているというのも高麗ではほとんどみられないです。もちろん史料的な限界があって、私的な日記みたいなものは無いので、そのせいかもしれませんが。

■摂関政治の始まりはどこか

吉川　では本論の話に移りまして、それぞれご自身の論の読みどころや肝になるところをお話しいただければと思います。大津さんからお願いします。

大津　「古代政治としての摂関政治」という題で書かせていただきましたが、政治制度についてだけ書いても歴史的な意味がわからないということもあって、研究史の整理という形ですが、かなり丁寧に政治史の流れを書いたところが一つの特色かなと思っています。第1節では藤原良房《よしふさ》・基経《もとつね》から始まって道長ぐらいまでの政治過程を書きました。ポイントは、摂政・関白の役割の基本は、太政大臣を中核とする太政官制度の中にあるということで、おそらく藤原忠平《ただひら》のころ、つまり村上天皇の時代に、ある程度かたまってきたものだと思います。続いての節は陣定《じんのさだめ》についてですね。これがいつ成立するかについてはなかなか言いにくいことなんですけれど、第2節で国家の中枢にかかわる議題を扱った例を見た上で、第3節で受領に関する陣定を取り上げることによって、陣定がどのような形で摂関期に成立してくるかという、全体の流れが見えるようになったのではと思っております。以前から続いている部分に加えて、受領関係の、とくに諸国申請雑事定《しょこくしんせいぞうじさだめ》、造宮定《ぞうぐうさだめ》、受領功過定《ずりょうこうかさだめ》というものがこの時期にできてくるんですね（本書五二頁以下）。いずれも受領の任国支配と税物の貢納にかかわるもので、これを要として摂関期の国家は成り立っていたわけです。数年前に陣定のことを中国史研究者に話したとき、なんでそんな勤務評定みたいなことをトップの人たちがやるのか、人事を担当する吏部《りぶ》、日本でいえば式部省《しきぶしょう》にやらせればいいじゃないかと言われました。これはむしろ、受領が特別な意味をもち、非常に重要な、政治の中心にくるということがこの時代の一つの特色で、その結果として受領功過定のようなものが出てきたんだと思うんです。陣定成立の流れについても見通しがついたんじゃないかと思っています。

あとは道長の話で、陣定に参加するというのが、道長が左大臣の地位を保つ理由の一つなわけですが、もう一つ道長の重要視した一上とは何なのかということですね。普通言われているように権力の集中するトップというだけではなくて、一上がいるということはそれ以外の公卿《くぎょう》がいるということで、それは公卿の中の役割分担というか、決裁の権限の問題でもあった。一上の権限との関係で、大納言や中納言の権限も決まってくるので、そのあたりを陣中文《じんのもうしぶみ》と南所申文《なんしょもうしぶみ》の問題なども絡めて考えています(本書六一頁)。最後に除目や叙位の話をしましたが、道長の権力の基盤として人事があったことは間違いないんですけれど、実際に一人で全部決められたかどうか。『御堂関白記』寛弘《かんこう》三年(一〇〇六)正月二八日条の記事というのは非常に珍しいものだと思いますが、ここでは、天皇の意向を公卿が皆で保留にしたということが書かれている(本書六八頁)。もちろん律令制では、形式的には天皇に最終的な決定権があり、それを一上左大臣と二人で決めていくというのが建前です。ただ実際にはそうでない場合もあって、公卿たちの同意が必要だった。こういうことから、道長を、人事権を掌握した専制的な権力者と見なす摂関政治のイメージを多少変えられたかなと思っております。

吉川　摂関政治の政治過程を綺麗にトレースしてくださって、とてもよくわかりました。この時代全体の政治の流れは、まず把握しておくべきことだと思います。今のお話からすると、やはり大津さんは、橋本義彦さんなどが言われたように、忠平のときに摂関政治の形が整うと見るのがいいだろう、という意見ですか。

大津　そうですね。橋本さんが言っているのは基本的に摂関の制度の話ですが、それだけじゃなくて、地方政治全般を含めた国家の枠組みの問題として、忠平の頃に出来てきたというのでいいんじゃないかと思います。忠平はかなり地方政治に詳しいでしょう。兄の時平《ときひら》みたいに生まれたときから摂政だったみたいな人とは、かなり違ったのではないか。忠平の時代は大体村上朝と重なっているので、その頃に色々な改革というか、受領をどうやって統制して、国家を成り立たせていくか、みたいな枠組みが出来ていったのではないでしょうか。受領功過定が整備されていくのもこの頃ですね。忠平から師輔《もろすけ》の頃。

吉川　摂関政治と言った場合、教科書的には前期摂関政治と後期摂関政治を分けるじゃないですか（本書「〈摂関政治〉を考える」参照）。今回その言葉は特に使われていませんよね。

大津　個人的には摂関政治というと、いわゆる後期摂関政治を考えてますけど、ただ第1節の始めで言ったように、そうは言ったって良房から摂関政治は始まってるんですよね。

吉川　これはほんとうに大事なことで、摂関政治を考えるとき、いわゆる後期摂関政治を中心に捉えていいのかどうか。

大津　私自身はそう思っていて、その始まりとして忠平から書き始めようかとも思いましたが、やはり前史を考えないと無理なんじゃないかと思って、今回は良房・基経から始めたわけです。

吉川　それはそうですよね。忠平の頃の太政官政治の形は明らかに良房・基経の時代から出てるわけですから。そうするとやはり、大津さんの言われる摂関政治は村上朝からという感じかな。

大津　村上朝に画期があるとは思いますね。

吉川　画期ですか。以前から、一〇世紀後半、後期、末、どこが画期なのかっていう話があるんですよ（笑）。大津さんたちと昔、『日本史研究』で特集号を作りましたよね（一九九〇年）。あのときの論文は大体その辺に変化の画期を求めていたので、「一〇世紀後期画期説」とまとめられたりしたんだけど、例えば大津さんのおっしゃる村上朝（在位九四六―九六七年）と、佐藤泰弘さんの言われる一〇世紀末とでは、時期的にだいぶずれますよね。

大津　受領の制度とかの問題と、功過定を中心とする中央の話とは、当然ずれててもいいんじゃないですか。ある時に急に体制ができるわけではないのだから、色々な制度改革の中で整備されていくということではないでしょうか。あんまり細かい時期差を気にしたことはないですね。

吉川　私はそれが常に気になってて。政治と社会の変化をあわせて考えたいからなんですけどね。

告井　私は、時代が変わったのは村上朝の次の、冷泉《れいぜい》朝くらいかなと思ってます。安和《あんな》の変（九六九年）をきっかけに政治形態も変わりますし、冷泉からは天皇号じゃなくて院号になりますし、冷泉の次の円融《えんゆう》天皇の政治力も大きい。つまり、藤原兼家《かねいえ》や詮子《せんし》も含め、天皇と摂関と母后《ぼこう》の時代ですね。後の時代につながっていく画期となるのはこの冷泉・円融朝の頃で、村上朝はまだ何となく前代の香りがするなと思います。あとよく言われるのは、摂関常置の時代は藤原実頼《さねより》以降ということですよね。内覧も含めて。ただ今回小原さんが書かれたことを読んでいて思ったのは、天徳《てんとく》四年（九六〇）に起こった内裏火災が契機になったとすれば、村上朝を前後に分けて、天暦《てんりゃく》・天徳（九四七―九六一年）を前期とすると、応和《おうわ》・康保（九六一―九六八年）の頃になって、後ろの時代に入りつつあるということかもしれない。

大津　そんなに細かいことはわからないんじゃない（笑）。

告井　そうなんですけど（笑）、『類聚符宣抄《るいじゅうふせんしょう》』とか太政官符、格などを見ていると、何とか律令制に、調《ちょう》庸《よう》制を、籍帳《せきちょう》制を保とう、と頑張っているのが、あの頃が最後だというように感じるんですね。

■「受領功過定」をどう考えるか

川尻　大津さんは、受領功過定が地方支配も含めて人事権を握るということに力点を置かれているんだと思うんですね。その点を皆さんがどう評価されるのか、お聞きしたいなと。

小原　受領功過定は、どこかの時点で性格が変わっているんじゃないかと思います。制度ができたのは延《えん》喜《ぎ》一五年（九一五）で、公卿会議で受領の成績を財政的な面から評価するもので、これをパスしないと加階や次の任官ができなかった。ですが、この制度が始まったのは、当時は受領を任じようにも、公文勘済《くもんかんさい》

（受領任期中の財政帳簿の監査を終えること）しているような人はいなくて、それに基づいて決めようとすると候補者がみんな不合格になってしまう。そこで、公文勘済はまだできてないけども、それなりに統治はできていたような人を選び出すために始まったのが、功過定だったはずなんですね。これが人事審査を式部省や事務方の書類審査だけで行わせることができない所以だと思います。それが大津さんが言われるような功過定になっていくのは、もうちょっと後の段階かなという気はしています。たとえば財政制度の再編を経て、功過定の審議項目が三勘文《さんかんもん》以外にも色々と付加されていきますよね。また、功過定が財政監査機能を持つものだというのは大津さんがおっしゃる通りで、村上朝ぐらいからそういう機能はあると思うのですが、ただ、功過定がどこまで実質的な意味を持ったか、とくに道長の時代まで通してそれで評価できるかどうかというのは、論者によってだいぶ評価が違うと思います。私自身は、人事統制としての側面はとても大きいけれど、財政監査として実質的な意味はあまりないんじゃないかという気がしますね。

川尻秋生

大津　意味がないっていうのは、公文が実質的に意味がないからでしょう。それはその通りだと思います。それは前提であって、調庸は納めてないけど調庸惣返抄《そうへんしょう》が出されるわけですよね。そういう中でどうやって地方から納めさせていくかっていうときに、色々な審議項目を功過定に足していったということでしょう。小原さんの論に、摂関期の功過定では留国官《りゅうこくかん》物《もつ》の審査が中心になっていたと書かれているけれど、それはどうかなって思ってます。地方に米がどのぐらいあるかが問題になっているとも思ってなくて、勘解由使《かげゆし》大勘文《だいかんもん》なんかでも、検交替使《けんこうたいし》も派遣されなくなり、もう紙の上の話でしかないことは、前提だから。

小原　公卿が功過定の場でケチをつける部分ということで言えば、佐々木宗雄さんなどの研究を参照しても、やはり留国官物が主になっている。彼らは形骸化した帳簿上での官物の数値に、殊更にこだわっているように見受けられますね。

川尻　むしろ恣意的にケチをつけるじゃないですか。そこは政治史としては重要だと思うんですよ。

小原　功過定では、二年も三年も成績を出さずに、引き延ばしたりしますね。要は「過」をつけない、不合格にしないために先送りにしているんですよ。こいつはもう不合格でいいやという人には、すぐに「過」って出ますから。合格か不合格かというのを延々と議論するっていうのは、現代的な感覚で言うとだいぶ効率の悪いことをしてるけれども、そこが一種の政治ですよね。この人を合格させるため、皆の合意を取るために引き延ばして、誰かが折れるのを待つ、そういうことをしているイメージがあります。

吉川　財政監査的な意味はそれほど認めないということですか。

小原　朝廷に納めるものについては功過定で監査するというのが原則ではあると思うんですけれども、受領のほうも功過申文を出す時には、自分は大体パスするだろうという前提のもとで出しているはずなので、功過定の場で「これが納められていない」といったことがそれほど頻発するかな、と。

大津　それはそうですよ。そうなんだけど、枠組みの問題ですね、構造というか。その場で毎回真剣に議論しているかというと、どうかというところだけれど、問題がある場合は問題になる、と。

小原　大津さんがおっしゃるように、功過定は人事統制っていう面ではすこぶる大きいと思います。

吉川　確か大津さんは以前、こうしてきっちり受領統制してるからには、それなりに調庸物が地方から入ってきてたんじゃないかと、お書きになってましたよね。

大津　それはそれなりに、率分《りつぶん》で正規品目を二割は必ず取れるわけだから。それ以外の部分についてはある程度納めればいいということだったんで、それが四割なのか五割なのかはわからないけれど。

吉川　そこが問題なんですよ(笑)。以前の論文では、摂関期でも財政はそれなりに保たれていて、それがこの時代の文化の基盤になっていたという話だったと記憶してたんだけど。二割ぐらいですか。

大津　わからないですけどね、もし課丁《かちょう》(律令制で調庸を負担する一七歳以上の男子)数に応じて払うんだったら、課丁数は実質空洞化している、計帳上の課丁数はすごく減っているわけだから。だから必要なものは必要なところから取るっていう体制になっていって、国家が運営されていくという。

吉川　そんなに少なかったかな、課丁数。

大津　残っている計帳は摂津国《せっつのくに》調《ちょう》帳案《ちょうあん》とかしかないので分からないけれど、戸籍でいえば女性ばかりとかね。ある段階から帳簿も書き直さなくなるわけですよね。それもたぶん一〇世紀の後半ぐらいですよね。

吉川　そうですよね、一〇世紀半ばから後半ぐらい。その後はずっと同じのを使っている。

大津　その帳簿で通用するということは、それによる調庸数というのも意味がなくなっていると思いますけどね。そういう中で、どうやって取るかっていうことになるのかなと。

吉川　もしかして大津さんの考えは、例えば小原さんにも近いのかな。

小原　基本的な事実認識は、我々みんな共有してるかもしれませんね(笑)。

吉川　変わらないね。どこに重きを置くかっていう点で評価が違うというところなんでしょうか。

川尻　ポイントは人事統制でしょう。皆さん、財政監査が本当に機能したとは思ってないわけだから。

告井　さっき小原さんが、誰かが折れるまで議論を長引かせて待つっていう話をされてましたが、司法裁判に関する陣定も似ているところがありますね。長々とやった結果、許す、とかって落ち着いちゃう。

吉川　つまり形式だってことですか。手打ちまでのプロセス。

大津　でも公卿で流罪《るざい》になっている人もいますよね。罪名定《ざいめいさだめ》をやって死刑になったから、一等免じて流罪というのは、結構あるとは思うんですよね。院政期だとね。

吉川　むしろ院政期だからじゃないかな。摂関期と院政期の陣定の機能は、かなり違う気がするんですけどね。私は院政期のことは不勉強ですけど、お寺ともめたり、いろんな裁判がいっぱい出てきますよね。そういうのは摂関期にはあまり見えないと思うんですけど。荘園制が生まれてくるからかな。摂関期独自の陣定の機能、役割というのを、どこまで院政期からの引き算で考えるかということかもしれません。あと、大津さん、王朝国家論についてどう思いますか。大津さんと割と近い論理構成だなと思うんだけど、親近感は感じませんか。

大津　研究史的には大きな意味があったんじゃないですか。吉川さんには王朝国家論の肩を持ちすぎとよく言われるんですが(笑)、でも一〇世紀の前半とか一一世紀の何年代に何とかになった、みたいなのは非常に違和感がありますよ。

吉川　私もそうです。なぜこれを聞くかというと、王朝国家論、特に王朝国家体制論と呼ばれる坂本賞三さん以来の議論だと、一〇世紀の初めと一一世紀の四〇年代に、その時の状況を受けて、太政官が支配方式を変えていくという話ですよね。だから国家が能動的というか。中央の権力が積極的に、政府や政策のあり方を変えていったことになるわけですけど、さっきの大津さんの村上朝の話は、それに近いところはないですか。

大津　王朝国家論は、どこかに画期があるべきだっていう議論でしょ。

吉川　それが一つある。もう一つは政策論を重んじるという、ポリシーがあるんですよね。

大津　でも一一世紀前半の郡郷《ぐんごう》制の再編とかは、誰かが命令して決まったことでもないでしょう。

小原　郡郷制の議論はトーンを落としましたよね。一一世紀の四〇年代に別名《べつみょう》とかができるという話だったけれども、大石直正さんの指摘で、ちょっとそれは違うとなった。

吉川　国司《こくし》苛《か》政上訴《せいじょうそ》がたくさん起こってきて、中央政府で対応を考える。それから荘園整理も関わってくるということで、一一世紀四〇年代の画期を設定してるんですよね。だから王朝国家論の立場では、明らかに、国家は地方の動きに応じて制度のあり方を変えてることになるんですね。

川尻　そうですよ。国家はかなり強い主導権を持ってる、っていうわけでしょう、坂本さんたちの考え方では。それはちょっと違うと私は思うけれど。

吉川　もっとだらだらっと行っている気がしますよね。村上朝の国政整備をどう位置づけるかという問題ともおそらくはリンクしてくると思うんですが、摂関政治のようなものを作り出すような国政変革が、どこまで意図的にやられていたのか。私はやっぱり気になるところではあるんですけど。

大津　地方で問題があることを前提にして、どうやって必要なものを取れる形にするかっていうことかなとは思いますけどね。

■「ネットワーク」の持った意味

告井　「中世政治としての摂関政治」ということで、私は忠平までが前期摂関期で、それより後が後期摂関期かなと思っていたので、そういった筋で書き始めています。兼家が右大臣を辞して無官の摂政になったというのが、やはり律令制的な摂関とは違う時代を象徴することかなと思います。摂関だけじゃなくて、准《じゅん》摂政は実頼からですし、内覧は兼通《かねみち》からですね。そういった、それこそ中世にまで見えるようなものが出てくるのがこの時期で、一〇世紀半ば以降、後葉あたりを扱いたいということで書きました。

第1節では人事制度のことを書いています。律令制では非常にシステマティックな人事制度が行われていたわけですが、摂関期になると、年給《ねんきゅう》=年官・年爵(任官・叙位の推挙権)を中心に、特に私《わたくし》的な縁《えん》とか恩《おん》が非常に大きな意味を持つようになる。道長も行成《ゆきなり》もそういう人的つながり、ネットワークの中で出世していています。要するに、年給を与えられるような給主といかに関係を持っているか、それが官職・位階を進めていく上で大きな意味を持っていたということなんです。そういう意味で冷泉院という人は、非常に在位が短く人格的にも問題があったかのように言われていて、あまり歴史的に重要な位置づけをされることがなかったんですけれども、彼の年給で位階や官職を上げることができた貴族が非常に多くて、当時の人にとっては大きな存在だったと思います。そういうところから、地方、地域にも及んでいた社会ネットワークのことを書いています。あとは未給の使われ方ですね。年給を使わないまま給主が亡くなると、その給はいろんな形で使われる。たとえば後一条の皇女の章子内親王《しょうしないしんのう》とか馨子《けいし》内親王は、本人が六歳・八歳の頃にすでに年給を貴族に与えていて、年給はそういった関係の核となっていました。

第2節では、律令制というのは共知制《きょうちせい》、つまり四等官《しとうかん》が共同で政治を行うというのが原則だったんですが、それがだんだん一人の人間、個人に行政権限が付着するようになるという話をしています。一人の人間が上卿《しょうけい》として責任を持ち、それ以外の人はその案件に関わらなくなる。同時に公私混淆という状況も生じてきていて、実資を例にとりますと、右近衛大将《うこのえたいしょう》という律令制的な官職によって得た収入と、それとは関係なく荘園などから得た収入がごっちゃになってて、支出先も区別されていない。公私にわたる収入が、彼の公私にわたる支出に使われるっていう、そういう状況が、当時だったと思います。第3節は権門《けんもん》社会の発展ということで、治安維持のことにふれています。賞金稼ぎのような人間がうまく政治を使って、政治の側も、ときには加害者ときには被害者のような存在を使って、当時の治安はなされていたんだということです。第4節は平安宮の話ですね。律令制下では朱雀《すざく》門が正面だったのが、九〇度回転して、陽明《ようめい》門とか待賢《たいけん》門が正面になった。内裏や外《げ》記庁《きちょう》など、ちょうどこの辺りが政治の中心になりましたので、史料にはこうした東側の門ばかりが出てくる感じなんです。当時、平安京左京の三条から四条以北に貴族がかたまりつつあったと言われています。最後に、当時の日常的な行政の場としての陣儀《じんぎ》を取りあげました。

山本　給主が亡くなったあとも年給が用いられたというお話でしたが、それって相続されてるんですか。まだ子供であった章子内親王や馨子内親王の場合も、彼女らが判断したということではないんですよね。

告井　相続というか、家政機関はそのまま残っているので、そこに仕える別当《べっとう》などが判断していたんだと思います。内親王家の家政を差配する別当ですね。本人は判断していないと思います。

吉川　そういう集団、家とか宮とか権門などを軸にしてこの時代を見ようということですよね。大津さんは国政、あるいは国家のシステムを中心にして、まずはそこから見る必要があるという立場ですけど、こういう告井さん的な議論はどういうふうにお感じになりますか。

大津　もっと違和感があるかなと思ってたけど、そうでもなかった（笑）。ただいくつか言うと、例えば、共知制の崩壊というのを書かれていて（本書九〇頁）、律令官僚制が公卿の全員一致によって行われる共知制だというのはそうなんだけど、それは日本の四等官制が文書じゃなくて口頭でやっていたから、という面があるわけですよ。文書を読み上げていたわけですから。それが、公卿が上卿として文書を一人で読んで決裁をするようになっていくのは、文書が使えるようになればある程度はそうなっていくんじゃないか。だから「個人で決裁していくようになるから古代的ではない」っていうのはどうかなって思いますね。もう一つは陣儀の話で、陣でいろんな儀式があるというのはそれでいいと思うんですけど、一方で、この中のいくつかは陣中文なんですよね。そういうものと、それとは関係ない陣儀と、政治制度の研究史の前提からいうと、全部一緒にするのはまずいんじゃないかなっていう気がしました。

告井　その点はそうですね。陣中文をどう位置づけるべきかっていうのは迷うところで、そこは確かに岡村幸子さんの研究に則って、区別して議論するべきだったかもしれません。

吉川　陣申文ってどれぐらい機能してたんですか。特に安和の変のあと、太政官の文書が積み上がって全然処理しとらんじゃないか、っていう法令が出てますよね。実際、ほんとうに太政官政治はちょっとしかやっていなくて、さぼっとるなと思うんですけど(笑)。

大津　誰かが決裁しなきゃ進まないんだけど、決裁をする人が分けられていくわけです。

吉川　そこでやる決裁の内容が、受領関係に限られていくってことですよね。

大津　そこをやらないと受領が困るっていうのはありますが、それは官奏《かんそう》なんかもそうでしょ。

吉川　そうです。だから、正式の太政官政務の場から、ほとんどの国家的案件が消えちゃうんじゃないかなと思います。『九条年中行事』や『西宮記《さいきゅうき》』の官奏のところに載っているから、たぶん村上朝ぐらいまではやってたと思うんですよ。しかしどこまで摂関期に生きていたか。やっぱり受領中心の、かなり形式的な、手続き的なものだったんじゃないかな。

川尻　告井さんと大津さんの論では、年給の話のあたりが、かみ合わないようにも思うんですが。

告井　先ほどからの全ての議論に言えることだと思うんですけど、やっぱり、律令制的な形式に重きを置くか、実質はこうだったというところに重きを置くかということで、たぶん、事実認識は一緒なんだと思います。今の話も功過定の話も、全て結局そうかなって思いますけど。

川尻　律令制からの連続で見るか、それとも中世から上がっていくかっていうことですね。

吉川　大津さんも、年給で貴族たちが出身していく点については、事実認識としては同じですよね。

大津　年給制度を作るのは九世紀の終わりぐらいですからね。

告井　これだけ広く一般化するっていうのは、この時代の特徴としてあると思います。

大津　院分《いんぶん》とかになると、受領の任命まで行くようになりますからね。年給の制度は本来、公卿が地方から一分か二分の公廨《くがい》を納めてもらうというだけの制度だったのに。

山本　少し話は変わりますが、小一条院《こいちじょういん》、つまり敦明《あつあきら》親王が皇太子を辞退するじゃないですか。その退位後の待遇について、息子を通じて、名指しで道長に交渉していますよね。道長は摂関でも何でもないのに、ほとんどが摂関や公卿になっている息子たちを引き連れて、東宮《とうぐう》に乗り込んでいく。道長家というチームで東宮にとって一番大きなことを決めに行くわけで、道長の存在感を見せつけられた思いがします。道長は受領給はどうかと提案して、小一条院は喜んで応じている。先生方にうかがいたいんですけれども、これは全然制度と違うなと思うのですが、時代像のようなものを反映してるんでしょうか、それとも、道長の一種の特殊性なのでしょうか。

大津　決めるのは権力を持っている息子の頼通《よりみち》ですね。方向を示したのは道長でも、頼通が同意すればそれでいいわけです。ただ頼通が権力を取ってからも、ずっと道長が陰では決めている。貴族社会全体がそれを承認していたということでしょうね。頼通は、道長が亡くなってやっと一人前という感じがある。

吉川　貴族社会がみんなで認めてるっていうのは、告井流に言えば、ネットワークの中でそれが承認されていくって話になりそうですね。そういう考え方には違和感ないですか。

大津　ネットワーク論は、違和感というより、そんなのはいつの時代でもあるだろうという感じですね。

吉川　なるほど。やっぱり奈良時代にもあったのかな。

大津　「とぶらい」（相互扶助）や何かが制度化されてくるのはもっと後ですか。

吉川　五節舞姫《ごせちのまいひめ》のときに誰が手伝ってやるかとか、そういうのが整うのは、摂関・院政期ですね。

告井　実資のころ、まさに一〇世紀後葉です。

吉川　なぜこの時期にそういう結びつきが制度化されるかっていう問題かもしれない。大津さんがおっしゃるように、貴族とかがたくさんいて、それぞれに色々な結びつきを持ってるというのは、超時代的にそうでしょうね。でもそれが、実質的な物事を決める政治の場で前面化してくるのが摂関期なのじゃないか。告井さん、なんでそうなるんでしょうね？

告井　単純に言って、律令制の制度疲労、律令制が立ち行かなくなるからじゃないですか。立ち行かなくなるけど、大事だから外皮だけには置いといて、実際中身は換骨奪胎、と、そういうことですかね。

吉川　制度疲労かあ（笑）。公民把握ができなくなって、調庸制が潰れちゃって、国家がちゃんと動かなくなるっていうこと？

告井　実際、調庸制ではやっていけなくなるでしょう。

大津　残ってる制度もあるわけだから、換骨奪胎と言っていいのかなとは思いますけどね。

吉川　制度は残っている、その枠組みはやはり重視すべきだというご意見ですね。

山本　吉川さんはどう思われるんですか。

吉川　今日は進行役なんであまり言いたくないんだけど（笑）、換骨奪胎だったとは思ってますよ。告井さんほど過激ではないですけど、考え方は近くて、形式は残ってるんだけど、実質的に政治が動いてるのはそこではない。人々のネットワークの中での力関係で動いてたんじゃないか、と考えています。王朝文学を読んでもそんな印象を受けるんですけど。

山本　先ほど「とぶらい」が制度化したと言われたんですけれども、制度化ってどういうことなんでしょうか。制度というよりも影響力だと思うんですよね。例えば道長の娘である彰子《しょうし》の着袴《ちゃっこ》に、何か行き違いがあって実資が行かなかったら、道長が不快に思っていたとあとから聞いて実資は驚いて、翌日の出勤前に謝りに行くんですよね。それは必ず来なきゃいけないっていう制度が決まっているわけじゃないから、影響力の問題だと思うんですけれども、そういうことを制度化って言うのでしょうか。

告井　成文法はないですよね、明らかに。でもやっぱり何となく了解事項みたいなものがある。ただおっしゃる通り、その基準は個人によって違って、俺はいいと思ってたのに駄目だったんだ、ということは当然ある。そういう時代なんだと思います。

山本　そうするとキサキの持っている影響力というのも、全然制度化はしてないんですけれども、大きな意味では制度化しているということですね。

告井　そうですね。貴族によって態度に差があらわれて、道長に対して、実資のように俺は関係ないという態度をとる者もいれば、「道長様」って追従する貴族もいるということでしょう。

吉川　キサキの力って圧倒的に大きいですよね。ネットワークの中で占める位置を考えてみると、キサキは本当に重い。女院《にょいん》になったらもっと重いかもしれない。

山本　それは自覚して行使してる感じがしますね。

■摂関期の女性たち

山本　私は「后《きさき》」たちと女房文学」というテーマで書かせていただきました。摂関期の「后」で最も存在感があった人たち三人を取り上げてみました。私の専門は国文学なので、一人一人の心の動きや葛藤を

山本淳子

追い、社会の中でどう生きたのか、といった視点から書いています。

最初は道長の姉の藤原詮子《せんし》。詮子は円融天皇の子（のちの一条天皇）を産んだにもかかわらず中宮《ちゅうぐう》になれず、後に中宮を越えて皇《こう》太后《たいごう》になりました。『源氏物語』にも大きな影響を与えた存在で、「失意の母」とキャラクター付けをしました。次が一条天皇のキサキ藤原定子《ていし》です。彼女の悲劇的な人生と死が社会に大きな暗雲をもたらしたこと、それがやがて、彼女の名誉復興のような『枕草子』を生み、また一つの時代諷刺とも言えるような『源氏物語』桐壺《きりつぼ》巻を生んだのではないかと読み解いています。三番目は、私は摂関政治の権化とも言えると思っていますが、道長の娘の彰子《しょうし》です。道長が定子に対抗する存在として生み出した一条天皇のキサキですけれども、実は彼女の精神面における基盤となったのは、母親の源倫子《りんし》だと考えます。母の存在感は、血統だけではなく娘の価値観の形成に関わるんじゃないかと問題提起いたしました。彰子は最終的には、道長から自立していくことになります。

また「女房たちの文学」として、三つの作品について考えました。定子の悲劇の中から生まれた『枕草子』は、社会に対する異議申し立てをしながらもその社会で生き抜いていくという方法をとっていて、巧妙です。『源氏物語』は『枕草子』に対抗しつつ、一方で、一条天皇や彰子の学びの書としてあったと思います。しかし、最近倉本一宏さんもおっしゃっていたようですが、『源氏物語』はある時期から道長の手を離れたと私は思うんですね。道長は、彰子が子供を産めばそれでよかったので、その時点で『源氏物語』のスポンサーは彰子に変わったと思っているんです。吉川さんがおっしゃった、『源氏物語』の第二部と言われる暗く寂しくなっていくところ、光源氏の世界が崩壊するあたりだとか、宇治十帖のような隠遁的な人物が主人公の部分だとか、それは彰子の価値観の中で許されていったものじゃないかと思います。そういう宇治十帖は、中世的精神を先取りしていると言っていいと思います。最後に取り上げたのが『栄《えい》花《が》物語』ですが、歴史史料としては信頼性が足りないと言われていますが、実はそこがむしろ重要で、物語であることによって歴史を凌駕しようという策略ではないかということが、最近国文学の世界では言われています。どういう意図で『栄花物語』が物語世界を構築しているかを考え、それに関わった道長の周囲の女性たちについて考えてみました。いずれにせよ冒険的な内容で、あちこちから叱られるのではと思いながら、勇気を出して書きました。

吉川　山本さんのご論ではそれぞれの人間性がくっきり見える。古記録だと、ここまでは見えないんですよね。あとすごいなと思ったのは、王朝文学の政治性です。私なんかはごく素朴に物語とか随筆とかを読んでしまうんですけど、それではダメなんですね。

山本　文学の世界では、一九八〇年代から「作者は死んだ」ということで、作品世界を実在の作者と結びつけない読み方が中心になりました。が、二〇〇〇年代からは国史の方々が様々な史料をわかりやすく解説してくださるようになったので、あまりにアナーキーなテクスト論は訂正されはじめ、再び実在の作者や社会との関係性が重視されて、螺旋《らせん》状に戻ってきた感じですね。今は国文学でも、やっぱりその時期の社会をきちんと把握しておかないと読めないということになってきていると思います。

吉川　歴史の方の注釈の仕事が、国文にも影響を与えてたんですか。

山本　もちろんですよ(笑)。

大津　山本さんのご論は筆力があるから読んじゃいますよね。

吉川　私が一番衝撃的だったのは、定子の怨霊《おんりょう》ですよ。これって常識なんですか。

山本　いいえ、定子が怨霊になったとは史料に明記されていませんね。定子の怨霊が出現してはいけないんです、道長が負けたことになってしまいますから。道長は定子の怨霊化を恐れていて、特に彰子が出産するとき、それを阻止するべく怨霊調伏《ちょうぶく》しようとします。が、『紫式部日記』も調伏の様子を書くだけで、具体的な怨霊の名は書いていません。

豊島　天皇の娘は基本的には臣下に嫁がなかったということ、これは高麗も日本とほぼ同じなんです。高麗の場合、王族の女性は、基本的に他の貴族には嫁がないということになっていて、すごく特殊な場合、例えば、のちの武臣《ぶしん》政権の崔忠献《チェチュンホン》（一一四九―一二一九）の息子と結婚した例とか、本当にごく一部の例外しかない。そういう王室の女性のあり方には少し似たものを感じるのですが、あえて比べてみるならば、この時期の日本では、天皇と結婚させるためには娘に瑕疵《かし》があっちゃいけない、ということがありますよね。父親の経歴、母方の血統をはじめ、完璧なお嬢さんのみが天皇と結婚できるという前提だと思うんですけれど、高麗の場合はそうでもないんです。確かに王とか後に王になる人とはじめに結婚する女性はほとんどが王族なので、一応血統的に瑕疵はないということになるんですけど、そうではない貴族の女性などの場合、そこまでピカピカの経歴ではなくても君主と結婚している例があります。天皇の清浄性みたいなものが日本独特というか、大事にされたところなのかなと思います。

山本　村上天皇が藤原登子《とうし》と私通したといった例は日本でもありますね。そういう女性は、王と正式な結婚をしてるんですか。

豊島　正式に結婚しています。もちろん父方も母方も血統がそんなに悪いわけではないんですけれども、父親がある事件に連座したことがあり、でも、その後の娘の経歴にさして傷がつくわけでもないんです。

山本　今回書いたことで言えば、定子の家が没落したことに関わるかと思うのですが、定子の場合には自分で出家をしたことでかなり傷がついたのではないかと思います。日本で必ずしも瑕疵が許されないことはなくて、たとえば三条天皇の東宮時代の妻・綏子《すいし》などは、父は兼家ですけれども、母親は何人もの人の召人《めしうど》、つまり性関係付きの女房をしてきた近江《おうみ》という人物ですね。

吉川　女房みたいな存在は、高麗にはいたんですか。

豊島　高麗の場合、いわゆる宮廷女性みたいなものの実態はほとんどわからないんです。もちろんある程度、唐か宋の女官制度を取り入れていて、それに相応する女官名もあったのですが、それがどれだけ中国と同じように官職に付随する仕事をきちんとやっていたかとか、またどれだけの女性が働いていたかとか、よくはわからない。そもそも高麗時代の史料は限られているのと、元々あった史料も、おそらくのちの朝鮮王朝初期の価値観で、女性に関するところはばっさり削ったんじゃないかと思います。たとえば『高麗史』「宗室伝」の後ろにはわずかに公主《こうしゅ》（王の娘）の記事があるのですが、本当にわずかです。高麗末に国史編纂に携わった李斉賢《イジェヒョン》という人も、宗室女性の記録も残っているけれどもこういうのは載せずに省略した方がいい、と言っています。

吉川　特にキサキについて、山本さんは双系《そうけい》制的なあり方を述べられていて、女性も非常に重んじられて力があったわけですよね（本書一六〇頁）。このシリーズ1期で『国風文化』の座談会をやったときも、なぜ日本の平安時代の文化では、女性性が強く表に出てくるのかということが話題になったのを思い出します。高麗では、双系制とかいったことは言われますか。

豊島　基本は双系制ですね。女性の財産権というのが朝鮮王朝前期ぐらいまではありますし、例えば親の財産は、子供が女子でも男子でも均等に分ける。それだけ女性の立場の重要性はあったはずなのですが、政治的に意味のある官職っていうのは、男性に独占されていました。

山本　日本でも実務を行う女官のポストは少ないし地位もそう高くないですね。日本の女性には政治力を振るう場が官僚制度の外にあったということではないでしょうか。

■受領層の実像

小原　私は受領のことについて書きました。冒頭では、一般によく知られている受領のイメージとして、悪政をして訴えられた国司というので有名な尾張守《おわりのかみ》藤原元命《もとなが》を取り上げています。その上で、受領というのはどういう人がなるのか、任官の手続きというのか、システムのような話をしています。受領といっても一律的に性格づけできるものではないのですが、今回は二つのタイプに分けて書いてみました。『蜻蛉《かげろう》日記』などの文学作品に出てくる「県歩《あがたありき》」型と「古受領《ふるずりょう》」型、これをそのまま使わせてもらっています。県歩というのは、要は諸国を歩き回るということで、受領を何カ国も経験していく、いわゆる受領層と考えていいだろうと思います。本論でも引きましたが、こうした受領たちの家の前には、次の国司に任命されそうだということで除目《じもく》のときにわらわら人が集まってくる。そんな様子が『枕草子』にも書かれていますます（本書一九八頁）。こうして人が集まるということは、当然任国支配のための人材集めになったでしょうし、それが郎等《ろうどう》の編成などにおいて極めて大きな意味を持っていただろうと思います。こうした「県歩」型受領たちは、おそらく一族とか縁族に同じようなタイプの者がいて、貢納を行うための家政機関、納所《なっしょ》（倉庫）や郎等を融通し合えるような好環境にあったのでしょう。摂関期の受領には裕福なイメージがありますが、こうした「県歩」型の受領たちがその典型的な存在で、のちの家司《けいし》受領へつながっていったと思われます。一方で「古受領」というのは、郎等になってくれるような人材も、頑張らないと探せないような人たちだったんですね。

第2節では大津さんの財政史研究を私なりに解釈して書かせてもらったのですが、その最後では、なぜ一〇世紀の後半から、財政改革のようなものが起こっていくのかということを考えてみました。京庫《きょうこ》や弁《べん》済使《さいし》がなぜこの時期に公的に承認されていくのか、その歴史過程がもう少しうまく説明できないかなということで、一つの案として考えてみたのが内裏再建です。内裏再建の影響と納官済物《のうかんさいもつ》の納入システムの形成を結びつけて何か像が結べないかなということで、必ずしも実証的なものではないんですけれども、論じてみました。続く第3節では、公的な財政制度について述べた第2節とは違って、貴族に対する受領の奉仕ということを述べました。ここは、吉川さんからの「文学作品も利用して」という依頼を真に受けて（笑）、『宇津保《うつほ》物語』『落窪《おちくぼ》物語』などからイメージを作っていき、その中で、受領と女性、女房などの関係を改めてピックアップしています。

吉川　冒頭で「尾張国郡司百姓等解《ぐんじひゃくしょうらげ》文《ぶみ》」を取り上げて、国司の苛政というのは訴える側の一方的な主張なんだとされていますが、これは今まであまり言われてこなかったですよね。

小原嘉記

小原　割合最近、こういう論調に耳を傾けてくれる人が出てきたという気はしてます。中世ではよくあることで、鎌倉時代の裁判の史料でも、訴状だけ見ても実際は全然違うということがありますから。

吉川　少なくともそういう可能性を考えないとよくないということですね。

大津　文学作品を元に書かれたイメージみたいなところ、これは今まであまり書かれたことがなかったんじゃないかなと思いますね。まあイメージですから本当にそうだったかどうかはわからないけれど、文学作品の作者は女性が多いですし、貴族社会の中のそういう人たち、受領層と重なるかもしれないけれど、そのイメージがよくわかっていいんじゃないかなと思いました。細かいことですが一箇所だけ気になったのが、『北山抄《ほくざんしょう》』「吏途指南《りとしなん》」にふれて（本書二〇九頁）、坂上康俊さんの本を参照されていますよね。ここは坂上さんの意図としては、醍醐《だいご》、朱雀、村上朝ぐらいの改革が基になって功過定はできたということではないですか。そもそも「吏途指南」に引かれている色々な例というのは、藤原公任《きんとう》の時代よりも少し前の一条朝の前半ぐらいまでしか入っていないわけで、そこに引かれているのが、醍醐・朱雀・村上の時代の法令とか宣旨が元になっているのは、ある意味で当たり前のことじゃないかなと。

小原　坂上さんの指摘された事実をもとに私流の評価を行った箇所ですので、その点で坂上さんのご意図とはズレが生じています。「吏途指南」が引いている先例は一〇世紀中期までのものが多くて、一一世紀にはすでにあまり役に立たないような先例じゃないのかなと。

吉川　村上朝は前代的だっていうことですか。

小原　前代的というか、新しい功過定の審査項目に対応するような例が「吏途指南」にたくさん引かれてるかっていうと、そうじゃない、ということですね。

　別の話になりますが、先ほど申し上げたように、「受領の奉仕」という論点に関しては女性たちのことを書き、受領の妻まで広げて考えてみるべきだという話をしました。受領の妻のことはこれまでの研究の中で言及されてはいますが、もう少し肉付けできたかなとは思っています。

山本　『枕草子』に「生ひさきなく」という章段があって、女性は女房として外に出て、いい男と恋愛するなりして、最終的には受領と結婚するのが一番いいと言っています。女房は色々な制度のことを知っているから、夫に内助の功もできるしネゴシエイトもできて活躍できる、と。だから受領というのは妻も込みで、妻のおかげでネットワークが二倍になるということだと、私は解釈しています。『紫式部日記』を見ても、受領層は男性が家司、娘や妻が女房として、一緒になって奉仕してますよね。文人で大宰大弐《だざいのだいに》を務めた藤原有国《ありくに》は妻が一条天皇の乳母で（橘徳子《たちばなのとくし》）、道長にも結びついています。そうした妻も込みの出世の仕方というのは、受領たちも計算していたと思うんですよ。

川尻　贈り物なんか妻と相談しながらやっていますよね。そういうことが史料的に見つかるので、男性だけじゃなく、女性とのセットで考えた方がいいというのは、おっしゃる通りだと思います。私が担当している院生で、衣服贈与について研究した人がいます。

告井　生江麻里子さんですね。

吉川　確かに、権門とかに雅《みやび》やかな贈り物をするには妻の力がないと駄目だし、彼女らに宮仕えの経験があったら、よりエレガントにできるっていう話ですよね。

■同じ時期の高麗では

豊島　依頼をいただいた当初は、高麗から見た摂関政治や国風文化について書こうと思ったのですが、やはりかなり時代像が違うところがどうしてもあるので、比較の対象になる時期の時代像の把握をメインにしました。新羅《しらぎ》の末期から高麗の顕宗代、一一世紀の前葉までを扱っています。少し前に出た『アジア人物史』というシリーズで、ちょうど文宗代から仁宗代という、本論で取り上げた時代のすぐ後の一〇〇年ぐらいを扱っているので（第四巻『文化の爛熟と武人の台頭』集英社、二〇二三年）、繋げて読んでいただければという思いもありました。時代を特徴づけるものとして、統治体制、支配層、対外関係を三本の柱に政治史を書いているのですが、これまで日本語ではあまり書かれていないのではと思います。

　摂関期の女性のあり方について先ほどから話題に出ていますが、私も高麗時代の女性について気になってはいるものの、史料的に難しいところがあります。高麗でも女官がいなくはないのですが、宮廷の中での役割というのはあまりみえてこない。高麗はやはり宦官《かんがん》がいるので、その影響も多分あるんだろうと思います。先ほど申しあげたように、女性にも財産権がありますので、家中に妻や娘の役割はあるはずなんですが。たとえば、平安時代的に言うと蔵人《くろうど》みたいな役職を負った男性がいて、その人の妻が、王に提供する食事の材料を苦しい家計の中から揃えて夫を支えてあげたというような断片的な記録も残っていて、何か役割を果たしていたのはわかるのですが、それがどういう形か、どの程度一般化できる話かということまではわからないんです。

豊島悠果

　もう一つ、摂関期、国風文化期の日本と高麗で大きく違うと思うのは、中国文化に対する感覚ですね。何のために中国文化なり制度なりを導入するのかというところが、多分全く異なっている。国風文化期の日本では、中国の文化、主に唐でしょうけれど、それを取り入れるかどうか、継承していくかどうかを考えるにあたって、自分たちの美意識であるとか生活様式に合うかっていうことを重要視していたように思えます。高麗の場合、それも重要じゃないとは言いませんけれど、やっぱり対外関係の中で野蛮だと思われないために、中華の文化をちゃんとキャッチアップしてる必要があるんですね。女真《じょしん》なり契丹なり、あるいは宋人なり、周りの異民族がしょっちゅうやって来て、他民族から見られるということをもっと意識している。それは日本との違いかなという印象を持っています。

吉川　ちょうど摂関期に並行する時代の、お隣の国の政治過程・政治状況をここまで詳しく書いてもらって、たいへんイメージが作りやすくなりました。軍事や外交のあり方が全然違うし、すごく積極的に国政改革をやってるんですよね。

豊島　そうなんです。顕宗代も成宗代も、あれだけ対外関係が大変なのに、むしろ逆に、負けないためには国力をつけなきゃいけないというのもあったんでしょうか。あるいはそれに乗じて、どんどん中央集権的というか王権を強くしていったというか、ともかくすごく積極的なんですよ。

吉川　能動的な国家があるというイメージを強く受けますね。あと面白かったのは、高麗の王が基本的に譲位しなかったこと。そのために、外戚の力が強くなることはないとされています。

豊島　半ばクーデターみたいな感じだとか、元《げん》との関係で辞めさせられるようなことはありますが、基本的には、生きているのに王位を譲ったり、あとから復位したりすることはありません。高麗では、外祖父が生きているという状況がそもそもそんなに発生しないんです。日本のように、現天皇の尊属に当たる、しかも政治経験もある人たちが何人も生きているという状況は高麗では考えられないですね。

川尻　中国でもそうですよね。結局、大殿制というのは、非常に日本的なあり方ですね、院政も含めて。これが江戸時代まで続くわけですから、その問題は大きいんじゃないでしょうか。

吉川　譲位の問題の大きさを再認識したようなところがありました。

告井　高麗には荘園ってあるんですか。私有地とか私領を持っていたのか、あるいは日本で言えば、律令制的な給料がきっちり払われてたんですか。

豊島　高麗時代について、何をもって公田《こうでん》というか結構難しいのですが、そもそもの国の始まりの時点で、それぞれの地域で力を持った人たちがいたわけです。ただ高麗王朝の初期のころから王土《おうど》思想というのはいちおう成立していて、収穫の一部を、おそらく一〇分の一くらいですが、租税として国に納めなければいけないということはありました。ただ時代によってすごく変わってきて、とくに武臣政権以降くらいになると、権力のある人たちが土地をどんどん囲い込んでしまって、官人の給料に適用させるための土地がなくなり、高麗末期にはほとんど機能しておらず、大規模な田制改革をしなきゃいけない状況だったという感じですね。

告井　もうひとつ、ご論に出てくる人名のうち、王以外の人たちは貴族ですか、官僚ですか。

豊島　そこを言っていただいてありがとうございます。今回、時代設定を顕宗代までにした大きな理由の一つに、支配層の性格として「貴族」という言葉をいつから使うかということがあって……、研究者の中でも一致はしていないんです。高麗の支配層には新羅時代の貴族が取り込まれているので、彼らの属性は明らかに貴族でいいと思うのですが、そうではない、例えば土着の豪族みたいな人たちもいるし、地域の有力者の中でもそこまで力を持っていたわけではないような人が、科挙《かきょ》を受けて中央に進出してだんだん身分が高くなっていくこともある。中央の支配層の大半が貴族と言えるようになるのがいつかというのは、ちょっと難しくて、貴族という言葉を使わずに論文が書けるのは、顕宗代までがギリギリかなというところでした。

吉川　この本のテーマの一つは、摂関期を古代と中世のどちらに引きつけて考えるかということなんですけど、高麗前期は古代なんですか、中世なんですか。

豊島　何をもって分けるのかというのは難しいところですが、高麗史研究者なら中世と言うと思います。

中国史との関連や、新羅的な強い血統社会から、科挙の導入によって官僚的・文人的なことが重視されるようになったというあたりからでしょうか。

川尻　儒教《じゅきょう》の受容のしかたも、日本とは全然違いますよね。

豊島　儒教に関して言えば、一〇世紀後半に、成宗が非常に積極的に取り入れようとしたんですね。しかしやはり思想基盤としては仏教が強い社会ではあったので、葛藤もあった。成宗は、八関会《はっかんえ》という、仏教や土着信仰が背景にある大きな年中行事を、儒教的じゃないからやめようとするんですが、それに対しては大きな反発があって結局復活させています。国の統治においては様々に儒教を反映させようとしたと思いますが、王室以外の祖先祭祀などでは、儒教はそんなに大きな影響は及ぼしていないと思います。家廟《かびょう》などが出来てくるのも高麗末期にポロポロと、という感じですし。

■今後目指すこと

吉川　最後に今後の課題や取り組んでみたいことを、一言ずつ述べてもらって締めたいと思います。

大津　やらないといけないと思っているのは、吉川弘文館、日本歴史学会編「日本歴史叢書」シリーズの『摂関時代』。これは土田直鎮先生が書かれるはずだったのが、亡くなる直前に辞退されて私に回ってきまして、そのときの理事代表の橋本義彦先生からの依頼でした。その先生たちが書けないものを私が書けるわけがないじゃないかと思って何十年も止めているんですけど(笑)、今回の仕事を、そういうものを書くための一歩にしたいと思っております。

告井　今まで、摂関期からのちの時代、院政期などには目を配ってきたのですが、今日のお話と、あとは最近、仁明《にんみょう》とか文徳《もんとく》天皇について原稿依頼があったりもしましたので、九世紀とか一〇世紀初めとか、時代を上げて考えていきたいなと思います。これはお詫びですが、今回の原稿では吉川さんから文学作品を使って書くようにというお達しが最初にあったにもかかわらず、その辺が全然できませんでしたので、改めて文学作品の勉強をしていきたいと思います。

山本　今回、自分は何も知らないというところから始めて勉強させていただき、残された課題といえば全部、とも思っているのですが、『源氏物語』とその時代を密着させた読み方は、研究の世界においては着々と進んでいるので、それと歩みを同じくして、文学作品と時代との切り結びということをもっと進めていけたらと思っています。

小原　今回の原稿では受領の地域支配にはほとんど触れられなかったので、たとえば「負名《ふみょう》」について、もう一度考えてみたいなとは思っています。負名って何だとか、なんであんな名編成が可能になるのかとか、史料がないところももう少し知りたいですね。あとは先ほど告井さんもおっしゃいましたが、摂関期以降の歴史の展開には別の可能性があったのではということ、やっぱり私もそこは気になるところで、いくつかの選択肢の中で偶然ああなったんじゃないかと思うところがあります。荘園制がなぜああいう形になっていくのかなど、もう少し摂関期からの延長上で考えていきたいなと思います。

豊島　勉強不足なので考えたいことはたくさんありますが、一つには、高麗時代から朝鮮時代の長めのスパンで、家族・親族関係の変化と、儒教や仏教などの思想との関係について、具体的に考えてみたいなというのが今の目標です。

川尻　最近書いた論文で取り上げたのですが、仏像に納入されていた鎌倉初期の諸国勧進交名《かんじんきょうみょう》をみると、古代の氏族とかなり一致するんですね。こういうところから、古代から中世にかけて在地社会がどんなふうに変わったのか考えるのも面白いテーマで、今後少し追究してみたいと思っています。

吉川　皆さんのお仕事を楽しみにしています。私も『小右記』を読み直すところからもう一度始めて（笑）、じっくり勉強してみたいなと思っているところです。意見が様々に違うというのは当然のことであって、それは研究にとって健全なことだと思います。この本を一つのきっかけとして、摂関政治や摂関時代に関する議論がさらに深まることを期待しています。

（二〇二四年三月九日、京まちや平安宮にて）

	(村上)			(高麗)	宋
967.5	冷泉	(×安子)	実頼*		
969.8	円融		実頼		
970.5			伊尹		
972.10			兼通**		
974.3			兼通*		
977.10			頼忠*		
984.8	花山	(×懐子)			
986.6	一条	詮子	兼家		
990.5			道隆		
991.9		【東三条院】			
993.4			道隆*		
995.3			伊周**		
995.4			道兼*		
995.5			道長**		
1000					
1001.閏12					
1011.6	三条	(×超子)			

				(高麗)	(宋)
1016.1	後一条	彰子	道長		
1017.3			頼通		
1019.12			頼通*		
1026.1		【上東門院】			
1036.4	後朱雀				
1045.1	後冷泉	(×嬉子)			
1050					
1067.12					
1068.4	後三条	禎子内親王	教通*		
1069.2		【陽明門院】			

天皇・母后・摂関年表

（「摂関」欄の無印は摂政，＊は関白，＊＊は内覧を示す．×は死没者，【 】は女院）

西暦	天皇	母后	摂関	朝鮮	華北
850				新羅	唐
850.3	文徳	順子			
858.8	清和	明子	（良房？）		
866.8			良房		
872.9					
876.11	陽成	高子	基経		
884.2	光孝	（×沢子）	基経＊		
887.8	宇多	班子女王			
891.1					
897.7	醍醐	（×胤子）			
900					
				後三国	
	（醍醐）			（後三国）	（唐）
					後梁
					後唐
930.9	朱雀	穏子	忠平		
					後晋
				高麗	
941.11			忠平＊		
946.4	村上				
					後漢
949.8					
950					
					後周
954.1					

西暦	新羅末～高麗史の事項	
889	新羅で元宗・哀奴の乱が起こる.	
892	甄萱が武珍州を拠点に自立する.	
896	新羅で赤袴賊の乱が起こる.	
900	甄萱, 後百済を建国する.	
		900
901	弓裔, 高麗(後高句麗)を建国する.	
918	王建, 弓裔を打倒し高麗を建国する.	
927	甄萱, 新羅景哀王を殺害し, 敬順王を擁立する.	
935	新羅が高麗に帰順する.	
936	高麗, 後三国を統一する.	
943	太祖王建が没する.	
945	王規の乱.	
		950
956	奴婢按検法を施行する.	
958	科挙を導入する.	
962	初めて宋に使者を派遣し, 翌年, 冊封を受ける.	
976	田柴科をはじめて制定する.	
982	崔承老が時務策を呈上. 中央官制を改革し, 三省六曹七寺の体制をととのえる.	
983	円丘・籍田の祭礼を初めて挙行する. 十二牧を設置し, 中央から牧使を派遣することを定める.	
988	五廟を定める.	
991	中枢院を設置する.	
992	国子監を設置する.	
993	契丹の大規模侵攻(蕭恒徳総指揮). 徐熙が講和交渉を行なう.	
995	版図を十道に分け, 十二州に節度使を配置する.	
996	契丹の冊封を受ける.	
997	穆宗即位, 生母の献哀王太后皇甫氏が摂政を行なう. 蔭叙制を定める.	
998	田柴科を改定する.	
		1000
1009	康兆の変. 顕宗が即位する.	
1010	契丹の大規模侵攻(聖宗親征). 顕宗, 南遷する.	
1014	蔭叙制を拡充する.	
1018	中央から州・郡・鎮・県への地方官配置が本格化する. 契丹の大規模侵攻(蕭排押総指揮).	
1029	開京の羅城が完成する. 渤海遺民, 興遼を建国し高麗に支援を求める.	
1033	契丹・女真に備えて, 北方境域に千里長城を建設する(～1044).	
1037	契丹との修交が安定し, 宋への外交使節派遣を断絶する.	
1049	功蔭田柴法を定める.	
		1050
1071	宋との国交を回復する.	
1076	田柴科, 禄俸の制度を改定する.	

摂関政治期年表

西暦(年号)	日本史の事項	
858(天安 2)	清和天皇が 9 歳で即位．藤原良房，天皇大権を代行するか．	
866(貞観 8)	応天門の変．藤原良房，摂政を命じられる．	
876(貞観 18)	陽成天皇が 9 歳で即位．藤原基経，摂政となる．	
884(元慶 8)	光孝天皇が即位．藤原基経，関白となる．	
		900
901(昌泰 4)	右大臣菅原道真を大宰府に左遷する(昌泰の変)．	
902(延喜 2)	延喜の荘園整理令．	
905(延喜 5)	紀貫之らが『古今和歌集』を撰進する．	
914(延喜 14)	三善清行が意見十二箇条を提出する．	
929(延長 7)	東丹国使が来航．渤海の滅亡(926 年)が判明する．	
935(承平 5)	紀貫之，土佐守の任期を終えて京に戻る(『土佐日記』)．	
938(天慶元)	空也，平安京で布教を始める．	
939(天慶 2)	平将門・藤原純友が反乱を起こす(天慶の乱)．	
947(天暦元)	菅原道真の霊を北野に祀る(北野神社創祀)．	
		950
952(天暦 6)	正蔵率分制を定める．	
958(天徳 2)	乾元大宝を鋳造する(最後の古代銭貨)．	
960(天徳 4)	平安宮内裏が初めて焼亡する．	
967(康保 4)	『延喜式』を施行する．	
969(安和 2)	左大臣源高明を大宰府に左遷する(安和の変)．	
971(天禄 2)	石清水臨時祭を行ない，以後恒例化する．	
985(寛和元)	源信が『往生要集』を著す．	
986(寛和 2)	花山天皇，謀略によって出家．藤原兼家が無官の摂政となる．	
988(永延 2)	尾張国の郡司・百姓らが，国守藤原元命の悪政を訴える．	
994(正暦 5)	疫病が流行し，大きな被害が出る．	
995(長徳元)	藤原道長が内覧となる．	
996(長徳 2)	藤原伊周を大宰府に左遷する(長徳の変)．	
1000(長保 2)	藤原定子が皇后，藤原彰子が中宮となる．	
		1000
1008(寛弘 5)	この年までに紫式部が『源氏物語』の執筆を始める．	
1017(寛仁元)	藤原頼通が摂政となる．	
1018(寛仁 2)	藤原威子が中宮となる．道長，「望月の歌」を詠む．	
1019(寛仁 3)	女真の海賊が対馬・壱岐・北部九州を襲撃する(刀伊の入寇)．	
1020(寛仁 4)	藤原道長が無量寿院(のちの法成寺)を建てる．	
1027(万寿 4)	藤原道長・藤原行成，同日に没する．	
1028(万寿 5)	平忠常が東国で反乱を起こす．	
1045(寛徳 2)	寛徳の荘園整理令．	
		1050
1051(永承 6)	安倍氏が陸奥国で反乱を起こす(前九年の役)．	
1052(永承 7)	末法元年．	
1053(天喜元)	藤原頼通が平等院鳳凰堂を建てる．	
1068(治暦 4)	後三条天皇が即位し，藤原教通が関白となる．	

【執筆者】

吉川真司（よしかわ・しんじ）
本書責任編集．【編集委員】紹介参照．

大津　透（おおつ・とおる）
1960年生．東京大学教授．日本古代史．『律令国家支配構造の研究』（岩波書店），『日本の歴史06　道長と宮廷社会』（講談社学術文庫），『律令国家と隋唐文明』（岩波新書），『藤原道長』（山川出版社）など．

告井幸男（つげい・ゆきお）
1967年生．京都女子大学教授．日本古代史．『摂関期貴族社会の研究』（塙書房），『論点・日本史学』（共編，ミネルヴァ書房），「天下立評粗考」（『日本古代の国家・王権と宗教』法蔵館）など．

山本淳子（やまもと・じゅんこ）
1960年生．京都先端科学大学教授．平安文学．『紫式部集論』（和泉書院），『紫式部日記と王朝貴族社会』（同），『源氏物語の時代』（朝日選書），『紫式部ひとり語り』（角川ソフィア文庫），『道長ものがたり』（朝日選書）など．

小原嘉記（こはら・よしき）
1977年生．京都女子大学准教授．日本中世史．「中世寺社の胎動」（『東海の中世史1』吉川弘文館），「畿内の国郡司と受領」（『講座　畿内の古代学I』雄山閣）など．

豊島悠果（とよしま・ゆか）
1979年生．神田外語大学教授．朝鮮中世史．『高麗王朝の儀礼と中国』（汲古書院），「李子淵から李資謙へ」（『アジア人物史第4巻　文化の爛熟と武人の台頭』集英社）など．

岸　泰子（きし・やすこ）
1975年生．京都府立大学教授．日本都市・建築史．『近世の禁裏と都市空間』（思文閣出版），「内裏・院御所の造営と公家屋敷地の形成」（『後陽成天皇』宮帯出版社）など．

鈴木　蒼（すずき・そう）
1992年生．宮内庁書陵部．日本古代史．「技能官人編成試論」（『摂関・院政期研究を読みなおす』思文閣出版），「「文人貴族層」の成立過程」（『日本史研究』732）など．

【編集委員】

吉村武彦

1945 年生．明治大学名誉教授．日本古代史．著書に『日本古代の社会と国家』『日本古代国家形成史の研究』(以上，岩波書店)，『ヤマト王権』『大化改新を考える』(以上，岩波新書)など．

吉川真司

1960 年生．京都大学名誉教授．日本古代史．著書に『律令官僚制の研究』(塙書房)，『律令体制史研究』(岩波書店)，『天皇の歴史 2 聖武天皇と仏都平城京』(講談社)，『飛鳥の都』(岩波新書)など．

川尻秋生

1961 年生．早稲田大学教授．日本古代史．著書に『古代東国史の基礎的研究』(塙書房)，『日本古代の格と資財帳』(吉川弘文館)，『平安京遷都』(岩波新書)，『古代の東国 2 坂東の成立』(吉川弘文館)など．

シリーズ 古代史をひらくⅡ
摂関政治 —— 古代の終焉か，中世の開幕か

2024 年 11 月 28 日 第 1 刷発行

編 者 吉村武彦《よしむらたけひこ》 吉川真司《よしかわしんじ》 川尻秋生《かわじりあきお》

発行者 坂本政謙

発行所 株式会社 岩波書店
〒101-8002 東京都千代田区一ツ橋 2-5-5
電話案内 03-5210-4000
https://www.iwanami.co.jp/

印刷・三陽社 カバー・半七印刷 製本・松岳社

ISBN 978-4-00-028640-4 Printed in Japan